史学会
シンポジウム叢書

「人のつながり」の中世

村井章介―編

山川出版社

はしがき

二〇〇七年十一月十八日、史学会大会日本中世史部会では、「『人のつながり』の中世」と題するシンポジウムを開催した。会の冒頭に司会者（村井）はつぎのような「趣旨説明」を行なった（『史学雑誌』一一七編一号、一〇五頁）。

近代の「国民一般」のような斉一的な関係が未成立の中世社会では、それぞれ独自の結合原理をもつもろもろの人間集団が併存していた。そこには「大法」と呼ばれるような、集団を律する慣習法が存在し、複数の「大法」がせめぎあう場面も見られた。無数に存在したそのような人間集団を、中世社会の特質に即して大きくまとめるとすれば、朝廷を中心とする公家社会、幕府や大名を中心とする武士社会、宗教勢力としての寺院社会（神社を含む）の三者が浮上する。

権門体制論は、右のような異質な集団や法の並立という中世社会の特質を、国家権力の構成要素という面に着目して、いわば宙空から見下ろす視線から、見取図を描こうとしたものといえる。これに対して、本シンポジウムでは、公家・武士・寺院それぞれの内部に、どんな自／他認識や、秩序体系や、上昇・改良指向があったのか、といった問題群を、各社会集団を成立せしめている「人のつながり」の原理に立ちもどって考察する。いわば底辺から見上げる視線で、社会集団の特徴を探りあてようとする。

この意図に対応して、公家・武士・寺院の三つの主要な社会集団を素材に、遠藤珠紀・呉座勇一・大塚紀弘の三氏が主報告を行なった。本書に収めた三氏の論文は、その内容を成稿したものである。ひきつづき、流通・商業の観点から桜井英治氏が、明清社会との比較の視点から岸本美緒氏が、コメントに立った。本書に収めた両氏の文章は、かならずしも当日の発言内容にこだわらず、主題に即して書き下ろされた論説である。

シンポジウムは、地味なテーマにもかかわらず、多数の参加者を得、つぎのような論議が交わされた。①各社会集団の構造やふるまいを、「家」・個人のいずれを単位として理解するのか、また「家」と個人の関係はどうか。②血縁や姻戚関係という「縁」が、各社会集団における「人のつながり」にどう反映し、また集団のなかでどう組み替えられているか。③中国や朝鮮の社会と比較して、日本中世の社会集団に特徴的な、家格や階層構造の優越をどのように理解すればよいか。司会の不手際のため、煮つまった議論にまではいたらなかったものの、ますます精緻さを増している日本中世史研究が、何を外部に投げかけようとしているのか、という問いは、報告者・主催者をはじめとする会衆の胸に、重く受けとめられたように感じられる。

本書は、以上のようなシンポジウムの成果をふまえて、独特な論理と相貌をもつ中世の諸社会集団に関する近年の先端的研究を、総括する意図のもとに編集された。全体を大きく「Ⅰ部　集団をつくるもの」と「Ⅱ部　越境する人脈」にわけ、それぞれ四本ずつの論文を配置した。各集団内部の「人のつながり」、アイデンティティ、規範などに重点を置いたものを前者に、「人のつながり」がある集団内部で完結せず、越境していく様相に重点を置いたものを後者に、まとめてみたが、もとより各論文のなかで、ふたつの観点は相互にいり交じっている。

Ⅰ部1章・遠藤珠紀「中世前期朝廷社会における身分秩序の形成——外記局における中世的体制の成立を通して」は、平安後期から鎌倉期にかけて外記局の上首を寡占した中原・清原両家を素材に、政治的環境による家の盛衰、姻戚関係を軸とする人脈の拡張、位階による局内の階層秩序化、家の外部者を排除した利権確保などの動向を追跡し、十三世紀初頭に中世を貫通する安定的体制の成立を見いだす。

2章・呉座勇一「領主の一揆と被官・下人・百姓」は、旧来農民緊縛の観点から注目されてきた領主間の「人返」協約をとりあげ、侍身分の被官の喧嘩が領主間紛争へと発展する事態の防止におもな目的があったこと、領主と被官は身分的な壁で隔てられ各階層内部で一揆的結合を遂げたこと、国衆の「家中」→一揆の「衆中」→戦国大名という展開のなかで下人や百姓にまで及ぶ「人返」が実現すること、を論じる。

3章・大塚紀弘「中世僧侶集団の内部規範――身分制と平等性原理のはざまで」は、顕密仏教では院家や門跡などの身分的序列化も大衆による一揆的結合も俗界の反映・転写という性格が強いのに対して、禅律仏教では原始仏教における平等性原理への回帰がそれなりに実現していた、と指摘する。

4章・三枝暁子「中世における山門集会の特質とその変遷」は、報告・コメントの欠を補い議論を前進させるべく加えられたもので、中世最大の寺社権門である「山門」内部に生まれた一揆的結合を語る「集会事書」を、古文書学の視点から論じて、大塚・呉座両論文を強力にバックアップする。

Ⅱ部1章・佐藤雄基「院政期の挙状と権門裁判――権門の口入と文書の流れ」は、もともと史学会大会中世史部会の個別報告であったが、裁判管轄が未確立の院政期「権門裁判」において機能した挙状という文書の動態から、荘園制社会の流動的な「人のつながり」を解明するという、本書にまことにふさわしい内容を備えている。

2章・桜井英治「土倉の人脈と金融ネットワーク」は、室町時代の金融業者「土倉」が、姻戚関係というもっとも基本的な人間関係に支えられて活動しており、それが禅宗寺院にも延びて、中世金融界の双璧である両者の金融技術交流に貢献したことを紹介する。

3章・村井章介「松浦党の壱岐島『分治』と境界人ネットワーク」は、中世の「人のつながり」が国境を越えていくようすを描く意図から加えられたもので、朝鮮史料から壱岐島の社会集団の見取図を描き、領主層と住人層がそれぞれ独自に結合しつつも、依存しあいながら朝鮮通交の場に乗り出していたことを述べる。

4章・岸本美緒「動乱と自治――日中歴史イメージの交錯」は、日本近代歴史学の草わけ、三浦周行が中国・辛亥革命期の市民運動に対比すべき事象として「戦国時代の国民議会」山城国一揆を見いだしたこと、三浦と内藤湖南が、ともに辛亥革命前後の諸社会団体に注目し、アジアにおける民主・平等の起源に洞察を加えたこと、を指摘する。

以上の諸論文は、もとより無限に多様な中世の人間集団を網羅したものではない。とはいえ今後、本所と散所、非人と所従、起請と一味同心などの中世語をキイワードに、人間集団の鬱蒼とした森にわけいっていく際の、道案内として役立つことを念じつつ、本書の「はしがき」とする。

二〇〇八年八月

村井　章介

目次

Ⅱ部　越境する人脈……141

4章 動乱と自治——日中歴史イメージの交錯

岸本美緒 214

「人のつながり」の中世

Ⅰ部　集団をつくるもの

1章　中世前期朝廷社会における身分秩序の形成

――外記局における中世的体制の成立を通して

遠藤珠紀

はじめに

問題設定

十二世紀中葉以降、朝廷機構の再編が進み、官司業務を特定の氏族が独占的に請け負う「官司請負制」が成立したと指摘されている。(1)このように特定氏族が特定官司の独占を果たしていく過程では、様々な他の階層・有力者とのつながりを持ちながら、自家・他家の差異を明確にし、主張することが必然的に求められる。またその過程で従来の秩序体系を自らに益した形に変質させ、あるいは利権の拡大を図っていくことが推測される。

そこで本稿では外記局に注目し、このような再編過程に見られる人のつながり、自他意識の一端を探っていきたい。中世の外記局は朝儀・公事を奉行し、その記録にあたり、先例を調査上申し、さらに人事関係の手続きを分担処理するなど、様々な実務を遂行し朝廷運営の中核に存在した。(2)その外記局の最上位で、局を統括する大外記が「局務」と称された。また十二世紀半ば以降、中原・清原両氏により局務が独占され、いわゆる「官司請負制」、すなわち中世的な運営体制を取った官司の代表とされている。(3)しかしながら中原氏では複数の流が競合する。清原氏ではほぼ一流とはいえ、外記局の構成員は決して特定の家による独占状況ではない。松薗斉氏はこのような状況から、複数の家（局務家）を競合させることで、官司の活性化が図られていたと評価する。[4] また橋本義彦氏は貴姓氏族と、卑姓氏族の多い下級官人との間には「越ゆべからざる断層」が存在し、この時期家格差はより固定化していくと指摘している。[5] 院政期に成立した『官職秘鈔』には「外記・史不レ任二四姓一源平藤橘」と見え、外記・史には源平藤橘の四姓（貴姓）の人物は任じられないことが窺える。[6] そのため、外記就任にあたって貴姓氏族出身の官人が中原などの卑姓に改姓している事例も指摘されている。[7] このような様々な対立構造の中で、局務は卑姓氏族・下級官人の最上層に位置し、位階的には貴姓氏族の中級官人に匹敵する四位に昇る、いわば両者のあわいに存在している点でも特徴的である。本稿ではこうした特徴を持つ官司および関係する一族に注目することで、人間関係規範の成立過程を探りながら、中世前期公家社会における「人のつながり」を見出したい。なお同様に「官司請負制」の代表格とされるものに、やはり実務の中心を担った弁官局の史（官務）が存在する。適宜、この官務

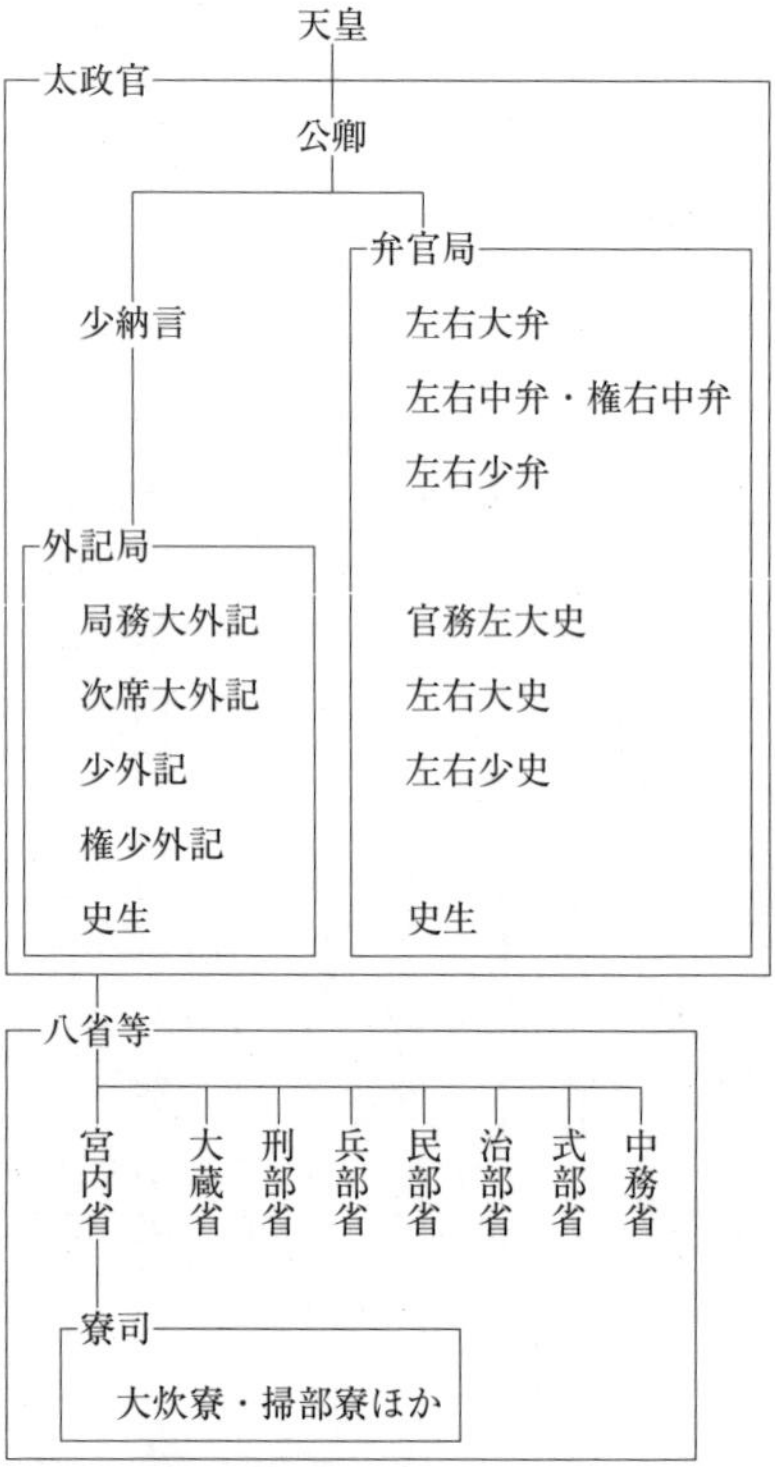

図1　朝廷組織概念図

権少外記→少外記（下臈）→少外記（上臈）
→次席大外記→叙爵・転任

局務（首席大外記・五位以上）

図2　13世紀以前の外記局の昇進ルート

小槻氏にも注目する。

検討に入る前に、朝廷社会における身分秩序の基準を考えると、さしあたり次の三種類が想定される。一つ目は官職の上下関係・統属関係である。本稿において、「中級官人」をおおまかに官職としては弁・蔵人クラスに、「下級官人」は外記・史などに対応させている（図1）。次に二つ目として位階の上下関係が存在する。位階制度は中世には整理され、律令制的官位相当制とは齟齬している。しかし、大きく分けると公卿（上級官人）が三位以上、中級官人が四位〜五位、下級官人が四位〜六位に相当する。(8) この分類からも明らかなように、四位〜五位では中・下級官人が一部重複している。かつこの四・五位に昇ることの可能な下級官人の代表格が本稿で取り上げる局務・官務である。さらに身分秩序の基準としてもう一つ、摂関期以降構成されてきた家格・道という概念がある。この家格・道によって昇進ルートおよび上下関係が定まってくるシステムの存在も注目されている。(9) 中世の朝廷社会はこれらの価値基準が錯綜した形で存在する。本稿でもこのような関係に留意しつつ検討を進めたい。

先行研究

次に外記局に関する先行研究をまとめる。外記局に関する先行研究は古代を中心に多数存在する。中でも近年、井上幸治氏により古代から明応年中までの外記を網羅した大著『外記補任』がまとめられ、外記局の構成をトータルで考察することが可能となった。(10) またその末尾には「解説」として諸先行研究、また外記局の変遷が概説的にまとめられている。そこで主にこの解説に依拠しつつ、主要な先行研究に触れる形で外記局の変遷を辿っていきたい。

井上氏は古代・中世の外記局をA期〜F期までの六つに分類した。本稿で検討するのは、主に十世紀末〜十四世紀に至るC期〜D期である。まずC期は官司請負制確立期と評価され、時期としては十世紀末〜十二世紀半ばとされる。その上で井上氏はC期を更に二つに分け、延久三（一〇七二）年以前をC—1期、以後をC—2期とした。C—1期は中原・清

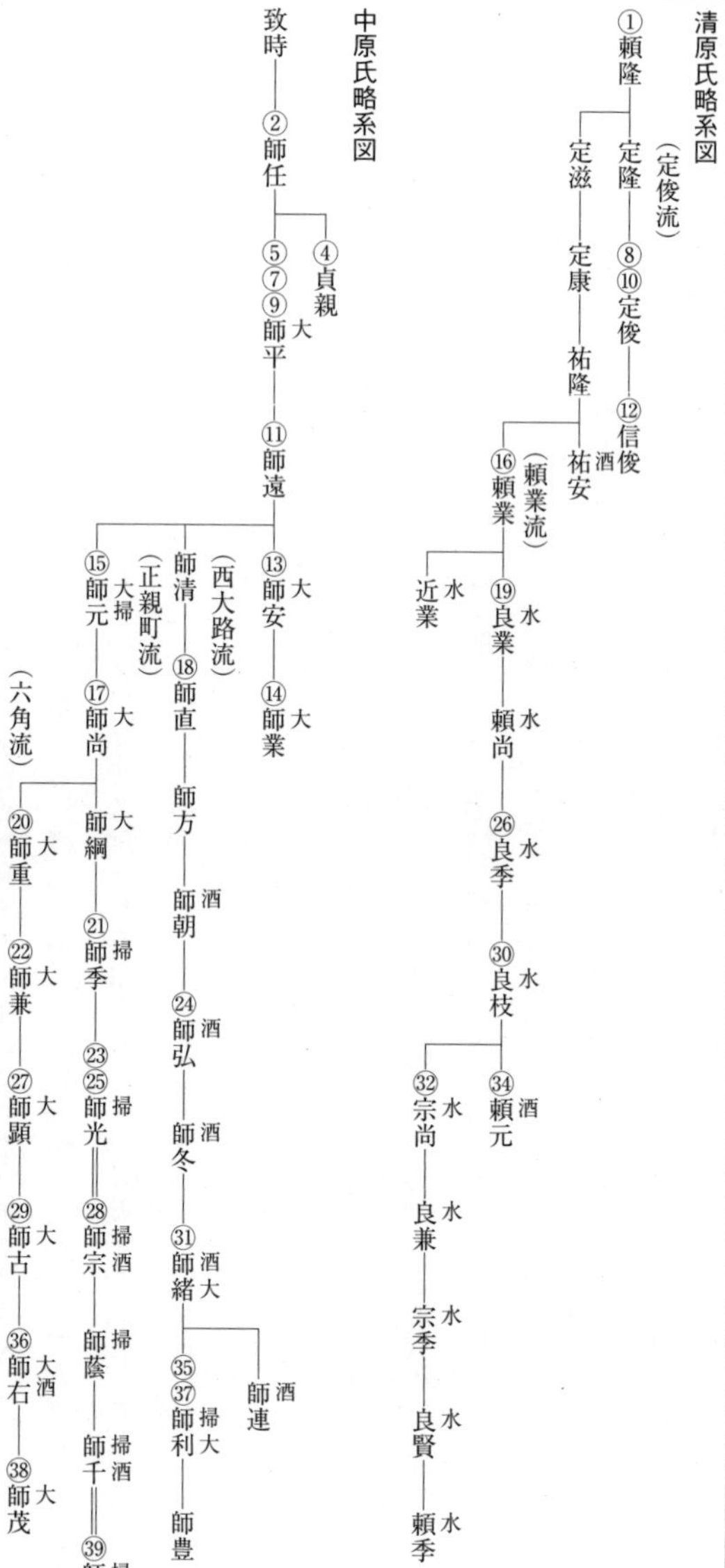

丸数字は清原頼隆からの鎌倉期までの局務の就任順を示す。ただし③中原長国、⑥三善為長、㉝清原教宗は他家あるいは傍流により系図には含まれない。
「大」「酒」「掃」「水」はそれぞれ大炊頭、造酒正、掃部頭、主水正の経歴を示す。＝は養子関係を示す。

原氏が登場した時期である。この時期の外記局の構成は、局務と称される五位の外記が一名、六位が大外記一名、少外記二名、権少外記一名の計四名である。そして六位外記は、前代B期（九世紀半ば～十世紀末）以降、最下臈の権少外記から少外記の下臈、上臈、次席大外記へと毎年昇進し、おおよそ四年で五位になって（叙爵）、他の官へ転出、というルートが成立しているという（六頁図2）。なお以後の記述で人名の前に①・②など○数字を付す場合があるが、これは右掲略系図の番号と対応し、行論の便宜上、清原頼隆からの局務の順を示す。
続くC—2期は⑦中原師平の大外記任官を画期とする。以後五位外記は中原・清原氏が独占し、長期間在任した。同様に六位外記の構成員も特定の氏に固定化された。このように外記局が少数の氏族に占められたことについて、曽我良成氏は、他の氏族が必ずしも排除されたわけではなく、「門生」・養子という形でこれらの氏族に取り込まれたと指摘する。[11]なおこのC期には外記局が衰退していたという指摘もある。[12]それは一つには記録機能の衰退である。外記局は本来様々な行政文書、また朝儀・公事を記した外記日記を蓄積していた。その公的な記録・保管機能の衰退が、私的に情報を蓄積していた中原氏の台頭をもたらしたと松薗氏は指摘する。また曽我氏は軒廊御卜への参加者の催しのルートを検討し、その担当者が外記から弁へと移行していることから、外記局機能の衰退を見出す。
さらにD期は仁安元（一一六六）年の、ともに五位である⑯清原頼業・⑰中原師尚の大外記並立を画期とし、ほぼ鎌倉期を含む。頼業・師尚については第1節で詳述するが、以後五位以上の外記が二人置かれるようになり、中原氏の師重流（六角流）・師綱流（正親町流）・師直流（西大路流）、さらに清原氏頼業流が局務家として局務を相伝するという（前掲略系図参照）。その他の六位外記についても順次増員し、長期在任者が増加すること、またこの時期の六位外記の出身は大外記の近親者・一門・門弟、さらに鎌倉幕府関係者に限られることが指摘されている。門生は玉井力氏によれば局務家に仕え、長期間外記局に在任し、叙爵もせず一生奉公し、主家の局務家と強い主従性的統制下にあったと指摘されている。[13]
このような変遷が先行研究で指摘されているが、具体的な変化の要因、どのようにして両氏が台頭していったか、という点については、いまだ検討がなされていない。しかし当該期の官司の再編、ひいては朝廷社会全体の再編ということを考えるためにも本稿で外記局、局務たる中原・清原両氏を検討することは意義があると考える。

1　局務中原氏・清原氏の競合

局務中原氏の登場

まず本節では局務の地位を中原・清原両氏が独占する過程を追う。中原氏は天延二（九七四）年に中原朝臣を賜姓され、[14]長久二（一〇四一）年の②師任から局務の地位に昇るようになった。つまり十一世紀に台頭してきた新興の氏族である。先述の通りこの時期の外記局は、記録機関としての機能が衰退しており、外記局の重要な職務の一つである先例の蓄積も不充分だったと指摘されている。[15]例えば永延三（九八九）年、大外記中原致時が調べたところ、局中の文書は有名無実な状況であったという。[16]その後久安三（一一四七）年にも俸禄の不足から「近代外記日記絶不ㇾ書」という状況であったため、最末の外記に書かせるよう、藤原頼長が命じている。[17]そうした中で十一世紀初頭、外記日記が図書寮の工に盗まれ、紙（あるいは壁）の材料にされていたことが発覚した。しかし幸い中原師任・師平が外記日記を私的に書写し保管しており、その情報が全て失われる危機を回避できた、という事件が起きた。[18]二人は「国家の奉為にさばかり忠を致す者なれば、子孫は絶えずして繁昌するなり、この師任・師平は殊に寛仁の心有り、強ちに貪欲なしと云々」と評されている。師平の子⑪師遠もまた「当時の一物なり」「諸道兼学の者か、今世の尤物なり」と評された有能な人物だった。[19]このような人材を得たことから以後、中原氏が局務に継続的に就任するようになり、業務を私的に請け負う萌芽となったと松薗氏は指摘する。[20]また久安四（一一四八）年⑭師業の時からは、大外記を父から子へ譲任することが行われるようになる。「古今未ㇾ有下譲二五位外記一之例上、道路以ㇾ目之世也」という大きな変化であった。[21]かくして局務中原氏が登場したのである。

局務清原氏の登場

他方の清原氏もまた寛弘元（一〇〇四）年に清原真人を賜姓され、局務に就任するようになった[22]。中原氏とほぼ同時期であるが、清原氏では、⑯頼業の時に大きく系統が変化した。頼業は仁安元（一一六六）〜文治五（一一八九）年まで長期にわたって局務を勤めた人物である。しかし、その系譜を見ると、前代の⑫信俊からは又従兄弟の子という傍流である。また松薗氏の検討によれば、それ以前に大外記を輩出した⑩定俊—⑫信俊流の家記は頼業流に伝来していないという[23]。つまり同じ清原氏とはいえ、実質的に局務清原氏の初代は頼業からといえる。ではなぜ系統変化が起きたのか。その理由の一端が、次の『玉葉』の記事から窺える。

〔史料〕

先例被レ加二五位外記史一事、皆有二由緒一事也、或身生二其家一、奉公久積、年齢差闌、後栄難レ期之者、只以レ纏二朱紱一、為二極望之彙一間、有二此例一、所謂政孝、孝忠等之類是也、或長者頗不レ堪二其器一、局中有二違乱一之時、為レ補二其欠一、有二被レ加事一、所謂永業被レ副二師経一、并大外記師安被レ加二信俊一等是也[24]、

この時に問題になっていたのは、若年の小槻公尚の弁官局左大史への就任である。審議の中で折衷案として五位史を二人置く案が出た。そしてその反対意見として、五位外記史を加任すべき場合が述べられている。すなわちⅠ重代の家柄で老齢の者への恩典、Ⅱ首席に問題のある場合、があるという。そして後者の例として⑫清原信俊が挙げられており、信俊には大外記として何らかの故障があったと推測される。信俊は写経を各地に奉納し、死去時には往生の瑞相が現れたとされるほど仏道に励んだ人物だった[25]。局務は大治五（一一三〇）〜永治元（一一四一）年まで勤めているが、保延五（一一三九）年からは師安が五位大外記として並ぶ。不適格とされた具体的事情は不明だが、信

清原頼業関係系図

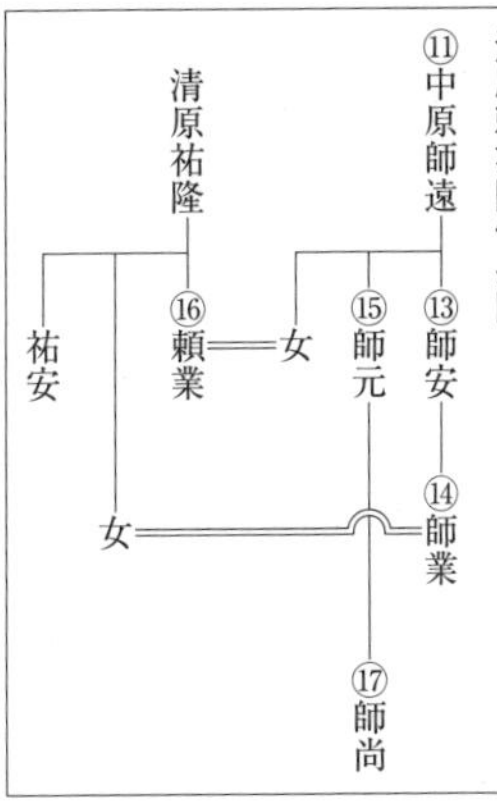

俊の出家を聞いた藤原頼長は「信俊雖レ覚二本経一平生不レ学二末文一、因レ之不レ通二義理一」と記す[26]。学問的にはともかく実務レベルで問題があったようである。その結果、信俊の子孫は大外記の職を失ったのではないだろうか。

では清原氏の別系統である⑯頼業はどのようにして局務に就任したのだろうか。頼業の周辺を見ると、まず姻戚関係が注目される（前頁清原頼業関係系図参照）。室は⑪中原師遠の女であり、⑬師安、⑮師元には姉妹に当たる。また頼業の姉妹は⑭中原師業の室であり、師業は頼業の父祐隆を「師」「舅」と呼んでいる[27]。さらに弟祐安は師元の養子となる。後に清原氏に復姓するが、外記としての立身は中原姓で遂げている[28]。こうした状況から推測すると信俊没後の清原氏は、敢えて中原氏を名乗り立身することを選択する程に衰退していたと思われる。そうした中での頼業の大外記任官の背景には、中原氏との姻戚関係があったのではないだろうか。

逆に中原氏が姻戚の頼業を起用した要因としては、世代交代の時期だったらしく、この時期の中原氏の嫡流に適当な人物が存在しなかったことがあろう。頼業と並ぶ形で次席大外記に就任した嫡流⑰師尚は仁安元（一一六六）年には三六歳だった（『地下家伝』）。これ以前仁平三（一一五三）～久寿二（一一五五）年まで六位の次席大外記を勤め、次席大外記就任は二度目となる。対する頼業は保安二（一一二一）年生まれで一〇歳の年長となる[29]。三〇代半ばといえば充分な年齢に思えるが、先述の〔史料〕で「幼稚」として退けられた小槻公尚も既に二四歳であった[30]。また前後の局務で年齢が判明する人物を見ると⑫信俊が五四歳、⑬師安が五二歳、⑮師元が五一歳、⑱師直が六五歳である。この時期、いまだ実務官人には充分な経験が必要とされ[31]、師尚は比較するとやはり首席には若かったのではないだろうか。そのため姻戚であり、声望もある頼業が就任したと推測したい。しかしながら頼業は姻戚とはいえ、中原氏の外記局における足がかりも必要だったために、次席として師尚が任じられるという五位外記の並列が選択されたのではないか。後述するが、老練な首席（局務）に対し、この時期の六位の次席大外記は一〇代の人物が多い。その意味でも師尚は異例であり、本来であれば局務の地位に着くべき立場であったと推測される。

実際、頼業は中原氏との姻戚関係だけでなく、明経道にも優れた人物だったようである。高倉天皇の侍読を勤め、治承四（一一八〇）年には、明経道内官挙制の設置を画策するなど、明経道の地位を上げようとした努力も見える。(32) そしてその実力を通じて、有力者との縁も深かった。藤原兼実が「此外咄二和漢之才一、談二天下之動静一、其才可レ謂レ神、可レ貴々々」などと絶賛、重用したほか、(33) 藤原頼長、伊通、経宗といった有力な故実家との親交も窺える。(34) 頼業自身も後年、「宇治左大臣（頼長）、九条大相国（伊通）、信西等之力」によって外記局を担ってきたと回想している。(35)『玉葉』には頼業が兼実に故実を語る記事が多く見える。その中には頼長・信西・俊憲らの話の引用が散見され、次席大外記中原師尚が事あるごとに「故師元説」など先祖の説を持ち出しているのと比較しても特徴的である。(36) こうした点からも頼業のバックボーンが前代までの清原氏ではなく、そうした故実家だったことが窺える。また長寿によって二〇数年の長期にわたって外記局を押さえていたことも大きかったであろう。長期間在任する中で、「中家」に対応するものとして試行錯誤しつつ「清家」の家説を形成し、(37) 順次四人の子息を立身させていった。(38)

このようにして、外記局における頼業流清原氏の基礎は確立された。

鎌倉初中期の局務

ではこの間、母屋を奪われる形となった中原氏はどのような状況だったのか。局務頼業の下で次席大外記を勤めたのは、⑰中原師尚である。当初余り目立った動きは確認できないが、治承五（一一八一）年の平家の都落ちの頃から活動が見え始める。中原氏と院・院文殿との関係については、中原俊章氏が指摘しているが、師尚も後白河院の「院文殿奉行」を勤めていた。(39) 頼業シンパの九条兼実も寿永三（一一八四）年初めて師尚と対面し、「云二才漢一云二器量一不レ及二頼業一歟」とは評するものの、以後重用している。(40) さらに文治年中には鎌倉幕府との所縁により、所領の年貢確保を図る様子も見える。(41) こうして中原氏が再度台頭する。頼業死後、⑰師尚・⑱師直が局務を勤め、ようやく頼業の息子⑲良業が局務となるが、早世する。その後は⑳師重～㉕師弘まで、年代的には承元四（一二一〇）～文永二（一二六五）年と、中原氏が半世紀以上局務の座を独占する。この間、頼業の孫頼尚は「中家逐㆑日繁昌、清家已如㆑亡」と嘆いており[42]、後に両局務家と称されるとはいえ、鎌倉初中期の局務はほぼ中原氏に限られていたといって過言ではない状況だった。

清原氏で再び局務に任じられたのは、頼尚の子㉖良季である。良季は父頼尚の喪もあけないうちに、「田舎人」と婚姻したと批難されている[43]。「田舎人」が具体的に誰かは不明だが、良季室としては、鎌倉幕府奉行人として活躍した中原師員の孫の存在が知られる[44]。あるいはこの婚姻により鎌倉（「田舎」）とのつながりを求めたのかもしれない。また良季は後嵯峨天皇以降三代の天皇侍読を勤めている。さらに以後、㉚良枝が七代、㉜宗尚が四代と代々天皇侍読を勤める[45]。殊に良枝は「七代侍読賞」として、地下官人でありながら、内昇殿を許された[46]。さらに良枝・宗尚は金沢実時・貞顕に家説を伝受したことも知られる[47]。宗尚室も六波羅評定衆二階堂行継の女である。一時は衰亡した清原氏はこのような学問を通した天皇家や幕府有力者とのつながりにより地位を保ったのではないだろうか。

その後南北朝期には、㉞清原頼元が後醍醐天皇に抜擢され、地下官人としては異例の少納言・勘解由次官の官を得る[48]。しかし、頼元が建武二（一三三五）年に局務を去った後、清原氏はまたもや局務の地位を失う。この間、応安六（一三七三）年に近衛道嗣は、清原良賢を賞賛して「清家一流之再興不㆑能㆓左右㆒」と表現している[49]。まさにこの時期の清原氏は「再興」を必要とする状況だったのであろう。次に局務に任じられるのは、実に六〇年後、応永三（一三九六）年の頼季を待たねばならない。かつ頼季は時の局務中原師豊の籠居に伴い、足利義満に推挙される大抜擢であった[50]。以降の清原氏はほぼ歴代少納言に昇り、やがて公卿にまで至る家柄となるのである。すなわち院政期～鎌倉期を通して清原氏の台頭、またその後局務家としての地位を保つためには、学問を通じた「人のつながり」が大きな意味を持ったと考えられる。

小括

局務を勤めた中原・清原両氏の内、清原氏は十二世紀半ば頼業が実質的初代となる。その清原氏の台頭要因は、院政期の中原氏との姻戚関係、明経道を通じた有力者との関係、さらに鎌倉中期以降の天皇・鎌倉幕府とのつながりに求められる。対する中原氏は、清原氏より早く十一世紀半ばより台頭する。清原頼業の時、一時守勢となるものの、鎌倉初期以降再び勢力を誇った。その要因は何だったのか、次節で検討する。

2　局務中原氏・清原氏の基盤

姻戚関係

鎌倉初期の中原氏の再台頭を支えた要因は、ほぼ頼業一代といえる清原氏に対し、十一世紀からの重代の記録・先例の蓄積の存在が大きいのはいうまでもない。しかし本項では人のつながり、すなわち中原氏の姻戚関係にも注目してみたい。朝廷社会というある種狭い世界において、姻戚関係が重なり合うのは必然ともいえる。しかし殊に下級官人と貴族層のつながりを考える時、その姻戚関係が大きな意味を持つのもまた確かであると考える。

そこで系譜などから中原氏の姻戚関係を表1にまとめた。まず後の正親町流師綱の女は坊門

表1　鎌倉初期中原氏の主な婚姻関係など

正親町流		
師綱	女	坊門流藤原親輔室。
六角流		
⑳師重	室	三善康信女。
	女	閑院流藤原公長室。後鳥羽院女房。小槻通時室。
㉒師兼	母	三善康信女。
	室	三善長衡女。
師為	母	三善長衡女。
	室	中原友景女。
師益	母	中原友景女。
㉗師顕	母	三善長衡女。
師茂流		
師茂	女	菅原為長室。菅原公輔室。
師員		在関東。関東奉公人。
師連		在関東。
師俊		在関東。源実朝の政所令。
師守	女	清原良季室。
師安流		
⑭師業	室	大江広元女。清原祐隆女（頼業姉妹）。
西大路流		
師朝	室	藤原孝道女讃岐局。
	女	西園寺公相室。西園寺実藤室。近衛道嗣室。
㉔師弘	母	藤原孝道女讃岐局。

親輔の室となる。坊門流は後鳥羽院の外戚、また源実朝室も出し、承久の乱以前の関東と院の間を結んでいた家である。次に六角流⑳師重を見ると、室は初代問注所執事として著名な三善康信の女である。子息の㉒師兼は康信女を母とし、室には三善長衡女を迎える。「衡」を通字とする三善氏は西園寺の有力な家司であり、長衡も西園寺公経家司として、承久の乱を関東へ伝えたり、訴訟に携わっている様子が窺える。さらに長衡女との間の師為は中原友景女を室としている。この人物も西園寺の家司として活動し、検非違使・後深草院下北面なども勤めた。中原友景女との間には師益がいる。このほか傍流であるが、師茂が女を九条道家政権下で影響力の強かった菅原為長の室としている。その子孫は関東に下り、師員、師連は幕府奉行人としての活動が見える。また師員の孫は㉖清原良季の室となる。師安流では⑭師業の室が大江広元女であることが注目される。広元は先ほどの三善康信同様、鎌倉幕府奉行人、公文所別当、政所別当等として活動の見えた人物である。次に西大路流師朝の室は藤原孝道女讃岐局である。この讃岐局は楽道の第一人者として著名で、楽を通じて西園寺や後嵯峨院とも深い縁を結んでいる[51]。この縁により、師朝の三人の女はそれぞれ西園寺公相室、西園寺実藤室、近衛道嗣室となり、地位を築いた。

以上雑駁であるが、中原氏諸流が殊に鎌倉時代初期に幕府奉行人、西園寺と関係を結んでいたことがわかる。中原氏が鎌倉期に隆盛を誇った理由の一つにはこのような姻戚関係、そこからつながる主従関係があったのではないだろうか。他方の権力者側としても、実務を支える一族との縁は、政権を支える上で有意義であっただろう。またこうした姻戚関係を持つ流が複数存在することは、複数の家が成立する一つの前提となったと推測される。

外記局業務の再編

むろん、中原氏は婚姻関係のみではなく、実務レベルでものしあがっていく努力をしていた。その一つとしてここでは年中行事との関わりを指摘したい。この時期、中原氏は各種の年中行事書、公事関係書物を編纂している。現存しているのは、「師遠年中行事」「師元年中行事」など五種であるが、このほか「江家年中行事」や「小野宮年中行事」との関わりも指摘されている。[52] これらの書は中原氏にとっての武器になり、例えば⑰師尚は、九条兼実へ様々な書物を献上し歓心を得ている。[53] そもそも兼実は公事の一覧等の作成、公卿分配の復活など一連の朝儀復興政策を志し、そこには外記局の関与も見られる。[54] また貴族たちは毎年の暦に、その年の年中行事の予定を注記し（行事暦注）、利用していた。その付与も十三世紀以降、大外記によって担われるようになっている。[55]

この他、除目・叙位などの人事情報の伝達にも変化が見える。迅速な人事情報はいつの世でも重宝されるが、この時期、外記が除目清書の場でその情報を写し、貴族たちに伝えるようになる。建暦二（一二一二）年には「近代之例」としながらも院の所望を理由に外記・史一人が除目の結果の書写を許されており、[56] この時期に成立しつつあった慣例であることが窺える。以後中世を通して、外記が聞書を持参し、それに対して禄を給与する記事は多数見える。[57] こうした情報の掌握・伝達も、外記の地位を高める要因となったと推測される。

このように鎌倉期の中原氏の繁栄の陰には、公事の把握という努力も窺える。こうした実務の再編については、字数の関係もあり本稿では省略し、存在の指摘のみに留めたい。

経済基盤の確立

さらにこの時期の大きな変化として兼官諸寮司の獲得がある。局務家は外記局のほかに、諸寮司を相伝したと指摘されている。[58] すなわち中原氏は大炊寮・掃部寮・造酒司、清原氏は主水司を掌握していたという。これらの官司はいずれも宮内省の管轄下で、天皇の身の回りの品々を扱う内廷官司であり、中世を通じてある程度機能していた。逆にいえば、機能する必要があったからこそ、実務官人の代表格たる局務が担ったのであろう。そのためある程度、官司領・供御人等からの収入が期待できた。南北朝期〜室町中期の中原氏では官司領が収入の過半を占めることが指摘されている。[59] また家司や門生を官司の目代に補任することで、彼らへの給付ともなっていたという。そうした状況は鎌倉期から存在したと推測される。ではこうした寮司との関係はいつ頃から生じたのだろうか。なお前掲略系図において、人名の脇に「大」「酒」「掃」「水」などと付したが、これはそれぞれその人物が大炊頭、造酒正、掃部頭、主水正を歴任したことを示す。

まず大炊寮の流れを追うと、最も早く十一世紀半ばの師平、保延三（一一三七）年の⑬師安以降、中原氏の職となる。大炊寮は「温職中尤膏腴」と称され、実入りの良い官司だった。(60) 系図を見ると、⑬師安以来ほぼ歴代局務に受け継がれ、㉒師兼以降は六角流が任じられたことがわかる。続いて中原氏が入手したのは掃部寮であり、十三世紀以降、正親町流が相伝している。最後に中原氏が入手したのが造酒司である。この官司は鎌倉期には局務中原氏西大路流・正親町流、清原氏のほか、検非違使中原氏が入手していたこともあり、一定してはいなかった。その中で局務中原氏が独占に至る経緯ははっきりしないが、師朝以降、西大路流がやや優勢となり、南北朝期以降相伝体制を築いた。同じく主水司は十二世紀末、つまり⑯清原頼業の台頭期から清原氏の相伝が成立した。

このように、これらの兼官官司はそれぞれの流の台頭とともに入手し、以後根本的な経済基盤となった。中原氏の場合、十四世紀前半に三家の中世的家を確立した。(61) それらはすなわち南北朝期までに特定の収益を期待しうる官司を相伝し得た流である。こうした兼官が「温職」「朝恩」ととらえられていることからも、このような基盤となるパイの大きさが、中原氏に複数の家を並立させ得た今一つの要因ではないかと考えられる。

小　括

以上、第2節を小括する。中原氏の再台頭にも姻戚関係を中心とする有力者とのつながりは大きかった。また従来の業務に加え、新たに貴族たちの需要に応えて職掌を拡大していった。さらに台頭過程において順次兼官官司を獲得していく。このように基盤を確保したことが、中世局務家が複数並立し得た要因であろう。換言すれば他の官司に比し、外記局が複数の家に担われた要因はこのような努力によるパイの拡大にあると考える。

3　五位外記と六位外記――十二世紀の外記局再編成

五位と六位の懸隔

前節まででは、朝廷社会内の局務の確立、中原・清原両氏間の関係を検討した。本節では外記局内での五位と六位の関係を探りたい。まずこの時期の六位外記の性格をまとめる。先述のように六位外記は五位外記が一人の時期には四人おり、毎年最上臈の一人が五位になり、転出するという四年任期だった。しかし次席大外記も五位となり、長期間在任して首席・次席ともに局務家により独占されるようになった。その画期は先行研究では仁安元（一一六六）年としている(62)。では次席大外記が五位か六位で違いはあるのか。その性格差を端的に示す呼称として、「一臈」外記の位置がある。例えば仁平元（一一五一）年八月、藤原頼長の春日社詣に少外記大江佐平が随ったが、それは「大外記師業重服、一臈師直石清水行幸行事(63)」だったためという。局務中原師業を別格とし、中原師直が「一臈」とされている。この時、師直は次席大外記で六位だった。同じく承安二（一一七二）年伊勢公卿勅使発遣の奉行外記中原広元に『玉葉』は「一臈外記也」と注記する(64)。しかし広元はこの時少外記であり、序列的には三番目となる。師直との差を考えると、承安二年には次席大外記中原師尚も五位であることが注目される。すなわち「一臈」は六位外記中の一臈であり、外記局内が、大外記・少外記・権少外記という官ではなく、位階によって区別されていたと推測される。

この位階による区別は、遂行すべき業務内容にも敷衍された。

師安云、（中略）又来月一日当二春日・平野祭一、当時六位外記三人一人欠、為レ昇二表案一二人可レ候、為二之如何一、但諸社祭外記代用レ史有レ例、今度可レ如レ此乎、将師安可レ昇歟、答云、申レ殿可レ以レ定、但昇二表案一了参二平野一有二何妨一乎、

今日伝二殿御返事一云、（中略）外記昇レ案了可レ参二平野一者、[65]

久安元（一一四五）年の十一月一日は朔旦冬至の旬政と春日祭・平野祭の三行事が重なった。そのため春日・平野祭に各一人が参向し、また旬政で案を舁ぐ役の二人と計四人の外記が必要である。しかしこの時六位外記は一名欠員で、次席大外記一名と権少外記二名の三名だったため一人不足する。局務師安からは祭への参向に代官を用いるか、特に自分が案を担ぐべきか、と問うてきた。頼長は六位外記が旬政の役を勤めた後に、平野祭へ参向すればよい、と答え、摂政藤原忠通も同意見であった。ここから六位の所役は五位師安の勤めるべき仕事ではなかったことが窺える。逆に大外記でも六位の大江知政は六位の員数に含まれている。他方、治承二（一一七八）年の除目では「近年五位外記二人、仍六位本数三人也、毎度除目今一人不足」[66]と見え、次席大外記も五位のため、六位の定員が三人となり、四人必要な除目では毎度不足するという認識が窺える。さらに永治年中、白馬節会で大炊頭の所役を勤めるよう命じられた⑬師安は、「祖父師平大炊頭之時、依二顕職一不レ従二大炊頭所役一也、祐俊顕職時又不レ従二此役一、師安不レ可レ勤二雑役一」[67]と、五位外記という顕職にあることを理由に拒否している。これに対して、藤原頼長も「有二其謂一」と認めている。すなわち五位と六位では、同じ大外記の職にあっても業務の内容に差があったこと、それは朝廷社会全体での認識であったことが指摘できる。なお次席五位の所役は局務の故障時の代理や局務同様に先例勘進とされ、[68]五位と六位では禄や作法にも差異が見られる。[69]

十二世紀半ばの六位外記の状況

次に十二世紀半ば頃の六位外記について検討する。まずこの時期に目立つのは六位の人数不足である。仁安二（一一六七）年正月の春除目では「近来依レ有二五位外記二人一、六位三人也、此内猶有二叙爵者一人一、着二五位袍一出仕也」とされている。[70]すなわち除目には、六位外記が四人必要である。しかし定員五名の外記局に五位が二人存在するため、六位は三人しかいない。しかもその内一人は、五日の叙位で五位に叙爵され、今回の除目で外記局から転出予定だった。しかしやむを得ず五位袍を着て六位外記として勤仕したという。これは五位外記が二人並立するという体制変化による人数不足である。この不足が問題になるのは、五位外記は六位の役は果たさない、という位階の懸隔によるものであろう。

またこの時期には六位外記の補任も滞っていたようである。養和元（一一八一）年、春除目に先立って小除目が行われた。それは「抑不レ待二春除日一被レ行二任官一事、雖レ不二甘心一、六位外記経時一人也、而依二重病一、政始空延引」「近日六位外記只一人、又見病、公事等欠如」のためという。[71]六位外記が重病の中原経時一人しか存在せず、外記の参仕を必要とする様々な公事が滞っていたため、六位外記を急遽任じたのである。小除目で二人が任じられた結果、二〇日後の春除目では、外記二人、史生一人、官掌一人が筥文の役を務めたが、やはり定数の四人には不足している。こうした事態に藤原経房は「外記不足、史生取レ之例也、而史生一人之外不二催出一、外記如泥也、無二人数一者、何不レ申レ補哉、依二此事一毎度喧嘩、可レ謂二局之懈怠一歟」と批判している。[72]外記が不足であれば、外記史生が勤めるべきであるが、外記史生さえ一人しか出てこず、官掌まで召し出されている。人員の不足により、毎回代理を立てるのに揉めている、なぜ申請して外記を任じないのか、と外記の怠慢を責めているのである。このようにこの時期六位外記の補任自体が停滞していた。

ではなぜ必要とされながら、外記の任官が滞るのか。理由の一端が、やや時期が遡るが、永延三（九八九）年に外記局史生が懈怠を咎められた時の言い分から窺える。[73]内容を見ると、職務が繁多であり、私財を擲ち奉公しているのに、朝恩がないために現任の者は希望が持てず、任官を希望する者もない、との訴えである。「空疲二十余年之勤労一、僅拝二最亡国之二分一、適励二随分之節一、雖レ仰二採擢之仁一、年齢已傾、朝恩難レ及、見任之者弥倦二於前途一、未達之輩無レ進二於当局一、仍年来之間自所二緩怠一也」とあるように、多忙な割に得分が無い状況はやはり大きな問題だったのではないだろうか。こうした点でも第2節第三項で述べた局務による諸官司領の掌握、財政基盤の構築は大きな意味を持ったと考えられる。

外記の不足状況の背景としてこのほか、この時期六位外記の在任期間が短くなっていることもある。承平七（九三七）年以来、六位外記は四年を任期としていた。[74]ところが、五位外記二人制による実質的な定員減、また臨時叙位での叙爵が行われるようになった結果、任期はかなり短縮されている。試みに「外記補任」が現存している仁安元(一一六六)~寿永三(一一八四)年の六位外記任官者五八名の平均在任期間を計算したところ、約一一カ月強であった。すなわち従来の四分の一以下である。このように在任期間が短くなると、必然的に六位外記の未熟練、外記局業務の停滞という問題が生じる。早くは十一世紀初頭、「近代六位外記殆似レ忘二首尾一、已以不覚、仍万事仰二大夫外記一」という状況だった。[75]その後十二世紀末になっても状況は改善されない。嘉応三(一一七一)年正月四日、高倉天皇の元服後宴が行われた。その儀式中、右大臣藤原兼実の召を受けた権少外記中原師方は、祗候するべき座を誤り追い降ろされた。これに対し兼実は「新任之外記未練之令レ然歟、但師直子云々、已重代者也、弥以奇怪」と述べている。[76]中原師方は大外記中原師直の子であり、「重代稽古のもの」として寛喜年中には自らも五位大外記となった。[77]しかしこの時点では前年十二月晦日に権少外記に任じられたばかり、僅かに四日目である。しかも正月十八日には少外記に転じ、翌年正月五日には従五位下に叙されて局を離れる、とほぼ一年の在任である。かつ中原氏出身の六位外記は多くは非常に若くして任じられる。師方の年齢は不明であるが、同時期⑬師安は一七歳、⑮師元は一三歳、⑰師尚は二一歳で、師綱は一六歳でそれぞれ権少外記になり、一年程で次席大外記から叙爵というコースを辿っている。重代の家の出身とはいえ実質的な役割は担い難いのではないだろうか。

同様に治承四年四月一日には、儀式の途中に火事が起こり局務⑯清原頼業が退出してしまった。そのため六位外記中原俊清が残されたが、進行が滞った。この事態を藤原経房は「可謂有若亡、大外記依火事退出之間、六位外記俊清未練之故歟」と酷評している。[78]俊清は、師方と異なり重代の家の出身ではないが、前年十月十日に権少外記となり、この年正月二十八日に少外記に転じていた。すなわち外記経験は半年足らずであり、俄かに大外記が退出した後、段取りの把握ができなかったのもやむを得ないのではないかと思われる。また二カ月後の六月には外記局を辞しており、結局任務に通じる時間はなかったであろう。

このような状況を見ると、松薗氏や曽我氏によって指摘された大外記レベルの衰退とは別に、六位外記層もかなりの衰退状況にあったといえる。公事の遂行にも支障を来たしており、改善の必要性があったであろうことは想像に難くない。

大夫外記二人制の嚆矢

前項で指摘した状況下での外記局の変化としてまず、先述の五位大外記二人制が挙げられる。先行研究で二人制が成立し、外記局の歴史を考える上でも画期とされているのは仁安元（一一六六）年である。この時、⑯清原頼業、⑰中原師尚の二人が同時に大外記に就任した。しかしながら第1節で触れたように、これはおそらく当初はまだ若かった嫡流師尚の中継ぎに頼業が立ったための偶発的な体制と推測される。この時点で五位外記二人制が未成立だった一つの証左として、文治五（一一八九）年に頼業が死去し、師尚が局務となると、再び次席は六位かつ短期間、若年者（一五歳）という前代の体制に戻るのである。また建久二（一一九一）年には、「加二五位外記史一事」の審議（第1節〔史料〕）がある。さらに貞応元（一二二二）年には五位外記史が四人並ぶのは不吉であるとして、左大史小槻公尚を辞任させ、中原師方を大外記に任じる人事があった[79]。こうした事例からもこの時期いまだ五位外記史二人制が定着していなかったと思われる。すなわち仁安元年時点では、あくまで師尚の若年による臨時的措置が、結果的に長期に及んだといえる。これは頼業の長寿、さらには当初の予想を超えて勢力を伸長させたことによろう。なお玉井力氏は『玉葉』文治二（一一八六）年六月三日条の「凡局中雑事、近代六位上官不レ足レ言、今暫如レ此公事、可レ被二興行一之間、大外記偏相代可二申沙汰一事」という記事から、五位外記二人制の制度化を指摘する[80]。しかしこの記事は二十二社奉幣に関する諸々の指示の一つであり、未熟練な六位が多かった中で、大外記のフォローを求めたものである。承安三（一一七三）年の祈年穀奉幣の際にも、六月に任じられたばかりの奉行外記が「未練之者」であるために「殊被レ仰二大外記一」という同様の指示が見られる[81]。

五位大外記の並列が恒常的に見られるようになるのは、建久四（一一九三）年以降である。中原氏嫡流の師綱は建久二年に早世し、局務は建久元年から⑱中原師直が勤めていた。対する次席大外記に就任したのは⑯頼業の子息⑲良業である。

師直は「近日為二道長者一」と評される有能な人物だったらしく、[82]この時に並立するようになった理由は明らかではない。ただし時代的には前年に後白河院が死去し、京都では九条兼実政権が成立している。兼実は「幕府の成立と共に源頼朝の後援を得て王朝政治の再興を目指し、広く学問を勧めていた」人物であった。[83]第2節で検討したように、局務による業務の拡大、経済基盤の確立も十三世紀初頭を画期としている。また次項で検討する六位外記の再編もこの時期である。仁安元年以来の頼業と師尚の長期にわたる並立状況が大きな先例となったことは確かであろうが、外記局の体制の再編を考えるとD期の画期はむしろ建久年中であると考える。以後、五位外記二人制が続き、やがて朝廷社会内でも認知されるようになった。五位外記は長期間在任し、中原・清原氏の中でも主流たる局務家によって独占されることとなる。

六位外記の再編

五位大外記二人制の成立と同時期に、機能不全を起こしていた六位外記も再編が進んだ。まず文治三（一一八七）年に外記局の定員が一名増員され、六名となる。[84]次いで出身階層の変化が見られる。この六位層の変化については、以前検討したので、本稿では結論のみをまとめる。[85]すなわち十三世紀以前の六位外記は、『官職秘鈔』に見えるように文章生・明経得業生など大学寮に関する官からの出身ルートが多く見られた。[86]ところが十三世紀以後には、このような経歴を持つ官人は激減する。わずかに局務家出身者には見られるが、局務家出身の六位外記は十二世紀同様、非常に短期間の在任であり、実務にはさほど関わっていないと推測される。替わって増加するのは兵衛府・衛門府等の出身者である。彼らは在任期間も長く、時に数十年という長期に及ぶ。ところがこの長期在任者の中には局務家中原・清原両氏出身者は見えず、「門生」と呼ばれる階層であろうと曽我氏・鈴木氏により指摘されている。[87]つまり六位外記の実働メンバーの中にも階層変化が起き、長期在任者と短期在任者（局務一族）に分離したといえる。十二世紀に問題となっていた六位外記の未熟練問題も、おそらく長期に渉り在任する六位外記の登場により解決されたであろう。

他方、主流に近い中原・清原氏の多くは早期に叙爵し五位に昇った。こうして下級官人層の中でも局務周辺の五位官人層と六位官人層とに分離していったと推測される。そして鎌倉期には、六位官人層が朝儀の現場で重要な役割を果たす存在となった。すなわち鎌倉期の局務一族と六位官人層は、従来と異なり、全く別の階層から成り立っている。六位官人層の成立には局務による得分の形成による再編成が大きな役割を果たし、両者は主家と「門生」というゆるやかな「つながり」を保ちつつ、それぞれの社会集団を形成していたのである。

小括

第3節をまとめる。外記局内では、官ではなく位階によって区分され、位階によって業務内容も異なった。また十二世紀半ば頃、外記局は衰退状況にあり、再編が行われた。まずのちの局務家中原・清原氏は、局の私的請負を進めると共に、寮司の長官職の兼官を得、経済基盤とした。そして建久四（一一九三）年頃から五位外記二人体制が成立し、のちの局務家の人物が長期にわたり在任するようになった。六位外記も十二世紀末から十三世紀初頭にかけて、定員の増加、出身階層変化といった変化が見られる。この結果、六位外記は実務に熟練した長期在任者と局務一族の短期在任者に分離する。なおかつ全体としても五位外記層すなわち局務家が、六位外記層に対してやや浮き上がった存在となったと推測される。

4　局外に対する意識

中級官人との懸隔

本節では外記局の外に目を向け、中級官人あるいはほぼ同格の官務等に対する意識を見たい。おおよそ四・五位の弁官・蔵人クラスの中級官人は、局務と位階面ではほぼ同等、時によっては局務が上位となる。しかし『弘安書札礼』などでは「五位雲客」「地下諸大夫」「五位外記史」がそれぞれ別に立項され、「五位外記史」が最も薄礼となっている(88)。すなわち位階が同格、あるいは上位でも、基本的には中級官人が上位とされていたのである。
とはいえ位階の問題も無視できず、儀式の場で官の序列に随うか、位階の序列に随うか、という中下級官人間の対立がこの時期幾つか見える(89)。例えば、正月一日の摂関家拝礼には家司以下が摂関家の庭に位階の順に並び、拝礼する儀礼があった。ところがこの時、

近代家司不二列立一、尤不当、仍余殊仰含令レ列也、就中為二五位外記史一位階等下臈之輩、称レ無二面目一、故不レ列二其下一(90)、

という問題があったことが『玉葉』に散見される。すなわち五位外記史に対して、位階が下位の中級官人層出身の家司が、下位に並ぶのは面目が立たないと称して不参する傾向が窺える。

逆に下級官人が中級官人に対し礼を取らないことも問題化している。

凡動座事、（中略）師重朝臣叙二留四位一之時過二五位弁一不レ致二此礼一、先考為二五位史一之時、被レ尋二問子細一之時、四品答云、四位五位頗相違、仍向二五位弁一不二動座一云々、彼時四位弁必有二動座一、其後師季又時々略レ之、（中略）師季局務以後大略無二動座一、若是依二宿老一歟、師重朝臣以後、寄二事於四品一時々略例、就二此儀一次第無礼、於二師兼一者一向略レ之、太以無レ謂事也(91)、

動座とは上位者に対して敬意を表して、座席を離れて行う礼である。⑳中原師重が四位大外記の時五位の弁に動座をしなかった。その理由を問うと四位と五位は違うと答えた。また師重は四位の弁には礼を取ったが、㉑師季、㉒師兼は局務以後は省略したという。これは主に位階による意識であろう。また師重は建保六（一二一八）年四位大外記となり、その甥師季も同年に次席大外記になり、承久三（一二二一）年に局務となっている。すなわち前節までで外記局再編の画期としてきた十三世紀初頭の人物である。この時期、局務たちは外記局内部のみならず、外部（朝廷社会全体）に対してもその地位を主張していたのであろう。次の記事も同じく動座に関する記事である。

一、床子座動座事、（中略）官被レ申云、少納言可二動座一之由本自所レ存也、而外記不レ致二此礼一、一局尚以如レ此、仍傍局不レ及レ致レ礼歟、於二弁官一者依レ為二一局一就二深礼一致二動座一云々、(92)

官務が、少納言に対し動座しなかったことについて咎められ、少納言の下僚である外記がしないのだから、統属関係のない自分たちもしない、と弁解している。官の統属関係による意識を示すものであろう。鎌倉中期の五位弁藤原兼仲も、外記史が動座しないことに対して、度々「無礼也」「近年毎人過分所行也」と不満を述べている。(93)また建久四（一一九三）年には六位蔵人藤原忠綱と六位外記惟宗清光が道で遭遇した時、「聊有二無礼一」て喧嘩となり、清光の車が川に投げこまれる事件が起きた。これも路頭礼に関する行き違いと推測される。(94)

このように鎌倉期初頭には、官・家格、あるいは位階という複数の秩序の矛盾が顕在化しており、それぞれ都合の良いように主張していたようである。

では局務たちはこうした官・家格の秩序を克服しようと試みたのだろうか。彼らの考えが明示された史料は見出せないが、中級貴族に一体化しようとしてはいないと思われる。それは一つには、中原・清原両氏がここまで勢力を伸ばしてきた基盤が外記局局務の地位にあることが挙げられよう。弁官局の史の場合であるが、次のような史料が見える。

問下無二史申文一之由上先触二関白一申云、一史成挙、為二東宮大属一、而忽以叙爵之条為二無レ術事一、若可レ有レ恩者、欲レ叙二留属一、其事不レ可レ叶者、可レ被レ越二次史一者、第二史祐重当時為二初斎院行事史一、仍共不レ進二申文一者、(95)

叙位に際し、史からの推薦者がなかったので問い合わせたところ、最上位の成挙は叙爵されると東宮大属の職には位階が高いので辞めなくてはいけない。叙留して大属の職に留まることを許されるなら叙爵したい、そうでなければ次位の祐重を、と答えている。すなわちうまみのある官に相応する身分レベル、官に伴う収益の確保という側面があったのであろう。下級官人のそうした志向を端的に示すのが、この叙留という慣習といえる。また六位蔵人には逆退という慣習が存在した。これは叙爵すると蔵人を辞めなくてはならないので、最上臈から叙爵を辞退し再び六位蔵人となる制度である。(96)これも同様の意識と思われる。

殊に外記や史といった熟練した実務担当者は、朝廷内での必要性も高かったであろう。時代は下るが貞和三（一三四七）年、右少史高橋秀職は転任すると、官中に難儀があるとの理由で昇進を停められている(97)。逆に能力的に問題のある人物の場合、位階を上昇させることによって閑職へまわすこともあった。建暦元（一二一一）年、五位蔵人藤原仲房は四位に叙せられるが、関白藤原家実はその理由を「是器量不レ足レ言之故也、兵部権大輔家宣補二其替一」と記している(98)。昇進を装って実質的には実務から隔離しており、ここからも官人にとって相応な位階・官職という意識が窺える。

傍輩官務との差別化

また中原氏の局務となる一族としての団結・矜持を示す事件が嘉禄元（一二二五）年に生じた。除目で官務小槻季継が一族の中原師兼より先に正五位上に叙せられた。これに抗議して、大外記㉑中原師季以下一門の者が皆辞官したのである(99)。師兼は承元四（一二一〇）年に権少外記を辞任しておりこの時外記局の一員ではない。局務師季も師兼が「不レ居二顕官一以前」であることを認めつつも、顕職（大外記）候補として、官次が下位の大夫史に超越されてはならない、と主張する。かくして十二日に遡り、季継より早い日付で師兼を正五位上に叙すことを認めさせ、師季もそのまま大外記に留まった。この事件からは、現任の外記であることとは一致せずとも、局務外記に任じられるべき一族として自意識を有していたこと、その地位を守るために一門が団結して、ほぼ同格の他の官に相対したことが知られる。

小　括

以上本節では、当該期の朝廷社会における様々な身分秩序の枠組みの中での外記の動向を追った。彼らは錯綜する枠組みを適宜活用し、上位者たる中級官人、また同格の官務に対して、団結して自らの地位の独自性、優位性を主張していた。

しかしながらそれは従来の官・家格秩序を乗り越えようとする動きというよりも、局務を出す一族としての立場によるものであり、それに伴う利権確保にあったのではないかと考えられる。すなわち局務の一族としての「つながり」と、その外部に対する排他性を備えた動きが見られる。

おわりに

従来、外記局の「官司請負制」は十二世紀初中期と考えられてきた。そしてそこから同時期が王朝国家の成立期と評価されてきた。しかし十二世紀には、外記局は組織としてむしろ弱体化した状況にあった。そうした中で、中世を通して続く一つの安定的体制が成立したのは、十三世紀初頭である。その外的背景にはこの時期断続的に行われた公事復興の動き、殊に九条兼実から後嵯峨院政期の動きがあったのではないか。業務内容・財源・人的構成等の面でも外記局は換骨奪胎され、同一官司の長官職をほぼ四流で担う体制へつながった。大外記二名が五位となり、中原・清原氏が占める。さらにこの両氏を個別に見ると、中原氏は外記日記の個人的所持など、外記の業務を私的に請け負う体制を築き頭角を現した。さらに鎌倉初中期には鎌倉幕府等の有力者との関係、そして台頭の過程で局務を勤める上でも経済基盤となる相伝官司、この両要素を入手できた流れが南北朝期以降につながったと推測される。中原氏の場合、その職掌柄もあるためか、上級権力と密接な関係を有する一方で、政治的変動による大きな揺らぎは見られない。一方の清原氏も頼業以降、天皇の侍読という立場によって勢力を伸ばし、局務家としても確立した。清原氏は中原氏に比較すると権力者とのつながりが濃厚に見られ、その盛衰に影響される側面も見られる。

局務の配下の六位官人もまた十三世紀を境に変質した。十三世紀以降の六位外記は、前代と出身者層が変化し、外記局に長期間在任して朝儀の現場を請け負う体制が成立している。

次に「人のつながり」に注目してまとめる。局務両氏は弱体化した組織の、まず長官職を、次いで下級官職の再編を行った。この再編の過程で政権の有力者、実務に堪能な六位官人層とのつながりを形成し取り込んでいった。同時に局務の一族として独自の論理を構築し、六位官人からは半歩上昇し、中級官人・官務に対して独立性を主張できる立場をも打ち立てていったのである。同時期、こうした再編は弁官局の史や蔵人所出納においても進められている。古代から中世につながる官司の再編、ひいては国家体制の変化を考える折に注目すべきであろう。

（1）佐藤進一『日本の中世国家』（岩波現代文庫、二〇〇七年、初出一九八三年）。
（2）玉井力『平安時代の貴族と天皇』（岩波書店、二〇〇〇年）、黒滝哲哉「八世紀から「摂関期」にかけての外記職掌の変遷」『史叢』五四・五五号（一九九五年）。
（3）前注(1)佐藤書。
（4）松薗斉『日記の家』（吉川弘文館、一九九七年）。
（5）橋本義彦『平安貴族社会の研究』（吉川弘文館、一九七六年）。
（6）『官職秘鈔』六位史（群書類従、第五輯　官職部、以下同じ、五八〇頁）。
（7）曽我良成「官司請負制下の実務官人と家業の継承」『古代文化』三七―一二（一九八五年）、告井幸男「摂関・院政期における官人社会」『日本史研究』五三五号（二〇〇七年）等。
（8）黒板伸夫「位階制変質の一側面」『日本歴史』四三一号（一九八四年）。
（9）前注(7)告井論文、高田義人「平安貴族社会と陰陽道官人」『国史学』一九一号（二〇〇七年）など。
（10）井上幸治『外記補任』（続群書類従完成会、二〇〇四年）。なお天応元年～寛弘六年、建治元年～康暦元年、平治元年～建暦元年に関しては中世の成立とされる「外記補任」が存在し、『続群書類従』に収められている（『群書解題』二）。本稿では、後者の史料を指すときは便宜上「外記補任」とする。
（11）前注(7)曽我論文。

(12) 前注(4)松薗書、曽我良成「外記局の停滞」『名古屋学院大学論集』言語・文化編一六―二(二〇〇五年)。
(13) 玉井力「官司請負制―鎌倉後期の少外記にみる―」『朝日百科日本の歴史別冊 歴史を読みなおす三 天武・後白河・後醍醐』(朝日新聞社、一九九四年)。また鈴木理恵「明経博士中原・清原氏による局務請負と教育」『日本の教育史学』三〇集(一九八七年)も参照。
(14) 『尊卑分脈』中原氏(国史大系、以下同、第四篇、一六三頁)。
(15) 前注(4)松薗書。
(16) 永延三年五月十七日宣旨(『国史大系 類聚符宣抄』第七、一六二~一六三頁)。
(17) 『台記』久安三年六月十七日条(増補史料大成、以下同、一巻、二一五頁)。
(18) 『江談抄』二―一六(新日本古典文学大系、以下同、四二~四三頁)。『水左記』治暦二年七月十日条(増補史料大成、一三頁)、治暦三年四月二十七日条(二四頁)。『台記』仁平元年二月十日条(二巻、六八頁)。
(19) 『江談抄』二―一六(四三頁)、二―一九(四五頁)。
(20) 前注(4)松薗書。
(21) 『台記』久安四年十月十七日条(一巻、二六七頁)。
(22) 『尊卑分脈』清原氏(第四篇、一五七頁)。
(23) 前注(4)松薗書。
(24) 『玉葉』建久二年四月二十三日条(国書刊行会、以下同、三巻、六八一頁)。
(25) 三宅敏之『経塚論攷』(雄山閣出版、一九八三年)、『本朝新修往生伝』三二(日本思想大系)。
(26) 『台記』久安元年九月二十四日条(一巻、一五七頁)。
(27) 『台記』康治二年十二月十八日条(一巻、一〇九頁)。
(28) 『山槐記』除目部類仁平三年正月二十二日条(増補史料大成、以下同、三巻、二六〇頁)。なお出納を相伝した中原姓平田家は祐安の子孫を称している(『地下家伝』)。
(29) 『尊卑分脈』清原氏(第四篇、一六〇頁)。没年よりの逆算による。
(30) 拙稿「官務家・局務家の分立と官司請負制」『史学雑誌』一一一―三(二〇〇二年)。

(31) 前注(7)曽我論文。
(32) 『玉葉』治承四年正月二十七日条(二巻、三五六頁)。
(33) 『玉葉』安元三年三月七日条(二巻、二三頁)。
(34) 『古今著聞集』六三一(日本古典文学大系、以下同、四八二頁)など。和島芳男「清原頼業論」『大手前女子大学論集』五号(一九七七年)。
(35) 『玉葉』元暦二年四月二十九日条(三巻、八〇頁)。
(36) 『玉葉』承安四年二月二十四日条(一巻、三五九頁)、寿永三年三月十六日条(三巻、一六頁)など。
(37) 『玉葉』安元三年正月二十九日条(二巻、一一頁)など。
(38) 『玉葉』承安四年十二月一日条(二巻、四〇一頁)。『山槐記』除目部類安元二年十二月五日条(三巻、三二一頁)、安元三年正月二十八日条(三巻、三二七頁)、文治四年十月十八日条(三巻、三四八頁)など。
(39) 中原俊章『中世王権と支配構造』(吉川弘文館、二〇〇五年)。『新訂　吉記』承安四年八月十三日条(和泉書院、以下同、一巻、一五八頁)。
(40) 『玉葉』寿永三年八月二十七日条(三巻、三四頁)。
(41) 『吾妻鏡』文治四年七月二十八日条(国史大系、一巻、三〇五頁)。
(42) 『明月記』寛喜二年閏正月五日条(国書刊行会、以下同、三巻、一七〇～一七一頁)。
(43) 『外記日記』文永元年十二月十四日条(続史籍集覧、三五頁)。
(44) 『舟橋家譜』(史料編纂所架蔵謄写本、以下同)。
(45) 『尊卑分脈』清原氏(第四篇、一六一頁)。『舟橋家譜』など。
(46) 『康富記』文安元年十月二十四日条(増補史料大成、以下同、二巻、一〇五頁)。『職原鈔』大学寮(群書類従、第五輯　官職部、以下同、六一四頁)。
(47) 永井晋『金沢北条氏の研究』(八木書店、二〇〇六年)、同『金沢貞顕』(吉川弘文館、二〇〇三年)。
(48) 三浦龍昭「外記家清原氏と五条頼元」『日本歴史』六四五号(二〇〇二年)。
(49) 『後深心院関白記』応安六年正月二十四日条(大日本古記録、四巻、二三七頁)。

(50)「荒暦」応永三年七月二十八日条、八月十二日条（大日本史料、七編二、四八八頁）。
(51)岩佐美代子「音楽史の中の京極派歌人達」『京極派和歌の研究』（笠間書院、一九八七年）、相馬万里子「琵琶における西園寺実兼」福島和夫編『中世音楽史論叢』（和泉書院、二〇〇一年）。
(52)所功『平安朝儀式書成立史の研究』（国書刊行会、一九八五年）、五味文彦『書物の中世史』（みすず書房、二〇〇三年）。
(53)『玉葉』元暦二年正月十三日条（三巻、六三頁）など。
(54)『玉葉』建久二年閏十二月六日条（三巻、七六八頁）、建久六年九月二日条（三巻、九〇八頁）。
(55)拙稿「中世の行事暦注に見る公事情報の共有」『日本歴史』六七九号（二〇〇四年）。
(56)『玉蘂』建暦二年十二月十一日条（思文閣出版、二一一頁）、承元五年十月三十日条（一二六頁）。
(57)『民経記』文永四年正月六日条（大日本古記録、九巻、一六七頁）。『建内記』嘉吉元年八月十九日条（大日本古記録、四巻、二九頁）など。
(58)前注(39)中原書。
(59)前注(10)井上書。
(60)『職原鈔』大炊寮（六一九頁）。
(61)前注(30)拙稿。
(62)前注(10)井上書、前注(13)玉井論文。
(63)『台記』仁平元年八月十日条（三巻、五二頁）。
(64)『玉葉』承安二年六月七日条（一巻、二〇八頁）。
(65)『台記』久安元年閏十月十七日条（一巻、一六二頁）。
(66)『玉葉』治承二年正月二十六日条（二巻、一三八頁）。
(67)『康富記』享徳三年正月七日条（四巻、四九頁）。
(68)『勘仲記』弘安七年二月二十八日条（増補史料大成、以下同、一巻、二六四頁）、弘安九年二月三日条（二巻、六七頁）など。
(69)『台記』保延二年十二月九日条（一巻、三九頁）、保延四年正月二十日条（三巻、二三一頁）。
(70)『兵範記』仁安二年正月二十六日条（増補史料大成、三巻、一六二頁）。

(71)『新訂　吉記』養和元年三月六日条（二巻、一〇三頁）。『玉葉』養和元年三月六日条（二巻、四九二頁）。
(72)『新訂　吉記』養和元年三月二十四日条（二巻、一一七頁）。
(73)永延三年五月十七日宣旨（『国史大系　類聚符宣抄』第七、一六二〜一六三頁）。
(74)前注(10)井上書。
(75)『小右記』長元四年正月十四日条（大日本古記録、八巻、二一六頁）。
(76)『玉葉』承安元年正月四日条（一巻、一三四頁）。
(77)『古今著聞集』二九（六六頁）。
(78)『吉記』治承四年四月一日条（二巻、一六頁）。
(79)『玉葉』建久二年四月二十三日条（三巻、六八一頁）。『承久三・四年日次記』貞応元年三月一日条（大日本史料、五編一、四九五頁）。
(80)前注(13)玉井論文。
(81)『玉葉』承安三年七月二十日条（一巻、三〇八頁）。
(82)『自暦記』建久九年十一月六日条（大日本史料、四編五、九一三頁）。
(83)前注(52)五味書。
(84)『玉葉』文治三年十二月四日条（三巻、四六七頁）。
(85)前注(30)拙稿。
(86)『官職秘鈔』少外記（五七九頁）。
(87)前注(7)曽我論文、前注(13)鈴木論文。
(88)百瀬今朝雄『弘安書札礼の研究』（東京大学出版会、二〇〇〇年）。
(89)『民経記』文暦元年正月十四日条（七巻、一九六頁）など。
(90)『玉葉』文治四年正月一日条（三巻、四七五頁）など。
(91)『小槻季継記』（改定史籍集覧、二四、以下同、一八七頁）。
(92)『小槻季継記』文暦二年正月二十一日条（一八六頁）。

(93)『勘仲記』弘安十一年十月十九日条(三巻、四七頁)、正応二年正月十九日条(三巻、七七頁)。
(94)『玉葉』建久四年二月二十九日条(三巻、八二九頁)。
(95)『玉葉』治承三年正月五日条(二巻、二四三頁)。
(96)『職原鈔』蔵人所(六二九頁)。
(97)『園太暦』貞和三年三月二十九日条(史料纂集、二巻、一七四~一七五頁)。
(98)『猪隈関白記』建暦元年正月十八日条(大日本古記録、五巻、一一六頁)。
(99)『明月記』嘉禄元年十二月二十一日条(二巻、四五九~四六〇頁)。

〔付記〕本稿は文部科学省科学研究費補助金(若手スタートアップ)による研究成果である。

〔付記〕本稿脱稿後、曽我良成「清原頼隆と清原頼業の間」『名古屋学院大学論集』(言語・文化編一八―二、二〇〇七年)に接した。あわせて参照されたい。

2章　領主の一揆と被官・下人・百姓

呉座勇一

はじめに

国人・侍といった中世の武家領主は所領・所職の知行のため、従者(被官・中間・下人)や百姓と密接な関わりを持っていた。このため武家領主が一揆という社会集団を結成する際には、しばしば従者や百姓に関する規定を「一揆の法」たる一揆契状の中に盛り込んでいる。[1]

一揆契状などの領主間協約における従者・百姓条項のうち、研究史上、最も著名なものは「人返」規定である。「人返」は、他所に移動した従者・百姓を元の主人・領主に返還するという措置であり、長らく〈農民の土地への緊縛〉を目的としたものと解釈されてきた。[2]この理解に基づき国人一揆を、逃亡・逃散といった広域的な農民闘争を抑圧するための領主層による階級的結集と捉える向きも少なくなかった。[3]

しかし一揆契状や武家奉公人(被官人)に関する研究の進展、[4]百姓の逃散に対する理解の深化など、[5]実証的な研究成果の蓄積により農民闘争への見方が大きく修正された結果、旧来の〈農民緊縛説〉は否定されつつある。また、近年の移行期村落論(「自力の村」論)が〈領主と百姓の階級的対立〉という図式に根本的な疑問を投げかけたことで、[6]国人一揆を農民抑圧のための権力組織と考える古典的理解もそのままの形では成り立ち得なくなっている。昨今の領主一揆論や家中論も、(7)こうした研究史の転回を反映したものとなっている。

このように領主間協約における「人返」をめぐる研究状況は大きく変化した。だが〈農民緊縛説〉の問題点が指摘された一方で、この通説に代わる新しい見解は必ずしも明確に提示されていない。これは一つには、戦後歴史学の基調であった階級闘争史観や封建制論の退潮に伴い、「人返」に対する関心そのものが薄れたことに起因すると思われる。(8)

だが、「人返」をはじめとする従者・百姓条項は、領主の一揆が従者・百姓をどのように認識していたかを考察する上で極めて貴重な素材であり、領主の一揆の組織原理を解明するためには従者・百姓条項の検討は欠かせない。本稿では、なるべく多くの地域に目配りしながら領主間協約の従者・百姓条項を再検討することで、一揆成員間で従者・百姓に関わる問題がどのような形で惹起され、そして処理されたのかを具体的に明らかにしたい。分析の折には、一揆の性格の時期的変遷にも留意していく。

1　南北朝期の一揆契状における「下人」「百姓」条項

松浦地域の一揆契状

五島列島や北松浦半島の一帯はかつて肥前国下松浦郡と呼ばれていた。当地域には「松浦一族」を名乗る領主層によって南北朝期に制定された一揆契状が集中的に残されている。これらの一揆契状は、残存数の多さもさることながら、規定内容が充実していたため、戦前から学界の注目を集め、多くの研究が積み重ねられてきた。(9)

松浦一揆に関する諸研究が国人一揆研究を進展させる上で果たした役割は、どんなに強調してもしすぎることはない。だが、その反面、松浦地域の一揆契状が一揆契状の典型例と見なされ、松浦一揆が南北朝期の国人一揆の〝代表〟として扱われるようになった点も否めない。つまり、松浦一揆のイメージで全体を語る傾向が強いのである。

実際、従来の研究が、国人一揆の主要な機能として、下人・百姓の「人返」を重視するのも、松浦地域の一揆契状の詳細な「人返」規定に負う所が少なくない[10]。松浦一揆研究が低調になった現在においても、この視角は大筋において踏襲されていると考えられる。

たとえば最近、田中大喜氏は「鎌倉期の社会状況をふまえると、人返し規定とは、当該期在地領主間の債権債務問題の解決方法として現れたことがわかる。すると、国人一揆契状の人返し規定は、その延長上に位置づけられる[11]」と述べている。この主張は、南北朝期の国人一揆契状においては人返が規定されることが一般的である、という理解が前提になっていると言えよう。

しかし現実には、南北朝期の国人一揆契状の内、人返規定が存在するものは松浦地域の一揆契状に限定される。にもかかわらず、先行研究が松浦地域の一揆契状のみを根拠に、「人返」規定の存在を一揆契状一般に敷衍してきたのは、一揆契状の「在地法」としての側面に関心を集中させてきた研究史上の問題に起因する[12]。すなわち先学は、松浦地域の一揆契状のような、在地領主法としての具体的内実を伴う一部の一揆契状を専ら研究対象とする一方で、それ以外の圧倒的多数の一揆契状を軽視してきたのである。

だが全国の一揆契状を概観してみると、松浦の一揆契状は典型例というよりも、南北朝期においてはむしろ例外に属する可能性が高い。実は、この点については早く永原慶二氏が指摘している。永原氏によれば、南北朝期の国人一揆は一時的な軍事連合であり、人返など日常的な規定は戦国期になって登場する。そして松浦一揆だけが南北朝期という〝きわめて早い時期に〟日常的な問題を扱っている、というのである[13]。

松浦地域の特殊性

では何故、松浦一揆だけが極めて早い時期に「人返」を実行していたのだろうか。ここで思い返したいのが、松浦地方の漁業地域としての特殊性である。

先行研究が指摘するように、五島列島や北松浦半島では漁業や塩業が人々の生活を支える産業で、農業は補助的なものにすぎなかった。そもそも松浦一揆じたいが漁業協定の延長線上に成立したものであり、「海の武士団」松浦一族による特異な一揆であった(14)。

白水智氏が「史料中の『百姓』を『農民』と理解し、貢納物を指して『年貢』と言うところから五島地域の歴史像を解き明かすことはできない(15)」と説くように、松浦の一揆契状に出てくる「下人」「百姓」は、海夫・海民的な性格を持っていた。そして全般的に、海民には定住という発想はなく、むしろ船による移動・遍歴が生活の基本であった(16)。当該地域においても、松浦一揆を構成する在地領主たちの所領は海縁的かつ散在的で、海岸線や島づたいに点在していたので(17)、その麾下の「下人」や「百姓」は日常的に船で島々を往来していたであろう。

一般的に漁業は農業に比して、従事者個人の技量と収穫量の相関性が高い(18)。また漁場は農場に比べてフレキシブルで、逃亡者の受け入れも容易と考えられる。旧来の「農民闘争史観」の影響からか、百姓の逃亡と言うと、領主の圧制に耐えかねて止む無く逃亡という印象が強いが、松浦の漁民にとっては、より良い労働条件を求めて奉公先を変えるという側面もあったはずである(19)。松浦のような海を基盤とした社会の場合、一般の農業社会よりも流動性が高く、下人・百姓の「逃亡」=移動が激しかったと思われる。実際、朝鮮半島南岸にまで出漁する対馬島民がしばしば朝鮮半島に移住=逃亡したという事実も知られている。松浦一揆の「人返」協定は、そのような社会に対応したものであったのではないだろうか。

このように考えていくと、やはり松浦の一揆契状は、南北朝期の一揆契状においては例外的な存在だったと見るべきである。換言すれば、南北朝期の一揆契状においては、下人・百姓を統制する規定は一般的には存在しなかった。

永原氏が指摘するように、南北朝期の一揆契状は〝軍事同盟〟としての性格が強い。これは内乱期においては、「戦争」への対応こそが在地領主層にとって最優先課題であったからに他ならない。在地領主法としての一揆契状研究が進む一方で、この当然の事実がやや閑却されてきたように筆者は思う。武家の一揆の本質は、その軍事性に存するのである。

2　室町期の領主間協約における「被官」条項

被官の台頭と被官問題の発生

南北朝内乱の収束を機に、在地領主層は戦時体制を解除した。彼らの関心は〈外〉から〈内〉へ、軍事的課題から日常的課題へと移り、流動的であった所領や従者の範囲を確定すべく、国人の「家」が再編された。

たとえば石見国人の益田氏は、永徳三（一三八三）年八月に置文を制定し「扶持人」の統制に乗り出しているが[20]、これは永徳元年に大内義弘・満弘兄弟の争いがいったん終結して以降、石見で平和が続いていたことが大きな要因となっている。益田氏は永徳三年二月には室町幕府から所領安堵を受けており、長い戦争の過程で維持拡大した所領の確保に成功している。置文制定は内戦終結、そして安堵獲得を受けての措置と言えよう。このように、戦時から平時への移行の中で、膨張した「家」の組織改革が課題として浮上したのである。

また応永十（一四〇三）年には安芸国人の熊谷氏が置文を制定しているが、そこでは「重代相伝家人」や「重代相伝下人」の「退散」への危機意識が表明されている[21]。これも〝戦争〟に内包されていた被官・下人問題の表面化の一例であろう。

中でも重視されたのは、国人の「家」において軍事力の中核を担う上級従者たる被官層への対応である。菊池浩幸氏は益田氏を事例に、被官人の国人家産からの自立化を十四世紀末からの現象とするが[22]、ちょうど同時期に、益田氏においては、「一族・若党」が家督継承者を「主人」として推戴する体制が確立する。[23] 被官の自立化を抑止することを主眼とした国人の「家」再編運動＝内部統制の一つの帰結と表現できようが、被官層の取り込みは新たな〈被官問題〉をも惹起した。

被官が引き起こすトラブルとは、具体的にはどのようなものか。研究史においては専ら「逃亡」問題が注目されてきたが、当時は被官など従者の「喧嘩」も国人層の大きな課題であった。[24] 従者の喧嘩が問題視される理由の一つは、彼らの暴力的なメンタリティーにある。左に史料を掲げる。

〔史料一〕[25]（傍線は筆者が付した。以下同じ）

和州発向事、伊予国幷他国輩相交之間、在陣中**被官人等**、若就㆔喧嘩以下不慮之子細令㆓出来㆒者不㆑可㆑然、所詮厳密被㆑加㆓下知㆒、可㆑被㆑抽㆓別忠㆒之由所㆑被㆓仰下㆒也、仍執達如㆑件、

永享拾一年三月廿七日

大和守（飯尾貞連）判

肥前守（飯尾為種）判

河野九郎（教通）殿

これは永享十一（一四三九）年に伊予守護の河野教通が伊予の国人を引き連れて大和に出陣する時の史料であるが、伊予の国人の被官人が他国から来た国人の被官人と戦場で喧嘩をすることがないよう、幕府が河野教通に対して注意を与えている。こうした無軌道な武家奉公人を如何に統制するかが国人層にとって大きな課題だったのである。

もう一つの理由は、甲と乙という個人の喧嘩が、甲が属する集団と乙が属する集団との喧嘩に即座に発展するという、中世独特の集団主義である。[26] 特に上層従者として国人の「家」で確固とした地位を与えられた被官が引き起こす喧嘩は、主人である国人にとって看過できる問題ではなかった。被官の個人的な喧嘩が領主間紛争に転化することを、彼らは何よりも恐れたのである。

領主間紛争と被官の人返

さて従来の「人返」の議論は、主人による従者に対する個別人身支配という構図が前提になって進められてきた(27)。しかし喧嘩の問題を通して国人と被官の関係を見てみると、被官が主人たる国人によって抑圧されているという見方が果たして妥当なのか、疑問なしとしない。

そこで改めて被官の逃亡問題を見直してみたい。永享十一年、石見の国人で互いに所領が近接する三隅氏と益田氏との間で被官人の争奪が行われ、幕府と石見守護山名氏が両者の対立を調停して、双方に人返命令を出している(28)。この事件に関して井上寛司氏が「益田・三隅の両氏とも、それぞれ相手側の被官人の動きを利用しながら、彼らを取り込むことによって被官人の組織的拡大を図ろうとしていた」と推測しているが(29)、卓見であろう。被官たちは主人の〝圧制〟への抵抗運動として「逃亡」を敢行したわけではない。むしろ余所の国人からのヘッドハンティングに応じて〈転職〉したと見るのが実態に近いと思われる。

それでは、三隅氏と益田氏は何故、この時期に相手方の被官を引き抜こうとしたのだろうか。足利義教期には幕府による直属国人に対する軍勢催促が急増しており(30)、国人たちは軍役賦課体制に対応すべく、被官組織を拡大することで軍事力の強化を目指したもの、と考えられる。三隅と益田との抗争を幕府―守護が調停したのも、戦争遂行のために国人からの軍役を確保する必要があったからであろう。

次に文安六（一四四九）年に石見吉見氏と益田氏との間で結ばれた領主間協約を見てみよう。

〔史料二〕(31)（神文以下は熊野牛玉宝印を料紙にしている）

益田・吉見書違条々事

一、黒谷地頭職幷美濃地事条々、公方様雖二御判明白候一、能州(三隅信兼カ)御口入候之間、渡進候、然者至二子々孫々一迄、無二等閑一可二申承一候、

一、寺戸事、如レ元御扶持、令二悦喜一候、

一、上領事、末代不レ可レ有二御許要〔容〕一由承候、可レ然候、

一、万一　上意御とかめ、又者守護方よりも、自然難二意得一由、雖レ有二申子細一、同心上者、一具可二歎申一候、

一、如レ此条々申定候上者、都鄙共大小事申談、立二御役一被レ立可レ申候、

若此条偽申候者、

上梵天・帝釈・四大天王、八幡大菩薩、殊者　伊勢天照太神宮、熊野三所大権現、惣日本六十余州大小神祇御罰

可レ蒙レ罷候、仍起請文如レ斯、

文安六季己巳三月八日　頼世（花押）

益田（兼尭）殿

先行研究は、石見吉見氏と益田氏との間の和解が、幕府―守護という上部権力の介入ではなく近隣国人の三隅氏の仲介によって成立していることに注目し、地域秩序の成熟と捉えている。(32) 筆者も異論はないが、ここでは契状の内容から、協約締結に至るまでの吉見氏と益田氏との対立を復元してみたい。

第二条では、益田氏の有力被官である寺戸氏(33)を再び益田氏が「御扶持」することになったことを吉見氏が了承している。益田氏から離反し吉見氏に走った寺戸氏が、益田と吉見の和睦に伴い、再び益田の元に戻ったことが分かる。第三条では上領氏(34)を「御許容」しないという益田氏の方針を吉見氏が確認している。これも同様に、吉見氏から離反した上領氏を保護していた益田氏が、和睦に伴い方針を転換したことを示している。

寺戸氏の益田氏からの離反と、上領氏の吉見氏からの離反が偶然、同時に発生したとは考え難い。両事件は自然発生的なものではなく、生活に困窮しての逃亡ではあり得ない。

ここで〔史料二〕の第一条を見てみると、美濃郡の黒谷郷と美濃地村をめぐって吉見氏と益田氏が争っていたことが分

かる。この所領紛争を有利に展開するために、吉見と益田は互いに相手方被官の引き抜きを行ったのではないか。ここでも被官が軍事力として期待されていたこと、被官の「逃亡」が近隣領主による働きかけという外的要因によって誘発される側面もあることが推測される。[35]

被官組織の維持拡大は国人の「家」の浮沈に関わる重要な課題であったため、右に挙げたように、領主間紛争と被官逃亡問題は密接に連動して展開した。そして領主間紛争が解決した後、戦後処理の過程で被官の人返が行われた。当該期においては、被官の逃亡問題は個別具体的に対処されており、被官逃亡問題一般に適用できるような普遍的・包括的な人返法は未だ成立していなかったと言える。国人と被官との主従関係が依然として流動的であった室町期においては、被官の逃亡問題への対応には自ずと限界があったのである。

領主間紛争予防策としての被官問題対策

室町期の国人は親類・被官の規制を受けるとはいえ、「家」の所有者であり、対外的には「家」を代表する唯一の存在であった。領主の一揆は本質的に「家」と「家」との一揆であるが、一揆を結ぶことができるのは「家」の代表者たる国人のみであった。

しかし応仁・文明の乱が勃発すると、本国＝地域と京都での戦闘を同時に遂行するため、国人の「家」において被官層への委任傾向が強まった。[36]これを一つの契機として、当主と家臣団の二重構造に基づく領主組織たる「家中」が成立する。

文明九（一四七七）年の益田氏と三隅氏との協約を一例として挙げると、双方の「老者中」（家老衆）が参会し、連署起請文を取り交わした後、互いの当主が起請文を交わすことで協定が成立している。[37]当主を支える重臣団が外交権の一部を行使しているわけで、上層従者たる被官層が明確に「家中」の内部に位置づけられたことを意味している。被官は「家中」運営に参画すると共に「家中」から規制を受けることになる。この結果、「家中」と「家中」との協約によって、被官の逸脱行動を抑止することが可能になった。

たとえば永正元（一五〇四）年の石見小笠原氏と大家氏との間の協約では、「御方之衆」（大家氏「家中」の人間）と「此方之衆」（小笠原氏「家中」の人間）との間で万一「喧嘩口論」が発生したら、領主間紛争に発展させることなく、穏便に話し合いで解決することを規定している。(38)「家中」成立に伴い領主間協約の整備が進み、領主間紛争を未然に防ぐために、被官問題への対応が事前に規定されるようになったのである。

このように「家中」の成立に呼応して、国人間、「家中」間の連携も深化していく。こうした動向は、「衆中」などと呼ばれる広域的・恒常的な国人連合へと結実していく。(39)戦国期の地域社会は、この「衆中」と「家中」の動静を軸に展開する。次節においては、この点に関して考察することとする。

3　戦国期の「衆中」と「家中」

戦場の従者たち

従者絡みのトラブルは日常においてのみ発生するわけではない。むしろ戦いの場において先鋭的に現れてくるものである。

享禄四（一五三一）年、上条氏の乱に接し、越後の国衆一八名が連署して軍律を制定している。(40)第一条では、「陣取」の時に、「陣場相論」や「陣具等奪合」の末に「喧嘩」に及ぶことを禁止している。ここで喧嘩の主体として想定されているのは、佐藤博信氏が推定するように、国衆自身というより国衆の被官・中間・小者といった戦闘要員であろう。(41)〔史料一〕でも示したが、戦場に到着した時に指揮官が何よりも先に心配しなければならないことは、気の荒い武家奉公人たちの喧嘩なのであった。だがここでは〔史料一〕と異なり、統制主体は守護ではなく国衆連合である。

また安芸でも弘治三（一五五七）年、毛利氏をはじめとする国衆たちが軍律を定め、「此衆中」においては、誰の被官・僕従であっても、軍勢狼藉を行った者には制裁を加える、としている。(42) 菊池浩幸氏は「軍勢狼藉などの違反者を処分する際に、各国衆が持つ排他的『家中』処分権を否定」し、「各署判者がどの国衆の家臣でも処罰できることを規定」したものと評価するが、(43) 至言であろう。戦場での軍紀粛正を契機として、国衆による「家中」統制に「衆中」が介入する端緒が開かれたのである。

国衆「家中」の確立と反逆する被官

右に見たように、大勢の国衆によって構成される連合軍においては、参加国衆全員による多者間協約が結ばれ、全ての従者に対する広範な規制が行われた。このような広域的な従者統制は戦場だけでなく日常的にも行われるようになる。とりわけ重視されたのは、「家中」構成員である被官層への統制である。次に史料を掲げる。

〔史料三〕(44)（本文書の神文以下は「牛玉宝印」を料紙に用いている）

　中合条々

一、雖下従二上意一被二仰出一之儀候上、又雖下自二諸大名一蒙レ仰之儀候上、為二一人一不レ可レ致二才覚一候、此衆中相談、可レ有二御事請一候、仍各愁訴之儀候共、可レ為二同前一事、

一、此衆中親類・被官已下、或軽二主人一、或蒙二勘気一、他出之時、於二中合洞一、不レ可レ有二許容一候、但依二罪軽重一、一端之儀者愁訴事、

（以下、三カ条を略す）

此儀偽候者、

日本国中大小神祇、　殊者八幡大菩薩・摩利支尊天、可レ罷二蒙御罰一者也、

永正九年壬申三月三日　　天野讃岐守興次（花押）

（以下八名、連署）

この史料は、安芸の国衆九名によって結ばれた連署起請文である。ここで注目したいのは第二条である。先行研究では人返規定と理解されているが(45)、「勘気を蒙り他出」とあるから、主従の縁を切って追放した親類・被官に関する規定であることが分かる。また「許容あるべからず候」との記述を素直に解釈すれば、「この洞（衆中）に属する国衆は、逃亡してきた他の国衆の家臣を受け入れてはならない」ということであって、元の主人に返還することを必ずしも主眼としていない。むしろ「主人を軽んじ」て追放された家臣の逃げ場を断つことを企図したものであり、いわば「衆中」＝国衆連合からの〝追放刑〟である(46)。

もともと右の一揆契約は、上洛中の大内義興を支持するか否かで分裂しつつあった安芸国衆が相互の不信感を取り除いて結束するためのものであった(47)。国衆が政治路線の選択に逡巡すれば、被官層に対する統率は困難になる。国衆が被官層の突き上げを押さえ込むには、周囲の国衆と連携して、人返よりも厳しい措置を取ることが必要だったのである。

同様の規定は越後においても見られる。享禄四年に小泉庄の本庄・色部・鮎川・小川という四人の国衆が互いに起請文を交わしているが、そこでは第五条に、「相互之家中」で「逆意之者」が現れた場合は「御同心」によって「成敗」することが規定されている(48)。この四者間協約の直接的な契機としては永正の乱に始まる戦乱の激化が指摘されており(49)、厳しい軍事情勢の中で国衆の「家中」支配は動揺し、「衆中」の力を背景に被官統制が強化されていったと見られる。

享禄四年の本庄氏らの懸念は、天文四（一五三五）年に現実のものとなった。それが本庄氏「家中」での謀叛未遂事件である。本庄氏の「洞之者共」が当主の本庄房長に対し「謀心」を企てるが、未然に発覚して四、五人が逃亡する。本庄房長は色部勝長に対し「御家風へ罷越候はゝ、きつと成敗させられ候て可給候」と、逃亡被官が色部氏「家中」に逃げ込んだ場合は処罰するよう、要請している(50)。ここでも逃亡者を返還してもらい〈再雇用〉するという「人返」の発想はない。

領主間協約が、反逆する被官への制裁として機能するようになったのである。[51]

この事件で興味深いのは、佐藤博信氏が注目しているように、本庄房長が色部勝長に対し「御家風にも有りけに候、生口あつて明白に申候間、御糾明も候へく候や」と述べている点である。[52]すなわち色部氏「家中」に、逃亡被官への協力者がいるらしいのである。本庄・色部両「家中」においてクーデターが計画されていたと考えられよう。国衆当主たちの横の繋がりができる一方で、家臣団同士の交流を通じて被官層の地域的連帯も進行していた。[53]

それにしても「人返」だけでは対処できないほどに、被官が暴走するようになったのは何故か。一つには先述したように、被官層の「家中」の枠を越えた地域的連帯が挙げられるが、より本質的には「家中」の確立そのものが要因と考えられる。

国衆の「家中」が固定化すると共に領主間協約が進展してくると、家臣の個人的な逃亡は困難になる。〈転職〉に伴う政治的影響力が大きい重臣クラスでは尚更である。[54]いきおい家臣たちは余所に移るよりも、「家中」内部での出世、主導権掌握を目指すようになる。結果として、「家中」における権力闘争は激化し、時には当主に対する反逆という形をとることになるのである。かくして深刻化する被官問題に対応すべく、領主間協約における被官条項は厳格なものになっていった。

国衆「家中」の分裂と近隣国衆の動向

国衆「家中」での権力闘争が激化すると、「家中」が分裂するという事態が招来する。まずは明応年間の三隅氏「家中」の事例を取り上げる。この三隅氏「家中」の騒動については先行研究で詳細に検討されているが、[55]改めて事件の経緯を整理しておく。

事の発端は、明応四（一四九五）年に三隅氏当主の中務少輔（貞信カ）と重臣の三浦氏一族が、三隅兵庫入道信光らによって追放されたことにある。その後、近隣の国衆である益田・福屋・石見小笠原氏が両者の対立を調停する。おそらく三隅信光は、三浦一族を三隅氏「家中」に復帰させないことを条件に、当主の帰還を認めたものと思われる。調停に対する報酬として、益田氏は美濃郡津毛郷を三隅氏から譲り受けた。福屋・小笠原氏も同様に三隅氏から所領を獲得した。

しかし三隅郷に「還住」した当主中務少輔は信光らとの約束を破棄して、信光方を追放し、追放されていた三浦一族を呼び戻した。これに対して信光は益田・福屋氏に援助を依頼する。この時、信光は益田氏に対しては津毛郷に加えて疋見郷・丸毛郷の割譲を約束している。

そして益田・福屋の援助を受けて、信光方の三隅郷「帰住」は成功、信光方は三浦一族を再追放した。信光方は新当主として藤五郎興信を擁立した。新当主の興信や、信光ら「年寄共」は約束通り、津毛・疋見・丸毛を益田氏に割譲。代わりに三浦一族の「帰郷」を阻止することに協力するよう要請している。

以後も三隅氏の権力基盤は非常に脆弱であったようで、享禄五年には親尼子派の「一家中」と対立して追放された三隅興兼が大内氏・益田氏の後援により「帰郷」している。

類似の事例は越後でも見られる。天文四年、色部氏「家中」の重臣である田中長義・早田守吉・布施家秀が他の家老衆から専横を糾弾されて本庄氏のもとに逃亡した。しかし本庄氏の「御刷」によって「彼三人帰参」が実現している(56)。

これらの事例は、「家中」内での派閥抗争に敗れたグループが「召放」された後に、近隣領主の支援を受けて「召直」を目指す、というものである。これは人返＝〈強制送還〉とは逆パターンと言うことができよう。逃亡した被官を本主人が連れ戻すのではなく、追放された被官が本主人の元に戻ろうとしているのである。要するに〈追いたがる家中と戻りたがる被官〉という構図であり、被官の目的は〈転職〉ではなく〈復職〉である。

ここで興味深いのが近隣国衆の対応である。今まで見てきたように、「家中」と「家中」との協約に基づき、個別的・散発的な逃亡被官は受け入れないというのが国衆たちの基本方針である。しかし前掲の本庄氏の例から分かるように、

「家中」への復帰を最終目的とする集団的・組織的な亡命被官は保護するのである。国衆間の協約は〈内政不干渉〉が原則だが、被官たちが大量に亡命してしまい「家中」が分裂したり機能不全に陥ったりした時には、近隣国衆が「家中」再建のために介入する、と考えられる。このように国衆たちは様々な形で「衆中」としての連携を深め、「家中」の安定化に腐心したのである。

また周知のように、毛利元就は小早川・吉川・平賀・天野といった周辺国衆の家督問題（「家中」の内紛）に介入して、新当主擁立を梃子として国衆「家中」を服属させていった(57)。この毛利氏の戦略も、「衆中」による「家中」再建という運動の延長線上に位置づけられよう。

4　戦国期の領主間協約における「下人」「百姓」条項

領主間協約の「下人」条項

前節では被官の動向と国衆側の対処策について検討したが、下層従者たる下人に対する国衆の認識はどのようなものだったのだろうか。以下に史料を示す。

〔史料四〕(58)

又縦雖レ為二**譜代人**一、自二弘治四九月二日以前一之儀者、蒙レ仰申入間敷候、自今以後之儀、堅申談候、

御家来・愚領之**悴者中間**之法度、興次・祖父元貞被二申談一、于今無二相違一候、本望候、雖レ然**下人**之事、依レ不レ被二申合一、御領之者ハ当所へ罷越、此方之者ハ御分へ罷退候、如レ此猥候へハ、毎事在陣之時、**郎従**以下及二迷惑一候之条、従二只今一下部沙汰申合候、至二後代一無二相違一之様ニ被二仰付一、堅可二申含一之覚悟候、次西条（安芸国）之御領・某西条ニ知行之在所、是又同前ニ右之法度申談候、将亦七条（安芸国）かは坂（椛）之事、少輔四郎（天野元友）拝領候、彼地茂右之人沙汰可二申合一候、為二後日一

候条、以㆓一通㆒、蒙㆑仰申入候、恐々謹言、

弘治四
九月二日　　　　　　　　　　隆重（花押）

元明（花押）

「（切封ウワ書）
（墨引）
藤次郎殿（天野元定）　　　　中務少輔
御宿所　　　　　　　　　　　余五郎　隆重」

右史料によれば、弘治四年、安芸国衆である志和堀天野氏の隆重・元明親子と志和東天野氏の元定という両天野氏の間で、「人沙汰」すなわち人返協約が結ばれた。「悴者中間之法度」つまり被官・中間の逃亡問題に関しては前々から協定があったものの、下人の逃亡に関しては申し合わせて来なかったため、下人の逃亡問題に関しては対処できていなかった。そこで今回、新たに「下部沙汰」、下人に対する人返を規定したのである。

この史料に関して岸田裕之氏は「この緊縛対象の段階的進展は当該期における逃亡が悴者・中間層から下人層へと拡大・進行したことに対応するもの」と述べている。[59]また菊池浩幸氏も「下人逃亡の深刻化という時代情況から、それまで規定していなかった下人の人返（下部沙汰）について約束したのがこの協約であった」と、ほぼ同様の評価を下している。[60]

しかし十六世紀半ばに、下人逃亡が急激に増えたとは考え難い。下人逃亡じたいは、安芸において以前から問題化していた。たとえば毛利氏「家中」では、享禄五年に福原広俊ら重臣たちが毛利元就に対して起請文を提出しているが、[61]その第三条には人返規定がある。「傍輩中」＝同じ毛利氏の家臣仲間の所から、「悴被官・小中間・下人」が逃げ込んできた場合は、元の主人に連絡して、その返事によって、受け入れるか追い返すかを決めるよう、定めている。領主間レベルで「人返」が成立する前から、「家中」内部では「人返」制度が機能していたことが分かる。

したがって〔史料四〕に関しては、下人の逃亡の発生件数が少なかったというよりは、下人逃亡はあったが、人返とい

う解決の枠組みがなかった、と考えるべきであろう(62)。

それでは、弘治四年になるまで下人の人返が規定されなかったのは何故か。これは領主間協約における優先順位の問題と考えられる。つまり下人の人返よりも被官の人返が優先されたのである。国衆を政治的・軍事的に支える被官層の逃亡は、国衆「家中」の動揺に直結し、また領主間のパワーバランスを崩す危険性すらあった。そのため領主間協約においては、まずは被官逃亡問題の解決が図られたのである。

改めて〔史料四〕に注目すると、波線部に「毎事在陣の時、郎従以下迷惑に及び候」とある。下人の逃亡で直接被害を受けるのは、彼らを指揮下に置いて軍役を勤めている「郎従」＝被官層であり、天野氏当主ではなかった。国衆当主は、被官の人返が軌道に乗ってから、下人の人返に取り組んだのである。

領主間協約の「百姓」条項

一般に、室町・戦国期の領主間協約においては、百姓の人返も積極的に推進された、と理解されている。しかし、このような見解は、戦国大名(63)の人返政策を室町期にまで遡及させたものにすぎない(64)。

現実には、領主間協約において百姓に関する条項が存在する事例は極めて少ない(65)。具体的に何点か取り上げてみよう。

〔史料五〕(66)

契状案文

一、御当家、或者被レ引二縁者一、或者依二年来之知音一、動背二守護之下知一、国家以及二動乱度々一事、先祖以来口惜題目候、仍此番一家親類、以二一味同心之儀一、一偏ニ仰二　武久御成敗之儘「儀歟」一、各可二進退一事、

一、雖レ為二親子兄弟年来之知音一、対二　武久一有下存二非儀一族上時者、依レ為二旧好一、再往可レ加二教訓一、若違二背其儀一者、直申二入御成敗之儀一、可レ致二奔走一事、

一、依二**三ヶ国**代々伝変（転カ）候一、成レ敵、成二御方一、近所・他方、私ニ雖レ挿二宿意一、於二此一筆以後一者、不レ存二旧悪一、可レ為二武久御為題目一之時者、依二前々一捨二鬱憤一、相互一味同心ニ可レ有二扶助一事、

一、**一家**一味同心之談合之以後、万一不慮之子細出来、於二**一家中**一有二不和之儀一時者、自余之一家、応二一大事一、武久受二御意相償一、内外可レ存二無為無事之儀一事、

一、寄々之所領依二相交一、有二四辺郷境論一、**百姓逃散**、夜討・山賊一時者、相互ニ決断候而、可レ有二其沙汰一事、

一、**一家中**如レ此申談候上者、談合之時、不レ残二心中一可二申出一候、縦又雖レ非二愚意一、可レ同二**衆中**之儀過半之宜一事、

一、如レ此申談候**衆中**ニ、自然従二**屋形**一も、無理之子細欲二仰懸一時者、相共ニ侘事可レ申事、

右此条々偽申候者、

御神名

文明十二年十月廿日

『総州家』相模守友久
『薩州家』薩摩守国久
『伊作』式部太輔久逸
『豊州家』修理亮忠廉
『知覧』下野守忠山
『新納』近江守忠続

「忠昌公御譜中ニ載セ有リ」

別稿で論じたように、右の史料は島津友久ら島津氏「一家親類」六名が、薩隅日三カ国守護＝島津本宗家当主である武久に対して提出した一揆契状である。(67) 文明年間には島津一族は内紛を繰り返しており、彼ら「一家親類」は当主武久を上

に戴く形で「一味同心」して「一家中」＝「衆中」を結成することで、分裂を克服しようとした。この一揆は一族＝家の結集という形式を取っているが、本質的には地域における領主の結集であり(68)、右の契状も一種の領主間協約と見なすことができよう。

さて本契状の第五条には、「百姓逃散」への共同対応が規定されている。ここから領主間協約においても百姓に関する条項が存在することが知られるが、右の契状の中で「百姓」条項の比重が非常に小さい点には注意すべきであろう。すなわち、ここにおいては、百姓の逃散は、「四辺郷境論」＝堺相論や、「夜討・山賊」＝検断といった、所領錯綜に伴って発生した諸問題の一つ、という扱いなのである。

続いて、別の史料を掲げる。

〔史料六(69)〕

条々

一、津毛・疋見・丸毛三ヶ所事、依レ為二御由緒一、御当知行上者、於二已後一、可レ止二競望之儀一候、早如レ元可レ有二御知行一事、

一、雖下対二何方一及二興信弓矢一候上、被レ捨二一家・他家一、可レ預二御合力一之由承候、目出度候、

一、自然　上意、又者従二大内殿守護方一、被レ仰之儀候共、同心可二歎申一事、

一、三浦者共事、操二諸家一望二帰郷一、又者致二緩怠一候者、以二御合力一、可レ致二成敗一事、

一、土民等、何様にも致二緩怠一、及二異儀一候者、即時申合、何方も可二成敗仕一事、

右如レ此条々申定、一筆進レ之置、又御一行被レ懸二御意一候上者、一切不レ可レ有二聊爾之儀一、雖レ然、被レ対二此方一、少も於二御聊爾一者、不レ可レ立二支証一候、仍為二亀鏡一之状如レ件、

明応五年丙辰卯月十三日　　三隅藤五郎 興信（花押）

益田孫次郎（宗兼）殿御宿所

この史料は、前節で紹介した明応年間の三隅氏「家中」の内紛に関するもので、益田氏ら周辺国衆の援助を得て新当主の地位に就いた三隅興信が益田宗兼に宛てた契約状である。

本契状の第五条では、「土民等」が三隅氏に対して反抗的な態度を取った場合、三隅氏と益田氏が協力して鎮圧に当たるという合意事項が記されている。ここで言う「土民」はおそらく名主・百姓層を含んでいると見られ、本条項は「百姓」条項と見なし得る。

だが、一つ問題になるのは、このような規定が必要になった背景である。わざわざこのように規定されている以上、現実に在地社会において不穏な兆候が少なからず見られたものと思われる。何故、この時期に突然、百姓たちは動き出したのか。

ここで第四条に注目したい。権力闘争に敗れて三隅氏「家中」から追放された三浦一族が、「諸家」＝近隣国衆から支援を取り付けて三隅郷への「帰郷」を図ることを、新当主興信が警戒していることが分かる。とすると、百姓たちの策動の背後には、復権を狙う三浦一族がいる可能性が高い。

したがって、この三隅氏と益田氏との間の協定は、三浦一族対策に最大の眼目があり、百姓への統制そのものを目的としているわけではない。

類似の事例は関東でも見られる。

〔史料七〕(70)

一、於㆓当方㆒江戸刷之事、自今以後、可㆑為㆓一家同位㆒事、

一、対面之上、庭之礼・書状之認様、末世末代義舜至㆓于子々孫々㆒迄、可㆑為㆓一家同位㆒事、

一、自今以後、対㆓但馬守子々孫々㆒、至㆓于義舜子々孫々㆒迄、一点不㆑可㆑存㆓余儀㆒之事、

永正七年庚午十二月二日　義舜（佐竹）「血判」（花押影）
江戸但馬入道殿（通雅）
同　彦五郎殿（通泰）
「右熊野午王一枚ノ裏ニ書之」

〔史料八〕

一、人返之事、**江戸譜代之者**、至二**名代・土民・百姓**一迄、可レ帰之由申付、不レ用候者、始二当所一、於二義舜直々成敗之地一、至二于子々孫々一、不レ可二許容一事、猶以致二追放一候者、於二当方中一、如何様之人体候共、許容之方候者、成二其咎一、其地不レ可二指置一事、

一、於二洞中遠所之面々一も、人返之事、岩城方申談、連々可レ加二催促一候、若堅於二難渋之上一者、其間之可レ為二覚悟一事、

一、人返之段、義舜如レ此相定已後、江戸領分之者、引越許容之儀候者、加二催促一、不二同心一候者、可レ加二退治一事、

右、彼六ヶ条、江戸懇望之旨、自二岩城一任二催促一、令二同心一候上者、対二他家一弓矢之馳引等、洞之諸沙汰以下、義舜無二二可二申合一事簡要候、万一但馬守父子被レ存二疎意一候者、何事於申合候共、不レ可レ有二其曲一候、若此旨偽候者、（神文は省略）仍起請文之状如レ件、

永正七年庚午十二月二日　義舜（佐竹）「血判」「居判同前」
江戸但馬入道殿（通雅）
同　彦五郎殿（通泰）
「右熊野午王三枚之裏ニ書之」

右の〔史料七〕〔史料八〕は佐竹氏当主の義舜から常陸江戸氏の通雅・通泰父子に宛てられた二通の契約状で、〔史料

八」の末尾に「彼六ヶ条」とあるように、二通が一体となって機能している。「江戸懇望の旨、岩城より催促に任せ」との表現から、江戸氏が岩城氏を通じて佐竹氏に盟約の締結を願ったことが分かる。当時の佐竹氏は、永正元年に宿敵であった庶子家の山入氏を滅ぼすなど急速に勢力を回復しており、一方の江戸氏は当主の通雅が老衰して死期が迫るという危機的な状況にあった(71)。江戸氏としては、佐竹氏に歩み寄らざるを得なかったのである。岩城氏は佐竹氏・江戸氏の双方と姻戚関係にあり、和解の斡旋役としては適任であった。

こうした力関係を反映して〔史料七〕では、佐竹氏が江戸氏を佐竹一家と同格に扱うことなどが約束されている。佐竹氏優位の形で両氏は同盟を結んだのである(72)。

同年同月同日付のもう一つの契約状である〔史料八〕は、〔史料七〕に付随するものであり、両氏間での人返協定である。その第一条の前半では、江戸氏の譜代家臣だけでなく、江戸領の名代・土民・百姓が逃亡してきた時も江戸氏に送還するよう、佐竹氏「家中」の人々に命令することを、佐竹義舜が約束している。

これも百姓の人返をも含む領主間協約と言えるが、文章表現からすると「重要度の低い土民や百姓であっても、きっちり返還する」という意味と考えられる。つまり、本条項では譜代家臣の返還に比重が置かれているのである。それは第一条の後半で、江戸氏によって「追放」された者を受け入れない旨が規定されていることからも読み取れる。ここで「追放」の対象として念頭に置かれているのは、被官・中間・下人といった従者であって、百姓ではないだろう。

更にこのことは、少し時期が遡るものの殆ど同時期かつ、同一地域における、他の起請文からも裏付けられる。一例として、明応三年に江戸通雅が岩城氏と岩城一族の好間氏に宛てた起請文(73)を取り上げたい。これは佐竹氏と江戸氏との和睦を岩城氏が斡旋したことを受けて提出されたもので、第四条では岩城氏と江戸氏との縁談が約束されている。

そして第五条には「御家風中、背御意罷越、我々於雖被憑候、不可致許容候」と記されている。つまり「岩城家中の者が、岩城氏当主の意に背き、江戸領に逃げ込んできて、我々に助けを求めてきたとしても、これを保護しない」と確約しているのである。(74) 前掲の〔史料八〕は百姓統制にまで踏み込んでいる点で、これより一歩前進を見せていることは間違いないが、基本的には明応三年の領主間協約の延長線上に理解できよう。

以上のように見ていくと、領主間協約において、百姓よりも従者、特に被官の逃亡の方が重要視されていたことは明白である。ここに百姓の統制にまで手が回らない国衆連合の限界が見てとれる。

戦国大名の人返政策

領主間協約による百姓統制が脆弱であるのに対し、戦国大名は百姓対策に多くの力を注いでいる。武田氏や後北条氏は、百姓が「欠落」＝逃亡した場合、逃亡元の領主の「侘言」＝請求に基づいて人返状を発給し、彼らが逃亡先へ入部し「召返」することを「国法」によって保障している。(75) また被官・下人の場合は「譜代相伝」であることを根拠に「人返」が行われるのに対し、百姓の場合は「年貢引負」であり、権力発動の根拠が全く異なる。(76) ここでは百姓の人返が、被官・下人といった従者の人返とは区別された、独立した政策として展開されているのである。

戦国大名による人返は、領主間紛争の抑止のみを目的としたものではなかった。(77) 対被官の場合は軍役の確保、対百姓の場合は開発・復興のための労働力の確保という、高次の立場からの〈政策〉であって、領主間協約による人返と位相を異にする。この点に、国衆連合と戦国大名との、権力としての段階差を認めることができるのではないだろうか。

領主の一揆においては、構成員である個々の領主が自分の領内の百姓を各々規制するに留まり、他の領主や他領の百姓が絡む問題を解決する確固としたシステムは存在しなかった。よって広域的な村落結合の動向には対応しきれなかった。そのことが、戦国大名や惣国一揆といった新たな権力体が誕生した一因であったと思われる。

ところで毛利氏分国内の人返規定について検討した菊池浩幸氏は、戦国期の毛利氏が発令した人返法は武家奉公人（被官・中間・下人）を対象としたものであり、百姓の人返を規定した法令は豊臣政権服属後に初めて現れることを明らかにしている。[78]ここから、国衆連合の盟主として出発した毛利氏権力が、その初発の条件に長く規制されたことを窺うことができよう。

おわりに

以上、領主の一揆と被官・下人・百姓との関わりが、歴史的にどのように推移したかという問題について考察してきた。本稿で明らかにしたように、武家領主がその統制に最も意を払ったのは、侍身分を有する被官層であった。戦闘集団として出現した国人一揆も、被官統制の機関として機能するようになる。

やがて国人たちは国衆となり、「衆中」「郡中惣」「洞」などと呼ばれる国衆連合へと結集していく。対する侍たちは同名や被官として国衆の下に組織されていくものの、一方で「家中」乃至は「同名中」といった一揆的結合へ結集することで横の提携を深めていく。[79]そのため国衆連合は、各々の「家中」における政治的・軍事的中核である被官層の動向を規制することに重点を置くことになる。やがて〈領主の一揆〉は、被官層に留まらず中間・下人層への統制をも行い得る集団へと〝改良〟されていくが、百姓層への統制にまでは至らなかった。

このように武家社会においては、〈領主の一揆〉と〈被官の一揆〉という、組織原理の異なる二つのタイプの社会集団が形成された。ここで留意したいのは、両者を分かつ身分的な壁である。領主の一揆は、現実社会において身分の上下がある個々の領主を「平等」とする理念に支えられて創り出された集団である、[80]というのが通説的な理解であるが、現実には許容される身分差には自ずと限度があり、身分の異なる領主を暗黙裏に排除する性質を持っていた。[81]一揆の平等性とは、同一階層における平等性にすぎない。

第3節で触れた享禄四年の小泉庄内四氏の一揆は、その一例である。本庄・鮎川・小川の三氏が色部氏に宛てた起請文が現存するが、本庄・鮎川の起請文がほぼ同内容であるのに比して、小川の起請文は前二者のそれと大きく異なる。小川長基は色部・鮎川・本庄の三氏が一揆を結んだことに祝意を表し、続けて「然るに拙者の事、御文言に載せられ候、恐悦の至りに候」と感謝の意を示している。[82] すなわち小川氏は三氏の一揆に「参加させていただく」という立場なのである。

小川氏が三氏に対して従属的な位置にいるのは、三氏が平姓秩父一族であり鎌倉御家人の系譜を引くのに対し、小川氏が小泉本庄小川村の土豪出身であることに由来すると言われている。[83] 本庄・色部・鮎川らが署名している享禄四年の越後衆連判軍陣壁書に小川氏の名が見えないのも、同様の事情によるものだろう。武力や所領支配など実力面で遜色がなくとも、地頭御家人としての家格や由緒を有していないと、国衆連合への加入は困難だったのである。

とはいえ、小川氏のような侍層が常に国衆への上昇指向を有し、それを国衆たちに阻まれていたとは言えない。戦国期に益田氏や三隅氏、小笠原氏などが村落に根差していた土豪層をリクルートして被官組織を増強していったことから分かるように、在地から台頭してきた侍衆はむしろ国衆「家中」に積極的に参入した。[84] 明応期の三隅氏など、「家中」の内紛がしばしば家督候補者を各々擁立した家臣グループ同士の争い、つまり家督紛争として具現化したことも、その証左であろう。家臣が君位を〝簒奪〟するという形式にはならないのである。

戦国期畿内の地域社会の情勢から立論された「侍」身分論において、村落を主導する侍層が主体的・戦略的に主人を選び取っている状況が明らかにされた。[85] 右の事実を踏まえた近年の研究では、有力者を主人と仰ぎ、その庇護下に入ろうとする行為が中世社会に普遍的な現象であることが指摘されている。[86] 何らかの集団に属さぬ限り自らの生命・財産・地位を守ることが難しい中世社会において、主従契約も一揆契約も共に重要な〈保険〉である。久留島典子氏が指摘するように「タテ系列の人的関係とヨコ系列のそれとは、けっして矛盾しあうものではない」[87] のである。

最後に、本稿の主要な議題の一つであった「人返」協約について補足しておきたい。従者に関する「人返」協約が結ばれる原因としては、元の主人（本主人）と現在の主人（当主人）との間で従者の帰属をめぐる争いが多発していたことが挙げられる。こうした主人権をめぐる争いには、既述のように政治的・経済的・社会的な背景があるが、より根源的な問題が潜んでいることも無視できない。それは中世人の名誉観念に関わる問題である。

鎌倉後期の宮廷女房が著した日記文学『とはずがたり』には、作者が備後国和知郷の地頭代官和知氏の家に泊まっていたが、後に和知氏の兄の家に移ったところ、和知氏が「年来の下人に逃げられ、しかも兄にかどわかされた」と怒り、兄弟喧嘩に発展した、という有名な逸話が見える。先行研究は、仮初に宿泊した者を下人と見なす和知氏の認識に注目し、在地領主層のイエ支配権（家父長権）の強大さを説いている。(88) だが兄との対決も辞さない和知氏の激昂ぶりからは「自分の支配下にあった者に逃げられることは恥辱」という意識も読み取れるのではないだろうか。被保護者＝従者にしてみれば単なる〝移動〟のつもりでも、保護者＝主人側には〝逃亡〟と映るのは、そのためである。

したがって従者の主人権をめぐる争いは、従者に逃げられたことを屈辱と感じる本主人と、まだ短期間の主従関係とはいえ一度扶持した者を手放しては沽券に関わると考える当主人という、双方の面子のかかった戦いであり、ゆえに平和的な解決は難しかったのである。

本稿では、その重要性を認知しつつも、中世人の精神に分け入るような考察はできなかった。今後の課題としたい。

（1）これまでの研究により、当時の史料に見える従者（武家奉公人）は三つの階層に分類できることが明らかにされている。最上位は「被官」で、「内者」「郎従」「悴者」「若党」などとも呼ばれる。彼らは有姓で侍身分を有し、自ら同名や従者を抱えてイエを形成している。次が「中間」で、「僕従」「小者」などとも表現される。彼らは無姓・凡下である。最下位が「下人」で、「中間」よりも身分が低く隷属性が強い。以下、本稿では右の定義に従って、従者の階層差を意識しながら議論していく。峰岸純夫「身分と階級闘争」『中世の東国—地域と権力—』（東京大学出版会、一九八九年、初出一九八一年）、菊池浩幸「戦国期人返法の一性格—安芸国を中心として—」『歴史評論』五二三号（一九九三年）、田中慶治「中世後期の若党に関する一考察—大和国を中心にして—」『高野山史研究』六号（一九九七年、後に大乗院寺社雑事記研究会編『大乗院寺社雑事記研究論集』第一巻〈和泉書院、二〇〇一年〉に所収)、拙稿「伊勢北方一揆の構造と機能」『日本歴史』七一二号(二〇〇七年)などを参照のこと。

(2) 膨大な研究蓄積があるので、個々の論文を列挙することは避ける。そうした研究動向の一つの達成点として、岸田裕之『大名領国の構成的展開』(吉川弘文館、一九八三年)の存在を指摘しておく。

(3) 代表的見解として佐藤和彦「国人一揆の研究視角」『民衆史研究』五号(一九六七年、後に「国人一揆の史的性格」として『南北朝内乱史論』〈東京大学出版会、一九七九年〉に所収)がある。

(4) 一揆契状に関しては、石母田正「解説」『日本思想大系二一 中世政治社会思想・上』(岩波書店、一九七二年)、藤木久志『戦国社会史論―日本中世国家の解体―』(東京大学出版会、一九七四年)、勝俣鎮夫『戦国法成立史論』(東京大学出版会、一九七九年)、峰岸純夫「中世社会と一揆」青木美智男ほか編『一揆』一巻(東京大学出版会、一九八一年)の成果が重要である。中世の武家奉公人については、前注(1)菊池論文が基本的な視座を提供している。

(5) 特に御成敗式目四二条の法文解釈に基づく百姓「去留の自由」論の進展は目覚ましいものがある。その研究史については、鈴木哲雄「式目四二条と『去留の自由』をめぐって」『中世日本の開発と百姓』(岩田書院、二〇〇一年)を参照されたい。

(6) 勝俣鎮夫「戦国時代の村落」『社会史研究』六号(一九八五年、後に『戦国時代論』〈岩波書店、一九九六年〉に所収)、藤木久志『村と領主の戦国世界』(東京大学出版会、一九九七年)、黒田基樹『中近世移行期の大名権力と村落』(校倉書房、二〇〇三年)など。右の諸研究は、領主と村落の「契約」関係に着目した点に大きな特徴を有す。これに関連して、中世の主従関係における双務性・契約性に注目した笠松宏至『中世人との対話』(東京大学出版会、一九九七年)も貴重な研究である。

(7) 領主一揆論や家中論の動向については、菊池浩幸・清水亮・田中大喜・長谷川裕子・守田逸人「中世在地領主研究の成果と課題」『歴史評論』六七四号(二〇〇六年)を参照。

(8) もちろん「人返」研究が完全に途絶してしまったわけではない。戦国大名による開発・復興(労働力招致)政策の一環としての「人返」=百姓還住奨励策については、久保健一郎「戦国大名権力と逃亡―後北条領国の場合―」『民衆史研究』三五号(一九八八年、後に「戦国大名領国における訴訟と裁許」の一部として『戦国大名と公儀』〈校倉書房、二〇〇一年〉に所収)、稲葉継陽「村の再開発と名主―戦国期東国村落と大名権力―」『戦国史研究』三四号(一九九七年、後に『戦国時代の荘園制と村落』〈校倉書房、一九九八年〉に所収)、浅倉直美「後北条領国の『人返』に関する一考察」所理喜夫編『戦国大名から将軍権力へ』(吉川弘文館、二〇〇〇年)などの成果が見られる。また戦国大名による軍役確保策としての被官の「人返」については、前注(1)峰岸論文、鈴木将典「被官の安堵」『日本歴史』七〇一号（二〇〇六年）といった業績がある。そして戦争・飢饉に伴う百姓の「欠落」および、その渡り奉公人化については、藤木久志氏の一連の研究が存在する。加えて則竹雄一「戦国期駿豆境界地域の大名権力と民衆」『戦国大名領国の権力構造』（吉川弘文館、二〇〇五年、初出一九九九年）は、大名領国と大名領国が接する境界地域における百姓の分国外への「欠落」と、大名と大名との間の人返を論ずる。しかし、これらの研究は戦国期、特に戦国大名の人返政策のみに焦点を当てており、南北朝～戦国期の領主間協約における「人返」規定に関する研究は停滞している。

(9) 松浦一揆関係の研究は枚挙に暇ないが、現在の研究史の到達点は村井章介「在地領主法の誕生―肥前松浦一揆―」『歴史学研究』四一九号（一九七五年、後に『中世の国家と在地社会』〈校倉書房、二〇〇五年〉に所収）に示されている。

(10) 前注(4)の諸論文を参照のこと。石母田論文、六〇〇～六〇一頁などは、その典型である。

(11) 田中大喜「在地領主結合の複合的展開と公武権力」『歴史学研究』八三三号（二〇〇七年）五二頁。

(12) この点については、拙稿「親子契約・兄弟契約・一揆契約」『鎌倉遺文研究』一九号（二〇〇七年）で指摘した。

(13) 永原慶二「国一揆の史的性格」『中世内乱期の社会と民衆』（吉川弘文館、一九七七年、初出一九七六年）一四八頁。

(14) 網野善彦「青方氏と下松浦一揆」『歴史学研究』二五四号（一九六一年）、白水智「肥前青方氏の生業と諸氏結合」『中央史学』一〇号（一九八七年）。

(15) 前注(14)白水論文、六五頁。

(16) 網野善彦「海民の諸身分とその様相」『日本中世の非農業民と天皇』（岩波書店、一九八四年、初出一九七一年）、関周一「移動する倭人と宗氏・朝鮮王朝」『中世日朝海域史の研究』（吉川弘文館、二〇〇二年、初出一九九四年）。

(17) 村井章介「鎌倉時代松浦党の一族結合」鎌倉遺文研究会編『鎌倉時代の社会と文化』（東京堂出版、一九九九年、後に前注(9)村井書に所収）一三八頁。

(18) 近世の事例になるが、安房国長狭郡浜波太村の浦請負人である平野仁右衛門家の場合、幕末期にはわざわざ伊豆国の田牛村から採鮑技術に優れた海士を雇い入れている。後藤雅知「浦請負人」塚田孝編『職人・親方・仲間』（吉川弘文館、二〇〇〇年）を参照のこと。

(19) これまた近世の事例になるが、山口徹「地曳網漁業の網元と水主」『近世漁民の生業と生活』（吉川弘文館、一九九九年、初出一九九〇年）によれば、九十九里の鰯地曳網漁業においては、水主（漁夫）は給金を前借する形で網元に雇用されているものの、奉公先の変更、つまり別の網元の所に移ることも可能であったという。

(20) 永徳三年八月十日益田祥兼置文条々（「益田家文書」『史料集・益田兼見とその時代』〈益田市教育委員会、一九九四年〉一七四頁）。

(21) 応永十年二月二十八日熊谷宗直置文（『大日本古文書』「熊谷家文書」一〇五号）。

(22) 菊池浩幸「国人領主のイエと地域社会」『歴史評論』六七四号（二〇〇六年）五五頁。

(23) こうした動向を久留島典子氏は、「被官の一揆」による主君推戴と捉える。首肯すべき見解であろう。久留島典子「領主の一揆と中世後期社会」『岩波講座　日本通史9』（一九九四年）一三一～一三四頁を参照のこと。ちなみに松浦一揆の一員で五島列島北端の宇久島の領主である宇久氏においても、応永二十年に被官たちが宇久松熊丸を当主に擁立している（前注(9)村井論文、三四頁）。

(24) 天文二十二年二月十日小早川隆景条書（『大日本古文書』「平賀家文書」一〇一号）では、第一条で小早川氏の郎従・僕従が平賀氏の従者と「口論」になった時の対応が、第二条で被官・中間の「逐電」への対応が定められている。

(25) 永享十一年三月二十七日室町幕府奉行人連署奉書写（『萩藩閥閲録』巻一一一「河野右衛門」三号）。

(26) 勝俣鎮夫「国質・郷質についての考察」『岐阜史学』五六号（一九六九年、後に前注(4)勝俣書に所収）、清水克行「室町社会の個と集団」『喧嘩両成敗の誕生』（講談社、二〇〇六年）など。

(27) 中世の下人に関する研究は、安良城盛昭氏などによる「中世の下人は奴隷であるのか、農奴であるのか」という論争に端を発しており、一九七〇年代に社会史的な方法論が導入されて以降も、奴隷制論的な性格は完全には払拭されていない。磯貝富士男『日本中世奴隷制論』（校倉書房、二〇〇七年）などを参照のこと。こうした研究姿勢を否定するつもりはないが、被官層の分析に援用することは困難である。

(28) 永享十一年十一月十四日室町幕府御教書（『大日本古文書』「益田家文書」一〇八号）。

(29) 『史料集・益田兼尭とその時代』（益田市教育委員会、一九九六年）三〇頁。

(30) 吉田賢司「中期室町幕府の軍勢催促」『ヒストリア』一八四号（二〇〇三年）。

(31) 文安六年三月八日吉見頼世起請文（『大日本古文書』「益田家文書」五四四号）。

(32) 菊池浩幸「室町・戦国期在地領主のイエと地域社会・国家」『歴史学研究』八三三号（二〇〇七年）など。地域社会における紛争解決能力の向上の契機としては、嘉吉の乱による上意の不在化という現象が指摘できよう。川岡勉「室町幕府—守護体制の変質と地域権力」『室町幕府と守護権力』（吉川弘文館、二〇〇二年、初出二〇〇一年）を参看のこと。

(33) 永享七年七月二十五日寺戸禅幸他一〇四名連署起請文（「益田家文書」前注(29)書、一五頁）では、寺戸氏からは一〇名が署名しており、益田氏被官と見られる五六氏のうちで最多の署名人数を誇る。

(34) 『萩藩閥閲録』巻五六「赤木九郎左衛門」所収の系譜によると、上領氏は石見吉見氏の一族である。

(35) 応永期の安定を経て、当該期には国人間で優勝劣敗が進行している。たとえば益田兼尭は文安六年、俣賀孫三郎に偏諱を与えており、鎌倉期以来の地頭御家人である上俣賀氏を服属させている（前注(29)書、四三頁）。こうした国人の「家」の再膨張の道程で被官の〈引き抜き〉が横行したことは想像に難くない。また、この時期に「企業体としての家」という観念が成立したと説く桜井英治氏の所説も示唆に富む（桜井英治『室町人の精神』〈講談社、二〇〇一年〉一七四頁）。

(36) この傾向は守護クラスにも見られる。大内氏の場合、当主政弘が上洛したため、分国支配は「大内殿御留守衆」、すなわち陶弘護ら宿老衆が代行した。藤井崇「大内政弘の権力構造と周防・長門支配」『年報中世史研究』三二号（二〇〇七年）参照。

(37) 前注(23)久留島論文、一三四頁。

(38) 永正元年十二月六日小笠原長隆一揆契状（「益田家文書」第八三軸之一五）。なお永正七年三月五日高橋元光一揆契状（『大日本古文書』「益田家文書」六七五号）でも、高橋氏と益田氏との間で同様の「喧嘩口論」対策が規定されている。

(39) この連合体の構成員は、もはや前代の「国人」とは異質の存在であり、別の研究概念が必要になる。戦国期の領主をどう評価するかという問題に関しては、「地域領主」や「戦国領主」など学術用語が乱立して依然として定説を見ない状況にある。本稿では差し当たり、史料用語に則して「国衆」と表現しておく。戦国期権力論の研究史に関しては、市村高男「戦国期の地域権力と『国家』・『日本国』」『日本史研究』五一九号（二〇〇五年）、長谷川裕子「戦国期在地領主論の成果と課題」『歴史評論』六七四号（二〇〇六年）、平出真宣「戦国期政治権力論の展開と課題」・西島太郎「中世後期の在地領主研究」中世後期研究会編『室町・戦国期研究を読みなおす』（思文閣出版、二〇〇七年）を参照。

(40) 享禄四年正月日越後衆連判軍陣壁書（『大日本古文書』「上杉家文書」四〇六号）。

(41) 佐藤博信「戦国社会論ノート」『越後中世史の世界』（岩田書院、二〇〇六年、初出一九七二年）一五一頁。国衆と国衆との

「喧嘩口論」については、本軍律の第二条で規定している。

(42) 弘治三年三月十二日毛利隆元外七名国衆連署契状（『大日本古文書』「毛利家文書」二二四号）。

(43) 菊池浩幸「戦国期『家中』の歴史的性格」『歴史学研究』七四八号（二〇〇一年）一三頁。

(44) 永正九年三月三日安芸国衆連署一揆契状（『山口県史』史料編・中世3「右田毛利家文書」一七号）。

(45) 岸田裕之「芸石国人領主連合の展開」前注(2)岸田書、四一七頁や前注(43)菊池論文、一三頁を参照されたい。

(46) 『大内氏掟書』一四三条（『中世法制史料集』第三巻、九二頁）では、大内氏当主の「勘気」を蒙り追放された家臣は、「公界往来人」同然の存在であるから、これを殺害しても加害者の罪を問わないと規定している。『中世政治社会思想』上巻の補注は本条文について「分国よりの追放刑と同じ意味を持った」と明言している（四五三頁）。「家中」や村落といった組織から追放されて一切の保護を喪失した中世人の苛酷な境遇に関しては、網野善彦「公界所と公界者」『無縁・公界・楽』（平凡社、一九七八年）、藤木久志「村の逐電」『戦国史研究』一二号（一九八六年、後に「逐電と放状」として『戦国の作法』〈平凡社、一九八七年〉に所収）、清水克行「室町幕府『流罪』考」『室町社会の騒擾と秩序』（吉川弘文館、二〇〇四年）などを参照のこと。

(47) 前注(45)岸田論文、四一七頁。

(48) 享禄四年八月二十日鮎川清長一揆契状（「色部家文書」『新潟県史』資料編4、二七頁）。

(49) 佐藤博信「戦国大名制の形成過程」前注(41)佐藤書（初出一九七三年）一一七頁。

(50) (天文四年)四月二日本庄房長書状（「色部家文書」『新潟県史』資料編4、四五頁）。

(51) なお、被官の主人に対する反逆の心性については、清水克行「室町人の面目」前注(26)清水書、山田邦明「一五世紀の人々、その思考と行動」『日本史研究』五四六号（二〇〇八年）参照。

(52) 前注(49)佐藤論文、一二〇頁。長谷川伸「小泉荘域における在地紛争とその解決方法」『村上市史』通史編1（一九九九年）も参照。

(53) 中国地方では、国衆の家臣に周辺国衆の家臣と同姓の者が多く見られ、他家に仕える同族との紐帯の存在が想定される。村井良介「毛利氏の『戦国領主』編成とその『家中』」『ヒストリア』一九三号（二〇〇五年）七九〜八二頁参照。しかも戦国期には、国衆間での婚姻や養子縁組を基点とした家臣の移動は広く行われていた。

(54) 事実、中国地方においては、国衆の有力被官が逃亡して他の国衆に仕えるようになった事例は見当たらない。人返の対象になるのは、国衆の下人や陪臣である。前注(43)菊池論文を参照。
(55) 倉恒康一「戦国初期の石見国の政治秩序について―明応期の紛争を通じて見た―」『芸備地方史研究』二五四号(二〇〇七年)、前注(32)菊池論文。
(56) 前注(49)佐藤論文、一一八〜一二〇頁。池享「長尾為景」(『新潟県史』通史編2、一九八七年)五六三頁、前注(52)長谷川論文。
(57) 菊池浩幸「戦国期領主層の歴史的位置」『戦国史研究　別冊　戦国大名再考』(二〇〇一年)。
(58) 弘治四年九月二日天野隆重・同元明連署書状(『山口県史』史料編・中世三「右田毛利家文書」一〇七号)。
(59) 岸田裕之「戦国期安芸国における農民緊縛の歴史的発展」前注(2)岸田書、三六五頁。
(60) 前注(43)菊池論文、一四頁。
(61) 享禄五年七月十三日福原広俊以下毛利氏家臣連署起請文(『大日本古文書』「毛利家文書」三九六号)。
(62) 岸田氏の議論の根底には、当時の研究状況を反映して、農民闘争が直線的に拡大・進行していくという発展段階論的な発想がある。被官・下人の逃亡を農民闘争へと還元する旧来の研究姿勢に関して菊池氏は批判を加えているが、当の菊池氏自身が農民闘争史観的な枠組みから必ずしも自由になれていないように感じられる。
(63) 小田原北条氏や甲斐武田氏といった戦国期の広域的権力は一般に「戦国大名」と定義されてきたが、一九七〇年代以降、「戦国大名」に代わる新たな概念として「地域的統一権力」「戦国期守護」「戦国期大名権力」など諸説が提起されている。本稿では人口に膾炙した名辞である「戦国大名」を用いておく。前注(39)の諸論文を参照のこと。
(64) 藤木久志「在地法と農民支配」前注(4)藤木書(初出一九六九年)など。
(65) なお先行研究では看過されているが、同名中・郡中惣・惣国一揆といった戦国期畿内の侍の一揆においても、被官層の統制に重点が置かれており、百姓層の統制は戦国最末期に入って漸く実現している。一例を挙げれば、近江国甲賀郡の柏木三方中(伴・山中・美濃部)が「若党幷百姓計之与」(若党ならびに百姓ばかりのクミ)を否定するのは、永禄九年のことである。この問題に関しては稿を改めて論じたい。
(66) 文明十二年十月二十日島津友久外五名一家親類一揆契状案(『鹿児島県史料』一八、旧記雑録前編二、一五三六号)。
(67) 拙稿「奉納型一揆契状と交換型一揆契状」『史学雑誌』一一六―一号(二〇〇七年)二七頁。

(68)久留島典子『一揆と戦国大名』(講談社、二〇〇一年)一二二頁。
(69)明応五年四月十三日三隅興信契約状(『大日本古文書』「益田家文書」六四二号)。
(70)永正七年十二月二日佐竹義舜起請文写(『茨城県史料』中世編Ⅳ『秋田藩家蔵文書』一〇「岡本又太郎元朝家蔵文書」九八・九九号)。
(71)佐々木銀弥「戦国時代の常陸・北下総」『茨城県史』中世編(一九八六年)二六八頁。
(72)市村高男「戦国期における東国領主の結合形態」『戦国期東国の都市と権力』(思文閣出版、一九九四年、初出一九八一年)七八頁。
(73)明応三年八月十六日江戸通雅起請文写(『茨城県史料』中世編Ⅳ『秋田藩家蔵文書』一〇「岡本又太郎元朝家蔵文書」一〇二号)。本文書に関しては佐々木倫朗「佐竹義舜の太田城復帰と『佐竹の乱』」『関東地域史研究』一号(一九九八年)も参照。
(74)前注(26)清水書によると、中世社会においては「憑む」という言葉は、現代語のような「あてにする」「依頼する」という程度の意味ではなく、「主人と仰ぐ」「相手の支配下に属す」というような強い意味を伴っていたという(五八頁)。
(75)前注(8)久保論文、四一頁。
(76)前注(1)峰岸論文、三〇四頁。
(77)前注(8)の諸論考を参照のこと。
(78)前注(1)菊池論文。
(79)前注(68)久留島書は、「家中」が神仏という絶対者の代わりに当主を推戴した一揆であることを喝破している(九頁)。
(80)勝俣鎮夫「戦国法」前注(4)勝俣書(初出一九七六年)二三八頁。
(81)前注(1)拙稿、二六頁。なお身分の上下を問わぬ一揆的な「無縁の場」とされる連歌会・茶会・祭礼などの寄合の文化においても、平等性・開放性という側面のみならず、序列性・閉鎖性という側面が裏に存在していたことが指摘されている。榎原雅治「寄合の文化」『日本史講座　第4巻　中世社会の構造』(東京大学出版会、二〇〇四年)参照。
(82)享禄四年八月二十日小川長基一揆契状(「色部家文書」『新潟県史』資料編4、二八頁)。
(83)前注(49)佐藤論文、一一六頁。
(84)石見国那賀郡小石見郷の岡本氏が三隅氏の被官に、また石見国邑智郡久永庄井原の井原氏が石見小笠原氏の被官になったのは、

十五世紀後半以降である。松村建「中世後期の村落と土豪―石見国岡本氏を中心に―」『山陰史談』二三号（一九八八年）、佐伯徳哉「戦国期石見小笠原権力と地域社会構造」『古代文化研究』一号（一九九三年）、前注(22)菊池論文参照。

(85) 稲葉継陽「村の侍身分と兵農分離」前注(8)稲葉書（初出一九九三年）、湯浅治久「戦国期在地領主と『惣国一揆』」『中世後期の地域と在地領主』（吉川弘文館、二〇〇二年、初出一九九三年）など。これらの研究は、在地における横断的な階層としての「侍」身分（「侍衆」）の形成を外在的な要因（領主による上からの編成）に求めず、かつ村落での「侍」の成立を百姓層の上昇指向（村落からの離脱、支配者側への転化）という角度からのみ捉えない点でも興味深い。

(86) 池上裕子「戦国時代の位置づけをめぐって」『戦国時代社会構造の研究』（校倉書房、一九九九年）、前注(35)桜井書、一八九頁。

(87) 前注(23)久留島論文、一二九頁。

(88) 『中世政治社会思想』上巻（一九七二年）四五四頁、永原慶二「中世国家の成立と構造」『永原慶二著作選集　第七巻』（吉川弘文館、二〇〇八年、初出一九九一年）六九頁。

3章　中世僧侶集団の内部規範——身分制と平等性原理のはざまで

大塚紀弘

はじめに

顕密体制論の提唱者として知られる黒田俊雄氏は、一九七五年の論文「中世寺社勢力論」で、寺社勢力を「現実の人間の組織＝集団の一形態」として考察することを掲げ、寺院大衆の身分組織、公的な「寺家」と私的な「門流」という二つの原理の並存など、重要な特質を指摘した(1)。その後、永村眞氏、稲葉伸道氏、久野修義氏、下坂守氏らによって、東大寺、興福寺、延暦寺など個別の権門寺院に即して、その寺院組織、寺内集団、荘園経営などが明らかにされた(2)。

そうした中、黒田氏の提示した社会集団としての「寺社勢力」という視点をさらに押し広げ、寺院を舞台に世俗社会とは異なる原理によって構成された社会を、「寺院社会」と位置づける認識が一般化するようになった(3)。寺院社会は、権門体制論における寺社権門という考え方を背景に、顕密体制における「正統派」とされた顕密仏教の僧侶集団に共通する組織や原理をふまえた言葉といえよう。ただし、中世の寺院すべてが等質の社会を形成していたわけではない。特に、「正統派」とそれ以外の仏教勢力との質的な差異を捨象する結果になっているように思われる。全体社会を構成する様々な社会集団の一つとしての僧侶集団、という視点に立ち返る必要があるのではなかろうか。

顕密仏教の「正統派」である寺社勢力すなわち寺院社会についての活発な研究状況に対して、それ以外の「改革派」「異端派」については、僧侶個人の思想に焦点が当てられたこともあり、僧侶集団としての側面が取り立てて注目されてこなかったように思われる。大石雅章氏は、南都の西大寺や大安寺などに、「改革派」の律家（黒衣方）＝律衆と「正統派」の寺僧（白衣方）の二つの異質な集団が並存していたことを明らかにしたが、両集団が相互補完的に協調関係にあったことを一貫して強調している。(4)

他方、平雅行氏は一九八四年の論文で、「鎌倉後期から室町時代にかけて、改革派の系譜をひきながら、その活動をさらに大規模に、組織的に行なった宗教者群」として「禅律僧」（禅僧と律僧）を定義している。(5)つまり「改革派」の系譜を引く僧侶集団としての「禅律僧」という位置づけである。また、南北朝・室町期には「禅律僧」と「顕密僧」という体制仏教の二元的構成が生まれ、「異端派」のほとんどが体制回帰を果たしたとしている。ただ「改革派」がいかなる過程で「禅律僧」の形成に結実したのか、「異端派」が集団としてどのように体制化したのかという点には関心が向けられていない。このように、顕密体制論の立場に立つ研究者には、「改革派」「異端派」が、いかなる社会的背景の下で僧侶集団を形成し、発展させたかという教団史の立場からの考察に乏しいようである。

ここで注目したいのは、黒田俊雄氏の提起した、様々な社会集団の一つとして寺社勢力をとらえる視点が、非人論に代表される中世身分制論と密接な関係にあったことである。黒田氏は一九七二年の論文で、支配の基盤である荘園制社会の構造に規定されて、寺社にも全体的には公家や武家と照応し合う身分体系が存在した一方で、僧綱的身分や僧伽の伝統など独自の特色があったと指摘している。(6)他方、大山喬平氏は黒田氏の身分制論によりつつ、身分の成立根拠を、社会的諸活動の主体として自己編成を遂げた集団の内部規範に求めている。(7)以上のような研究を受けて、黒田日出男氏は、内的規範に基づく身分関係の他に、社会集団間の身分関係として、可視的身分標識や身分呼称に注目した。(8)

こうした中世身分制論の成果は、社会集団として僧侶集団を考える上で重要な示唆を与えてくれる。すなわち、僧侶集団がいなかる内部規範により身分体系を構築していたのか、新たな僧侶集団が形成される際にいかなる内部規範が採用されたかという論点を立てることができるのである。

僧侶集団の内部規範を考える際には、寺院における僧侶の日常生活に注目する必要がある。なぜなら日常の集団生活を円滑に成り立たせるためには、有効な内部規範が不可欠だからである。中世の寺院生活については、圭室諦成氏による禅林の寺院生活や行事作法についての研究、唐沢富太郎氏による寺院教育史の視点から道元の清規に注目した研究を挙げることができる。(9) しかしながら、こうした成果は、宗派史観による「禅宗史」研究ではほとんど参照されていないように思われる。

黒田俊雄氏も一九八八年の論文で、「寺院の社会生活史」を解明することの必要性を強調している。(10) ただし氏はこうした視点を中世仏教論の中に本格的に取り入れることはなかったようである。日本史学では、顕密体制論の影響の下で、僧侶あるいは寺院と世俗権力との関係を中心にすえて、中世仏教論が構築されてきた。他方仏教学では、古くから僧侶や宗派の思想・教学について、個々の著作に即して研究がなされている。したがって、ともに仏教史を標榜しながら、仏教を担った僧侶集団の日常生活に関心を向ける研究動向が生まれることはなかったのである。

以上のような問題関心から、本稿では、かつての身分制論をふまえつつ、寺院生活史の視点から、中世に存在した人間集団として僧侶集団を取り上げ、その結合の原理を内部規範という側面から検討したい。そこに、禅家、律家といった「改革派」が形成した自律的な僧侶集団と「正統派」顕密仏教との根本的な差異が浮かび上がるであろう。

1　僧侶集団の根本的規範

集団外部との差別化

およそ人間集団の結合を維持するための内部規範には、集団外部との差別化、集団内部での序列化という二つの方向が想定される。

第一に、集団構成員に共通する独自の規範を設けることで、集団構成員を均一化すると同時に、外部との差別化が実現される。僧侶集団の場合は、インドの原始仏教（初期仏教）で順次定められた規範が、後に律蔵として集成されたとされる。この律蔵は経蔵と論蔵とともに仏典を構成する三蔵の一つである。

律蔵の規定は、僧侶が自主的に守る戒（『四分律』では二百五十戒）と僧侶集団の行事・運営に関わる規則（出家・受戒、布薩、安居など）から成る。律蔵に依拠することにより、僧侶集団は出家者の修行にふさわしい生活環境を確保するとともに、世俗社会からの支持を得ることができた。[11] それは律蔵の規定が、世俗社会の規範とは大きく異なる原理によるものであったからである。律蔵という強固な内部規範を設けることで、僧侶集団を均一化すると同時に、世俗社会との差別化が実現したのである。

原始仏教については、次のような指摘がある。ブッダはインド社会の階級差別を強く否定し、四姓（カースト）の平等を称え、実際にそれを実行した。[12] 平等理念によって運営されたサンガ（僧伽、本来は集団の意）は、同一の目的により集まった人々の共同体で、その成員は相互に平等で、同一の規律に服し、加盟は自由意志で、集団の意思決定は合議制によった。[13] サンガの範囲は結界という儀式により空間的に限られた。[14] サンガの成員が参加した羯磨と呼ばれる会議では、全員出席による全会一致で決議がなされた（ただし全員が賛同した場合に限っては多数決）。こうした仕組みにより、サンガの「和合」が実現された。

日本仏教でも、律蔵『四分律』の規定は形骸化しながら部分的に踏襲され、例えば僧侶は出家する際に剃髪し、袈裟（および法衣）という衣服を着用した。このような外見上の規範を設けることで、均一化・差別化が図られたのである。この点は、日本に仏教が伝来した当初から守られており、剃髪と袈裟は僧侶の外見的標識として、広く社会に認知されていたであろう。[15]

集団内部の序列化

第二に、集団構成員の序列化もまた、集団内部の秩序を維持するために不可欠であった。律蔵は次のように規定している。[16]

僧侶集団は、一五歳以上の沙弥と二〇歳以上の比丘によって構成される。出家した沙弥は、比丘である和尚の下で教育を受け、比丘になった後、最低五年間は和尚の指導を受ける。共同生活を送る僧侶集団では、食事、座席、物品分配のなどの順番は、比丘になった順番で決定される。そのため受戒儀式の最後にその日時が確認され、比丘はこれを毎日念じて記憶しなければならない。

このように律蔵に依拠する僧侶集団では、①日常的には師弟関係によって序列化された他、②日常生活や行事等に際して先輩・後輩の序列が確認された。また以上に加えて、③能力に応じて様々な役職が置かれたという。

日本仏教でも同じように、序列化の規範として、①師弟の上下関係を基本としつつ、②日常生活や行事等に際しては、戒臈（夏臈、僧臈）および年臈が基準とされ、③役職の選任には器量（智臈）すなわち能力が考慮されたようである。例えば、出雲国の岩屋寺で天正五（一五七七）年に定められた掟法度には、「当寺住僧臈次之事」として次のようにある。[17]

右、於㆓臈次㆒者、有㆓三之不同㆒。智臈（智恵、才覚、出世等）、戒臈者（落髪依㆓前後㆒也。）、年臈（年之依㆓老若次第㆒。但此儀非㆓本式㆒由云々。）此三之掟諸宗定如㆑是。然当山者、従レ昔以二階〔戒〕臘一定二臘次一訖。

ここでは、臘次には智臘・戒臘・年臘の三つがあるとし、岩屋寺では昔から戒臘を用いているとしている。引用文中の割注に説明があるように、智臘は才覚すなわち能力のことで、器量とも呼ばれた。これは能力を基準とした規範であるが、次の戒臘・年臘は経験主義に立った規範である。すなわち、戒臘は落髪すなわち出家して僧侶となってからの年数、年臘は年齢のことである。年臘は割注に「本式」ではないとあるように、戒臘が同じ場合など、戒臘を補完する役割に留まったようである。

同じ出雲国の鰐淵寺では、貞和三（一三四七）年の「両院一揆状」で、戒臘は「受戒年月次第」とし、惣院温室は臘次（＝戒臘）の順に使用することが規定されている。(18) 温室については、正平十（一三五五）年の大衆起請文で「温室次第事」として、戒臘の高い老僧から中臘・下臘の順に、一番から三番まで時刻を定めて温室を使用することが規定されている。(19) ただし、行人は非衆客僧よりも後とされている。後述するように、これは僧侶集団内における身分集団の分化に伴う差別化を反映している。

また、別の条では、寺僧の名簿である「名帳」の次第について、出家当初から鰐淵寺に居住してきた「当寺竪入之人」は、受戒してすぐに「交衆」すなわち寺僧として登録するとしている。これに対して、他の寺から鰐淵寺に移住した「他山横入輩」が三年居住してから登録することを定めている。その上で次のようにある。

次横入与二竪入一、同一臘之違目者、以二竪入一為二座上一事、先規也。二臘不レ同者、非二沙汰之限一。次竪入受戒前後事、如二貞和連署一矣。

ここでは「横入」と「竪入」の序列について、一臘の差であれば、「竪入」を上位にするとしている。つまり、他の寺から来た「横入」は、その本来の戒臘から一引いた数値が鰐淵寺での戒臘とされたのである。同じような規定は、下野国の鑁阿寺でも確認できる。鶴岡八幡宮別当で鑁阿寺別当でもあった頼仲は、貞治六（一三六七）年に記した置文で、「衆僧臘次事」として、受けた戒は山門の大乗戒か南都の小乗戒かを問わないとして、以下のように定めている。[20]

> 然者不レ謂二自門・他門之差別一、依二受戒之前後一、可レ定二臈次一。但於二横入之仁一者、一戒可レ減之条、已先規在レ之。

受戒の前後によって衆僧の臈次（＝戒臈）を定めるとした上で、他の寺から来た「横入之仁」は戒臈を一つ減らすのが先規であるいう。このような規定は、出家・剃髪した沙弥の頃から居住して、そのまま比丘となった僧侶を、他の寺で比丘となった僧侶より多少優遇しようという意図によるものであろう。

さて鰐淵寺のように、戒臈の基準は本来、具足戒を受戒して比丘になった日であるが、室町期には一部で出家と受戒が一体化したこともあり、岩屋寺のように出家・剃髪した日が採用されることもあった。この点はすでに松尾剛次氏が興福寺の例をもとに指摘している。[21]なお、受戒制が持戒の実態を失いながら、形式的に存続した背景には、松尾氏の主張するような入門儀礼としての意味合いがそれほど強かったとは考え難い。むしろ集団内部の序列化に不可欠な臈次を数える基準として必要だったためであろう。

出家者集団としての僧侶集団の内部規範は、世俗の身分秩序を排することに大きな特徴があった。まず出家して僧侶となると、世俗の親子関係や主従関係から脱して、新たに①師弟の上下関係に身を置くことになる。次に、僧侶たちが同じ寺院で円滑に集団生活を送ることができるように、②臈次により先輩・後輩の関係が定められた。これは僧侶としての生活を長く送った者が上位になるという経験主義に基づく規範といえる。ただし、経験主義のみでは僧侶個々の力量が生かされないため、③能力に応じて役職に就くこととされたのである。

以上の点は、インドの原始仏教に由来し、経験主義と能力主義を組み合わせることで、同じ出家者としての平等性を保つことが、集団結合の根本的原理であった。

2 顕密仏教と身分制――世俗的原理の受容

僧侶集団の分裂要因――身分制の浸透

中世の顕密仏教では、寺院大衆の内部に、①顕密教学の研鑽にはげむ学侶（学生）、②練行・苦行、仏神への奉仕を行なう堂衆・行人・禅衆など、③別所などに住む聖・上人という、大きく分けて三つの身分組織が存在した。[22] このように修行内容に基づいて身分組織が分化した背景は不明であるが、権門寺院から離脱した③を除くと、寺院に居住した寺僧では、①が「学」、②が「行」に特化することで、それぞれの修行成果を高めようという意識があったのかもしれない。ただ、次第に「学」と「行」の分化が世俗的な身分秩序を反映するようになっていった。

すなわち十一世紀になると、貴族子弟の権門寺院への入寺が相次ぐようになった。[23] すると寺僧のうち学侶は、その出自により、貴種（皇族・上級貴族）、良家（中下級貴族）、凡人（上級侍）の三つの身分集団に分かれていった。そして学侶の下に、下級侍を出自とする堂衆等が置かれたのである。[24] この背景には、平雅行氏が指摘しているように、戒定恵三学のうち、持戒・禅定のような「行」を軽視して、智恵すなわち「学」を偏重する風潮があったと考えられる。[25]

貴種を出自とする学侶の優越は、以下のような僧官僧位制の変質に裏づけられていた。まず九世紀末以降、寺ごとに定員の阿闍梨が設置されるようになり、阿闍梨は三会已講とともに、僧官すなわち律師補任の前段階とされた。[26] 十世紀半ばには、僧綱所が実質的な機能を失い、僧官が僧位化していった。[27]『弘安礼節』が書札礼における僧官僧位と世俗位階との相当を示しているように、僧侶集団における僧官僧位制は、世俗社会の位階制と対応する秩序と考えられていた。[28]

中世の僧官僧位制については、海老名尚氏により次のことが明らかにされている。[29] 十二世紀には、僧官の員数が大幅に増加した。権門寺院は永宣旨僧綱すなわち一定数の僧官僧位の申請権を獲得し、一部凡人の僧官僧位補任に適用した。他方、貴種・良家の学侶は、世俗権力主催の法会・修法に招請されたことに対する勧賞およびその門弟への譲り、堂舎の修理による成功等により、僧官僧位の昇進を果たした。

こうして学侶の中で、皇族や貴族出身の貴種・良家が僧官や上級の僧位を占め、上級侍出身の凡人の多くは僧官を持たない凡僧に留まる結果となった。また下級侍出身の堂衆層は大法師位といった下級の僧位が限界であった。さらに、侍より下の身分である凡下は堂衆層にも加わることができなかった。他方、西口順子氏が明らかにしたように、十一世紀後半以降、代々僧官僧位を持ち、「執行の家」「三綱の家」さらには「学侶の家」のような世襲化した「僧の家」が諸寺院に生まれたことも注目される。(30)

ただ十五世紀になると、下克上の風潮と相まって、凡下身分の一部に寺僧に加わろうとする動きが起こったようである。東寺では、凡下身分が寺僧に加わることを強硬に排除しようする動きがあったことが明らかにされている。(31)すなわち、宝徳元（一四四九）年の「交衆俗姓」に関する置文で次のことが定められた。侍以上はよいが、「土民・百姓之族并褻才職人以下之輩」はたとえ公家・武家の猶子となっても交衆を認めない。侍身分でも「褻才職人・商人等」であれば認めない。また、凡下を出自とする者は侍身分となっても認めない。

興福寺では、文明十二（一四八〇）年に凡下の者が堂衆への加入を望んだものの、凡下は堂衆に加えてはならないという「満堂捉法」により拒否されたことが明らかにされている。(32)このように中世の権門寺院では、世俗社会の身分制を受容することで、寺僧から凡下身分が排除されたのである。また、一体であるべき寺僧が、出自に規定されて、身分集団ごとに分裂する状況にあった。それは服装という外見的な標識にも現れていた。例えば僧侶が日常的に着用する五条袈裟の色について、白や薄墨は貴賤を問わなかったのに対して、香は凡人の僧正、紫は貴人の僧正以下に限られたように、(33)貴種しか着用を許されない種類の衣服が存在したのである。

それでは、いかなる規範により、権門寺院の僧侶集団は寺僧としての人的結合を図ったのだろうか。

院家から門跡へ——垂直的結合の成立

権門寺院では平安時代以降、僧侶の日常的な生活の場が、伽藍僧坊から院家僧坊や寺外の僧坊（私坊）に分散するようになった。[34] すると私坊・私領の所有を伴う法脈の師資相承に起因して、寺院大衆の内部に私的な門流の組織が発達した。[35] 私坊から発展した院家は、付法正嫡の院主に所領、聖教等とともに譲与され、法流相承の拠点として機能した。[36] ただ門弟（同宿）のすべてが師の院主・坊主と同じ坊舎に居住していたわけではなかった。[37] 門流は法流における師弟関係を基盤としており、仏教本来のサンガのように、日常を共にする生活共同体ではなかったことに注意したい。そして、門流を円滑に統括するために院主・坊主に求められたのが、以下に述べる貴種性であった。

先述のように、平安時代以降、次第に権門寺院に対する貴種・良家の入寺が一般化し、彼等は優先的に法会・修法に招請され、勧賞等により僧官僧位を昇進させた。岡野浩二氏により、貴種の優遇策として、十世紀末より次のような制度が設けられたことが明らかにされている。[38] すなわち、得度を証明する度縁なしで、臨時の授戒で受戒できる権利を与える無度縁宣旨、寺分の定員に関わりなく阿闍梨となる一身阿闍梨、自動的に法眼・僧都に叙任される法眼直叙・僧都直任である。

また十一世紀末には、僧侶でありながら制度的に親王としての待遇を認める法親王制が創出され、皇族出身の法親王は僧官僧位の秩序を超越する位置づけとされた。[39] 十二世紀末には、「閑道の昇進」すなわち貴種が三会已講を経ずに僧綱に直任される制度も生まれた。[40]「きみな」（卿名、公名、君名）の使用すなわち父祖の官職を通称として名乗ることも、貴族出身の僧侶の特権であった。[41] そして平安後期には、権門寺院を統括する座主・別当等のほとんどが、皇族や上級貴族出身の学侶に限られるようになったのである。

大治二（一一二七）年、摂政藤原忠通の息である興福寺僧が法華会の竪義を遂げたという情報が、権大納言藤原宗忠のもとに伝えられた。[42] 宗忠は日記に以下のように感想を記している。

如レ聞者、可レ謂二仏法之棟梁・法相之長吏一歟。就レ中末代之仏法、以二貴種一可レ為二貫首一歟。無二其威一者難レ保之故也。
件旨申二両殿下一了。

「末代之仏法」は、貴種を頂点に据え、その権威がなければ保ち難いのであるという。こうした意識は、同じく貴種性が重んじられた貴族社会では一般的であったようである。大江匡房（一〇四一～一一一一）が著した『本朝神仙伝』の空海伝によると、空海は常々以下のように語っていたという。(43)

弘二仏法一以二種姓一為レ先。故彼宗親王公子相継不レ絶。寛平法皇受二灌頂於此宗一後、仁和寺最多二王胤一。円融天皇又御レ地。誠是一宗之光華也。

仏法は種姓を優先するため、真言宗では親王や貴族子弟が法流を継ぐのであるという空海の言葉は史実とは考え難い。だが、こうした伝承が作り上げられたことは、僧侶集団にも貴種を優位とする秩序意識が次第に一般化したことを示している。鎌倉前期に仁和寺御室の守覚法親王に仮託されて著された『北院御室拾要集』に以下のようにある。(44)

亦伝授事、諸師皆有二偏頗一歟。雖レ為二非器・暗然之仁一、其身或貴種之名、或陶家之富、彼是相具故、躭二重施一、居二名聞一、妄授事レ之。諸流陥地之澆濁也。亦雖レ為二堪器・聴敏之輩一、其身生二卑姓一、出二貧屋一、袷帢不レ便故、無二敬施一、無二聞徳一之間、不レ受。因レ茲法炬光難レ続二後窓暗一、為レ何。

ここでは「非器・暗然之仁」であっても、貴種・陶家であれば、多くの布施が得られ、名聞もよいので、妄りに灌頂を伝授することが一般的であるとされている。反対に、「堪器・聴敏之輩」であっても、卑姓・貧屋出身の者は、布施も聞徳もないため授けないのであるという。このような密教の付法における貴種の優遇は一般的であったようである。東寺の杲宝（一三〇六～六二）が著した『付法相承血脈鈔』には、「後宇多院勧修寺御伝受事」として、以下のようにある。(45)

所詮当流所存、於二俗人一者、作法事會以不レ可レ有レ之。於二印可一者、国王・大臣求法御志深重御者、可レ奉レ授レ之。但雖レ為二俗人一、若受二具足戒一者、伝法作法又可レ許レ之。

東密勧修寺流では、具足戒を受けていない俗人には伝法灌頂をしてはならないが、求法の志が深い国王・大臣には印可を授けてよいという。このように、灌頂における貴種の優越は、密教の法流は貴種によって相承されるべきという認識によるものである。そして、こうした認識があったからこそ、貴種が門流全体を統括することができたのである。

さて康正二（一四五六）年、室町幕府の取り計らいにより、興福寺権別当の修南院光憲を興福寺別当に補任することを約束する綸旨が下された。大乗院の門徒若衆はこれに反発して群議を行なった。その際、綸旨の撤回を求めて作成された事書に以下のようにある。[46]

貴種与凡人被二相対一、理運与二越訴一相並之時、被レ閣二貴種一、被レ捨二理運一者、寺門錯乱之根源、掠訴倍増之因縁也。争無二賢察一哉。所詮当寺務既依二貴種之号一、閣二権官一被レ補之上者、大乗院家全不レ可二相替一之間、忩被レ下二 宣下一之様、可レ被二申沙汰一者也。於二公儀一者、被レ賞二貴種一条、無二余儀一之処、兎角構レ由、被レ取二立権官申状一、被二政道之乱吹一哉。此上猶被レ奇〔棄〕二捐一門下之訴訟一、及二貴種之瑕瑾一者、無レ力任二評定置旨一、（後略）

ここでは、貴種と凡人が訴訟で対立した時は、貴種に不利な結果となれば、「寺門錯乱之根源」「掠訴倍増之因縁」になりかねないとしている。そして現在の別当である一乗院門跡の教玄が権別当を超えて別当に補任されたように、大乗院門跡の尋尊を別当に補任するように訴えている。また、公儀で貴種を優遇するのは当然で、権別当の申状に従ったならば、政道の乱れにもなるとしている。

このように大乗院門跡の門徒が貴種性の優先を訴えているのは、門跡こそが貴種性を結合の根本原理としていたからである。すなわち、貴種優遇の風潮の中、十一世紀から十二世紀にかけて、世俗的権門の権威を不可欠の根拠とする門跡が成立した[47]。門跡については、永村眞氏により以下のことが指摘されている[48]。門跡は本来法流を意味したが、鎌倉期には法流相承の拠点としての院家とそれを代表する院主という語義が生まれ、さらに南北朝期には貴種が院主を務める院家や貴種の院主を指すようになった。法流の中核としての門跡は、貴種を門主に迎えることで、そのゆるぎない宗教的・世俗的権威により、門跡の法流に連なる院家を再編し、系列化していった。

門主は貴種性により、良家や凡人の院主・坊主を師弟関係および被官関係により門徒として組織し、私的な門流を形成した。(49) 例えば興福寺では、大乗院と一乗院という二つの門跡が藤原氏から門主を迎えることで、院主やその他の大衆を門徒に編成した。延暦寺では青蓮院・梶井・妙法院の三門跡が皇族や藤原氏から門主を迎え、院主・出世等を主従関係により組織化するとともに、大衆を門徒に編成して、鎌倉期には天台座主に代わって延暦寺全山を統括するようになった。(50) また、延暦寺の曼殊院門跡では、南北朝期以降、次第に貴種性がより高い僧侶を門主として迎えることで、門跡の地位を高めていこうとする動きが確認できる。(51) こうした動向の背景には、門主の出身家格と門跡の地位が対応するものとされたことがあった。したがって、門跡では、有力な貴種を門主に据えることで、門主の出身俗家からの支援が期待できるとともに、他の門跡・院家に対する優位を保つことができたのである。法流と貴種性の原理が結合したことにより存立した院家・門跡は、顕密仏教の僧侶集団における世俗的原理の優越を象徴している。

応永二十（一四一三）年、興福寺では権都維那の寛乗が、「良家之三綱」であると称して、「戒臈之上首」である泰寛を差し置いて都維那への補任を求めた。(52) これは良家の凡人に対する優越が戒臈の秩序を超えるという主張によるものだが、結局「戒臈之次第」を守るべきとして、寛乗を都維那に任じる藤氏長者宣が下された。このように世俗的原理が仏教本来の経験主義による平等性原理をゆるがす要因になったことは間違いなかろう。

大衆から惣寺へ――水平的結合の展開

権門寺院では、平安後期より学侶（僧綱・凡僧）と堂衆による大衆集会（僉議）が行なわれるようになった。そこでは、五条袈裟で頭を包む裹頭という異形の姿、そして鼻を押さえて声を変える変声の作法により、非日常的な姿への変身がなされた。(53) こうして寺院大衆は集会の場で一時的な平等を実現したのである。その決議は、別当配下の執当・三綱らによって構成される寺家（公文所）により執行された。[54]

大衆は問題が解決しない場合、相手を集団で攻撃する発向、門扉を閉じて離山する閉門、さらに集団で訴訟に及ぶ強訴を行なった。[55]勝俣鎮夫氏が指摘しているように、強訴は一味同心による一揆的結合を前提とした行動であった。一味同心は神水を飲み、神に誓約する一味神水の儀式を必要とした。世俗社会と同じ一揆の作法を採用することで、身分制の受容を背景とした日常的な垂直的結合を超えて、大衆すなわち寺僧としての平等性に基づく結合が実現されたのである。

ただし大衆僉議では、多数決による「多分之評定」が、形式的に全会一致の「同心」による決議とされた。[56]また一味神水では、「同心」のために仏ではなく神の権威が利用された。松永勝己氏が湯屋を会場とする集会に注目して指摘しているように、大衆の集会は仏教本来の「和合」を称しながらも、実態としてはサンガの伝統とは異なる日本中世特有の形態であろう。[57]

さて南都の東大寺・興福寺では、十三世紀以降、学侶の主体を成す凡人中﨟の武装集団である衆徒の代表者が集会を行なうようになった。[58]その決議は衆徒の代表である年預五師・別会五師により構成される年預所・別会所が執行した。この年預所・別会所は、日常的には惣寺として寺院経営を担った。ただし、安田次郎氏によると、興福寺では次のような変化があったという。[59]衆徒から学道が分化し、それぞれが集会を行なった。学道は妻帯しない清僧で、老衆の学侶と若衆の六方衆に分かれた。彼等は非常時には一味神水による集会の後、発向・強訴に及んだ。これに対して、衆徒は妻帯して主に寺外に居住する武装集団で、代表者の沙汰衆が衆中を構成した。

他方、興福寺の堂衆が堂司を頂点に堂衆集会、さらに修験組織を形成したことも指摘されている。[60]このように興福寺では、寺僧が学侶・六方衆・衆徒・堂衆に分かれたが、別会所が寺僧を代表する惣寺として、対外的に寺院を代表したのである。

延暦寺・園城寺については、下坂守氏により、次のことが明らかにされている。[61]両寺では院々・谷々・一院ごとに、代表者（執行代・別当代・学頭代）が大衆による衆議を執行し、他方で日常実務を担当した。そして三塔・三院の代表者（執行代・別当代）が、それぞれの利害を調整する惣寺を構成した。また延暦寺では、三塔の大衆が清僧であったのに対して、坂本に居住した衆徒は妻帯の山徒が中心であった。

以上のように、権門寺院では鎌倉中期以降、寺僧の代表者が惣寺を構成し、衆議に基づいて、様々な実務を担うようになったのである。[62] 林家辰三郎氏は、寺院の代表組織を指す惣寺と、中世村落における自治的組織を表わす惣の観念との共通性を指摘している。[63] 同じ頃に成立した惣寺と惣村が、「惣」という言葉を共有することは、寺院と村落で類似する惣的結合と呼ぶべき結合原理が存在したことを示唆している。

身分制という世俗的原理を受容した顕密仏教の権門寺院では、日常的には僧侶集団が貴種の門跡を頂点として、師弟関係、被官関係により分節化されていた。しかし時に大衆は一揆的結合により非日常的な平等性を実現した。また鎌倉中期以降、寺僧の代表者による日常的な惣的結合の達成を果たした。とはいえ以上は、仏教本来の結合とは言い難く、中世社会に共通する結合原理を受容した結果と考えるべきであろう。

3　禅律仏教と僧宝——平等性原理を求めて

仏教改革運動の基調——身分制の拒絶

平安後期には、遁世により、交衆すなわち寺院に所属する寺僧としての資格を捨て、幅広く修学や修行に励む遁世僧が生まれた。[64] 遁世僧は上人・聖とも呼ばれ、一部は別所に集住した。また、外見的には寺僧とは異なる黒衣（墨染の法衣）を着用したことに特徴があった。[65]

元暦二（一一八五）年、神護寺を復興した遁世僧の文覚上人は、四十五箇条起請文の形式で神護寺僧に対する規式を定めた。[66]その一条で、「不ㇾ可ㇾ簡二貴賤一事」として以下のようにある。

右、末代悪世之僧徒、偏貪二著名聞利養一。故不ㇾ顧二仏法之道理一、不ㇾ用二大師之教訓一、或以二種姓高貴之人一定ㇾ主、或以二衣食豊饒之輩一仰ㇾ上。是背二僧侶之法一、永可ㇾ令二禁制一也。早学二釈尊之遺風一、任二大師之教誡一、以二智行一為二上首一、以二戒臈一可ㇾ為二次第一矣。

ここで文覚は、「種姓高貴之人」「衣食豊饒之輩」が尊重される風潮について、「僧侶之法」に背くとして、問題視している。そして、「釈尊之遺風」と弘法大師空海の教誡に従って、智行と戒臈を規範とするように定めている。こうした意識は遁世僧一般に共有されていたのではなかろうか。

十三世紀になると末法思想の浸透を背景として、三学のうち、智恵すなわち「学」の偏重を問題視した遁世僧の中に、持戒・禅定といった「行」の復権を目指す動きが起こった。その中で、禅僧・律僧は三学の兼備を理想視し、禅法あるいは律法の興行を掲げて仏教改革運動を展開した。[67]これに対して、法然を祖師とする浄土宗の念仏者、さらに日蓮・親鸞は、末法の世における三学の意義を否定し、念仏・唱題という「行」により「信」を高め、さらに「行」そのものを越える方向を目指した。[68]

このように十三世紀から十四世紀にかけて、新たな類型の僧侶として登場した浄土宗の念仏者、禅僧、律僧等は、それぞれ従来の顕密仏教とは異質の僧侶集団を構成した。彼等は基本的に僧官僧位に叙任されたり、貴種が主導的な役割を果たしたりすることがなかったようである。遁世僧の系譜を引く彼等は新たな僧侶集団を形成する際に、貴種性原理や僧官僧位制を意図的に排除したのではなかろうか。ここに顕密仏教に浸透していた世俗的な身分秩序を拒絶する志向性が感じられる。遁世僧として等しく黒衣を着用したのも、法衣の形態に表れる身分秩序を排するためであろう。それでは、何が集団結合の規範となったのであろうか。

禅家の構成原理——禅院の内部規範

南宋禅を日本に伝えたことで知られる栄西は、入宋中に起草した『出家大綱』で「斎戒」の弘通を強く主張している。栄西の言う「斎戒」とは、衣食の作法と戒律を合せた独自の概念で、特に食の作法として持斎すなわち午後に食事を取らないことを定めた不非時食戒を守ることを重視していた[69]。そして「大宋国禅院食法」として、早朝の粥と午時の中食を規定している。帰朝後には、顕密仏教では省みられなくなっていた「如法ノ大袈裟・大衣」や「持斎ノ行事」を盛んに弘通したという[70]。

建久九（一一九八）年に著した『興禅護国論』では、『禅苑清規』および南宋禅院の作法を禅院における基本原理として採用している[71]。具体的には僧堂での毎日朝昼の僧食（集団での食事）、四時の坐禅などを規定しており、南宋の禅院を参考にしながら、作法に則った集団生活の構築を目指したと考えられる。栄西の門流に連なる禅僧は、こうした栄西の主張に基づき、禅家と呼ばれる新たな僧侶集団を形成した。

弘安三（一二八〇）年、栄西の孫弟子にあたる東福寺住持の円爾は、東福寺の規式を定めた[72]。その第三条では、入宋時に参学した径山の無準師範が規定した叢林規式への依拠をうたっている。さらに同年に東福寺および普門院・常楽庵について、五カ条の規式を定めており、その第一条で「権威高貴」「鄙性下賤」を問わず「行学抜群之仁」を住持とすることを規定している[73]。ここから顕密仏教のように貴種性によるのではなく、「行学」にわたって能力主義を取ろうとしたことが読み取れる。

禅家では、五山禅僧ですら侍身分以下の出自を含み、室町期に貴種化が進んだ後も、権門寺院の門跡のように特権化することがなかったようである[74]。南北朝期に禅僧となった光厳・光明の両法皇は、伏見の大光明寺で修行したが、貴賤の隔てなく、戒臈によって僧堂の席に座して坐禅を修したという[75]。こうした平等な修行環境は顕密仏教では不可能であったに違いない。

禅家は、南宋の禅院における日常生活の作法を受容することで、修行に専念できる平等な環境を確保しようとした。そして顕密仏教のような世俗的原理を受容するのではなく、あくまで仏教本来の平等性原理による僧侶集団を志向したのである。この基本原則は室町期に隆盛した五山派の禅家にも引き継がれたようである。

暦応二（一三三九）年、夢窓疎石は塔主を務める臨川寺三会院の規式として、三二条にわたる『臨川家訓』定めた[76]。その第七条に以下のようにある。衆僧の位次は戒臈・年臈の順に依るが、東堂・西堂（住持の経験者）および大老僧は、衆僧の上位とする。戒臈が上だからといって少年僧が老僧の上位となっては、「敬老之儀」が失われる。そこで相手の戒臈が一〇以上大きい場合を除き、相手より年臈が一〇以上大きい者を上位とする。

ここで夢窓は、仏教本来の規範である戒臈と年臈を組み合わせることで、経験主義に基づいて僧侶集団の秩序を維持しようとしている。第一〇条では、入浴日、晩参（晩に師に参ずること）および修正・盂蘭盆の頃を除いて、四時の坐禅すなわち毎日四度の時間を定めて坐禅を行なうことが「叢林規縄」であるとする。そして、昨今の禅院で、板（雲版）を鳴らして坐禅の時刻を告げる儀式があっても、坐禅の実態が伴っていないことを批判している。第一一条では、毎日三時の看経・誦呪は天下康寧・伽藍鎮静のために行なうとし、臨時の祈禱は勅命または武命による諸寺院一同の勤行に限るとしている。

夢窓は康永三（一三四四）年に著した『夢中問答』で、止むを得ず僧侶になった「向道の志あさき人」のための方便として、毎日四時の坐禅が叢林の規式として定められたとしている[77]。また、『谷響集』では、禅院には毎日三時の勤行（読経・誦呪・焼香・礼拝等）と四時の坐禅があるとし、「末代の行者の障重く、智劣なる人」であっても怠けることのないように、それらが定められたとしている[78]。このように、禅院では居住するすべての禅僧が等しく修行に専念できるように、勤行や坐禅といった作法に則った日課が定められたのである。

義堂周信は、師の夢窓と同じく禅院における衆僧による坐禅・勤行を重視したようである[79]。鎌倉瑞泉寺の住持であった義堂は、応安三（一三七〇）年の開山夢窓忌に際して、四更に坐禅する衆僧がいなかったことに触れ、禅院は大小を問わず坐禅を任務としているとし、開山忌には特に長坐するように訴えたという。また永和四（一三七八）年、鎌倉報恩寺の住持であった義堂が坐禅したところ、坐禅を怠る者がいたため、寺院の大小を問わず行なわれている夏安居中の三時諷経・四時坐禅を怠る者は罰することにすると訓戒したという。

さて先の『臨川家訓』では、第一七条で、寮暇（暇を取って寮で休むこと）の僧でも午後に食事を取ってはならず、療病のための非時食（午後の食事）は延寿堂で取るように定められている。このように後述する律家と同じく、午後に食事を慎む持斎の僧侶集団であった禅家では、僧食といって、決められた時間に僧堂に集まって、朝昼の食事を取った。この僧食と先の勤行、坐禅はともに、禅院における集団生活の根本的な規範とされ、それにより日常的な平等性が実現されたのであった。ただ、こうした平等性原理による集団結合が維持されたのは、小規模な禅院や塔頭に限られたようである。

嗣法を尊重する禅家では、師弟関係により多数の門派が形成された。南北朝期の五山派禅家については、玉村竹二氏により以下のことが指摘されている。[80]五山・諸山に列せられるような大規模な禅院には、内部に門派の拠点として塔頭が発展し、本寺からの独立性を増すとともに、その下に寮舎が成立した。その結果、僧堂における集団生活が崩壊し、同じ門派の禅僧が塔頭ごとに結集するようになった。すると鎌倉では、有力門派である大覚派と仏光派の間で抗争が起こるようになった。また、禅家では住持の下に西班・東班という二系統の僧職が置かれたが、次第にそれぞれの昇進順序が定まっていき、僧職が師資相承の権利と化すことになった。

すると室町期には、京都の五山派禅家では一揆的結合による大衆蜂起や大衆訴訟が頻発するようになった。[81]原田正俊氏によると、その背景に、室町殿から僧職人事への私的な介入が強まり、多額な任料の負担が課された結果、出自や縁故の有無による昇進の格差が生まれたことがあったという。さらに禅家の地位が向上したことで、禅僧の住持・平僧・行堂と公家の公卿・殿上人との身分的な対応が考えられるようにもなった。[82]このように禅家でも、次第に顕密仏教のような世俗的原理が入り込むようになり、平等性原理による結合がゆらぐ結果になったと考えられる。

律家の構成原理――律院の内部規範

南都の叡尊は宝治元（一二四七）年に著した発願文で以下のように述べている(83)。

抑利㆓益有情㆒、必依㆓三宝㆒。仏法二宝、必依㆓僧宝㆒。僧宝興行、非㆑戒不㆑立。願専㆓毘尼㆒、漸学㆓一切権実聖教・通別大小諸宗奥旨㆒、兼達㆓外道種々異見㆒、随宜㆑利㆓益一切有情㆒。

ここから叡尊が、有情（＝衆生）を救済するためには三宝に依るべきとし、仏法弘通のための僧宝興行を目指したことが分かる。そして、僧宝は戒によって存立するとし、毘尼（＝律蔵）を専らに、さらに「一切権実聖教・通別大小諸宗奥旨」や「外道種々異見」まで修学したのである。このように、叡尊が僧侶集団の規範を記した律蔵『四分律』を学ぼうとしたのは、僧宝すなわち理想的な僧侶集団を作り上げるためであった。これに関連して、叡尊は門弟に対する説法の中で、以下のように語ったという(84)。

如㆑此㆑難立法ヲシヰテ立候ハ、偏ニ為㆑化也。付㆑其在家衆ナンドヲ教化センハ僅ノ益也。如形立㆓僧法〔宝〕㆒タレバ、広大ノ利益也。

叡尊は在家衆を教化すること以上に、僧宝の樹立を重視していたのである。そして叡尊は西大寺を拠点に、『四分律』の規定に則って、午後に食事を取らない持斎を守り、大袈裟を着用した律僧による僧侶集団を形成した。こうした点は当初の禅家とも共通し、顕密仏教との日常生活における明確な差異であった。南都では、叡尊の西大寺流と同じような律僧集団が唐招提寺や東大寺戒壇院を拠点としても形成された。また鎌倉後期になると、山門黒谷系の恵鎮・興円による円頓戒興行運動が始まり、持斎を出発点として、禅家や入宋僧の俊芿が京都東山の泉涌寺を拠点に形成した泉涌寺流を参考にしながら、京都河東の法勝寺や元応寺を拠点とする律僧集団が形成された(85)。

律僧達が集団生活をおくった場が律院である。南都の律僧は、僧堂での僧食、布薩など、律院における具体的な行事・作法については、南宋の律院・教院を規範とした泉涌寺流のそれを受容した[86]。僧宝すなわちサンガの範囲を厳密に区切る結界の作法を行なうことで初めて、その寺院は律院となった[87]。したがって、律宗を修学しない山門黒谷系の律院も存在しており、律院は律宗寺院を意味するのではない。

律僧が律院を拠点に形成した僧侶集団は、律家と呼ばれるようになった。律家は衣食を始めとして、作法に則った日常生活を共にすることで、集団結合を実現した。律家では持斎の律僧が朝と昼の決められた時間に、律院の僧堂において集団で食事を取ることとされ、これは僧食と呼ばれた[88]。先述した禅家と同様に、律家ではすべての律僧が同じ時間に、同じ場所で、同じ食事を取ることで、日常的な平等性が実現されたのである。

また、律僧の服装は黒衣（墨染の法衣）と墨染の袈裟が基本で、経験を積んだ僧侶のみ香衣（木蘭色の法衣）や香袈裟（木蘭色の袈裟）を着用が認められた[89]。こうした慣行は禅家にも存在したようである。顕密仏教のように、身分制と結びついた僧官僧位などではなく、あくまで経験に応じて一部に特別な服装が認められたのである。

以上、衣食という日常的側面で明らかなように、律家は律法興行の結果として形成された、平等性原理に基づく僧侶集団であった。他方で鎌倉末期から南北朝期にかけて、康空・仁空は教院興行を掲げ、京都の三鈷寺・廬山寺を拠点に、禅家や山門黒谷系の律家を参考にして、律家と似た性格を持つ、四宗兼学の新たな持斎の僧侶集団を形成したことも注目される[90]。

さて室町期の律家は、禅家のように室町幕府からの強力な支援を得ることがなかったため、京都のような都市に教線を拡大するとともに、勧進活動などにより広く都市民に支援を求めた[91]。不安定な経済基盤から、次第に律法に基づく集団生活も変質したのではなかろうか。思想面では、南北朝期に西大寺住持を務めた清算が、受戒即成仏の立場から、戒を観念的に理解していたことが指摘されている[92]。こうした思想により持戒の実態が失われたとすれば、律家の根本規範である律法が形骸化したということにもなろう。

世俗権力の反応——僧宝への帰依

以上では、禅家や律家が仏教本来の平等性原理に基づく僧侶集団を志向していたことを明らかにした。それでは、世俗権力は禅家や律家をどのような存在ととらえていたのであろうか。

建長二（一二五〇）年、九条道家は惣処分状を作成したが、[93]その中で、東福寺に持斎の禅僧を置き、僧綱・公請を拒絶して修行に専念することを規定している。永仁七（一二九九）年、亀山上皇は祈願文で、禅林禅寺（後の南禅寺）の住持について「器量卓抜・才智兼全」から選ぶこととし、「貴人」が権勢により住持となることを禁止している。[94]これらは禅家への世俗的原理の浸透を防ぐための処置と考えられる。

文永二（一二六五）年、本覚尼（源実朝の室）は唐招提寺流の律家である京都西八条の遍照心院について、一〇条にわたる置文を定めた。[95]その第六条に「衆僧をはく、むへき事」として、以下のようにある。

> まのあたり僧侶の修行をみれは、なかく恩愛の家をい、て、仏道のかと（門）におもふけり。このゆえに伽藍をすみかとし、長老をちち（父）のことくにあを（仰）き、檀那を母のことくにたのめり。たかひに兄弟のことくにして、ともに仏道を修行せり。まことの道にいれるありさま、如来在世をしのへり。信心いよ、、ふかく、長老これをはく、ますは、いかてか寒暑をしのはむ。

ここでは長老（＝住持）のもとで兄弟のように修行に励む衆僧の姿が、仏陀在世の頃が偲ばれるとまで賛美されている。

夢窓疎石の甥に当たる春屋妙葩が撰述した『夢窓国師年譜』は、後醍醐天皇と夢窓との交流として、以下のような逸話を伝えている。[96]建武元（一三三四）年九月、後醍醐は夢窓を御所に迎えて、衣を受けて弟子の礼を取った。またある日、夢窓に禅宗を興行したいという意向を伝え、南禅寺に再住するように求めたため、夢窓は止むを得ず申し出に従った。ま

鎌倉・南北朝期における僧食料の寄進

年 月 日	文書の宛名	所 属	名 目	文書名他	所収文書他
文永4(1267)年	(八幡大乗院)	律家	僧食ノ分	東大寺円照上人行状	
建治2(1276)年12月日	法花寺尼	律家	僧食料田	古石女養母兄弟等連署田地寄進状	東大寺文書
永仁3(1295)年2月日	平等寺	禅家	仏供燈油僧食修理料	顕覚置文	三国地志
正安3(1301)年12月21日	久米多寺	律家	僧食料	法眼実憲・実舜寄進状	久米田寺文書
元亨3(1322)年11月18日	龍翔寺	禅家	僧食,仏事,亡者菩提	道顕寄進状案	大徳寺文書
元亨4(1324)年8月11日	東大寺戒壇院	律家	僧食料田	賢舜後家子息等僧食料田寄進状	東大寺文書
正中2(1325)年10月20日	久米多寺知事	律家	僧食料物	安東助泰書状	久米田寺文書
建武元(1334)年12月3日	(南禅寺)	禅家	僧斎・荘田	夢窓国師年譜	
貞和2(1346)年閏6月2日	東福寺	禅家	僧食	足利尊氏寄進状	東福寺文書
正平6(1351)年12月23日	東福寺	禅家	僧食料所	足利義詮寄進状	東福寺文書
延文2(1357)年7月18日	菩提寺	律家	仏聖燈油諸仏事僧食田	前大僧正賢俊所領寄進状	醍醐寺文書
貞治3(1364)年6月29日	天龍寺長老上人	禅家	粥飯料	光厳上皇院宣写	天龍寺重書目録
応安6(1373)年2月日	長廬寺	禅家	修理料幷僧食物	目安	大徳寺文書

注　律家・西大寺への寄進分は除いた(『西大寺田園目録』参照)。

た後醍醐は夢窓に近臣に禅宗の廃止を求める声があることを伝えた。そこで夢窓は末法の世であるから、昔の禅僧は及ばないが、その責務を果たせるのは「我徒」のみであるとして、後醍醐に出家を勧めた。すると後醍醐は、禅院における行事の実態を確かめようと思い、十一月に南禅寺を訪れた。そこで僧堂で禅僧が坐禅する姿や午斎(昼の食事)の姿を見、夢窓らの説法を聞いて、はなはだ喜んで信心を深めた。また後に、僧斎(僧食)が貧しいのを哀れみ、荘田(僧食の料所)を寄進した。

後醍醐は南禅寺での修行生活を見聞して、禅僧に対する帰依を深めた。そして、僧侶集団に対する経済的援助として僧食料所を寄進したのである。上表に鎌倉・南北朝期の寺院に対する僧食料の寄進の事例を示したが、禅家と律家がその対象となっていることが分かる。世俗権力は禅家や律家の行なう僧食を経済的に支援しようしたのである。そして、これは後醍醐の事例が示すように、仏法を支えるにふさわしい僧宝に対しての帰依・信頼に基づくものと考えられる。先に見た世俗性原理の浸透への対応も、理想的な僧宝を維持するための処置と見てよかろう。

室町後期に室町幕府奉行人の斎藤浄玄が著した『上杉問答』に「諸大名幷陪臣遣二五山十刹一書事」として、以下のようにある(97)。

対二于住持長老一口礼事歟。禅律之徒者无二位階一也。或於二聖道家一者中古以来就二于公請一置二僧綱一被レ定二僧位一訖。至二禅律家一者、且依二才智一且依二道徳一、或為二一朝之師一、或為二三公之尊一者、是和漢之流例也。故無二書礼之法令一乎。

「聖道家」（＝顕密仏教）では、法会・修法等への公請により僧官僧位が定められるようになったのに対して、「禅律家」（＝禅家・律家）の住持は「才智」や「道徳」によって帰依を受けるのだという。このように世俗社会は、仏法僧の三宝のうち、顕密仏教には法会・修法のような法宝における効力に期待を寄せたのに対して、禅家や律家は仏法を担うにふさわしい理想的な僧宝として、帰依の対象としたのではなかろうか(98)。

禅律仏教（禅家・律家）では持斎を始めとして、日常生活を規定する内部規範により、出家衆における日常的な平等性が実現された。禅律仏教は中国の「禅教律」三院を参考にしながら、衣食住にわたる詳細な規範を設けることで、平等性原理による新たな僧侶集団すなわち僧宝を形成しようとしたのである。この点から、禅律仏教こそが、仏教本来のサンガ（＝僧宝）が持つ特徴である平等性に基づく「和合」を日本で初めて実現したと評することができるのではなかろうか。

おわりに

顕密仏教と禅律仏教の差異は、別稿で明らかにしたように、仏教観や寺院文化において鮮明である(99)。本稿では、内部規範という側面に注目して、両者のより根本的な差異を見出そうと試みた。ここで検討の結果を対比的に表わすと以下のようになる。

顕密仏教	「顕密」八宗観	国風仏教	智恵	世俗的身分制の受容	法宝
禅律仏教	「禅教律」十宗観	宋風仏教	持戒・禅定	平等性原理の追求	僧宝

ここから明らかなように、「改革派」禅律仏教は「正統派」顕密仏教の改革ではなく、全く新しい僧侶集団を志向したのである。そして、その重要な規範となったのが、中国の「禅教律」三院であった。他方、本稿では検討対象としなかった真宗、法華宗が、顕密・禅律のように三学の修行ではなく、信仰を基盤にして、在家衆を主体とした独特な社会集団を形成したことにも注意したい。彼等は「信」の下での平等という原理から、在家衆の普遍的救済を目指した。ただし、部の出家衆と多数の在家衆との上下関係や集団外との対立を必然的に生む結果ともなったとも考えられる。

日本史学では顕密体制論以降、中世仏教論を〝国家仏教論〟が席巻してきた。主に国家権力との関係を指標として、それぞれの仏教勢力が中世仏教全体の中に位置づけられてきたのである。だが、仏教を担う僧侶集団そのものの特質を抜きにして、中世仏教史を描く点には大きな問題があるように感じられる。僧侶集団の歴史という視点から中世仏教史を描くとすれば、その日常的特質を探る寺院生活史の試みが重要となる。今後もこうした問題関心から、さらに考察を深めていきたい。

(1) 黒田俊雄「中世寺社勢力論」『黒田俊雄著作集　第三巻　顕密仏教と寺社勢力』（法藏館、一九九五年、初出一九七五年）。
(2) 永村眞『中世東大寺の組織と経営』（塙書房、一九八九年）、稲葉伸道『中世寺院の権力構造』（岩波書店、一九九七年）、久野修義『日本中世の寺院と社会』（塙書房、一九九九年）、下坂守『中世寺院社会の研究』（思文閣出版、二〇〇一年）。
(3) 久野修義「序説」前注(1)書参照。
(4) 大石雅章『中世社会と寺院』（清文堂、二〇〇四年）。

(5) 平雅行「中世仏教の成立と展開」『日本中世の社会と仏教』(塙書房、一九九二年、初出一九八四年)。
(6) 黒田俊雄「中世の身分制と卑賤観念」『黒田俊雄著作集　第六巻　中世共同体論』(法蔵館、一九九四年、初出一九七二年)。
(7) 大山喬平「中世の身分制と国家」『日本中世農村史の研究』(岩波書店、一九七八年)。
(8) 黒田日出男「「人」・「僧侶」・「童」・「非人」」『境界の中世　象徴の中世』(東京大学出版会、一九八六年)。
(9) 圭室諦成「寺院生活」『日本風俗史講座』一〇(雄山閣、一九二九年)、同「禅宗の行事作法」『仏教考古学講座　法要行事篇』(雄山閣、出版年不明)、唐沢富太郎『中世初期仏教教育思想の研究』(東洋館出版社、一九五四年)。最近の研究として、芳澤元「室町期禅林における飲酒とその背景」『龍谷史壇』一二七(二〇〇七年)がある。
(10) 黒田俊雄「中世寺院史と社会生活史」前注(1)書(初出一九八八年)。
(11) 佐々木閑『出家とはなにか』(大蔵出版、一九九九年)。
(12) 平川彰『原始仏教の研究』(春秋社、一九六四年)、水野弘元『仏教の基礎知識』(春秋社、一九七一年)。
(13) 高崎直道『仏教入門』(東京大学出版会、一九八三年)。
(14) 前注(12)平川書。
(15) 勝俣鎮夫『一揆』(岩波書店、一九八二年)一一六頁。
(16) 前注(11)佐々木書。
(17)「岩屋寺文書」(『新修島根県史　史料篇1　古代・中世』)。
(18)『南北朝遺文　中国四国編』二七二二号。
(19) 同右。
(20)「鑁阿寺文書」七三(『栃木県史　史料編中世1』)。
(21) 松尾剛次『新版鎌倉新仏教の成立』(吉川弘文館、一九九八年)。
(22) 前注(1)黒田論文。
(23) 圭室諦成「平安朝末寺院の社会史的考察」『史学雑誌』四三—一(一九三二年)、前注(1)黒田論文、岡野浩二「無度縁宣旨・一身阿闍梨・僧都直任」速水侑編『院政期の仏教』(吉川弘文館、一九九八年)。
(24) 田中稔「侍・凡下考」『史林』五九—四(一九七九年)、高橋昌明「中世の身分制」歴史学研究会他編『講座日本歴史　中世一』(東京大学出版会、一九八四年)。
(25) 前注(5)平論文。
(26) 上川通夫「平安中後期の東寺」『日本中世仏教形成史論』(校倉書房、二〇〇七年、初出一九八五年)、堀裕「「門徒」にみる平安期社会集団と国家」『日本史研究』三九八(一九九五年)。
(27) 平雅行「中世移行期の国家と仏教」前注(5)書(初出一九八七年)。
(28) 「弘安礼節」(『群書類従』二七)。
(29) 海老名尚「中世僧綱制の基礎的研究」『学習院大学文学部研究年報』三九(一九九二年)。
(30) 西口順子「僧の「家」」『女の力』(平凡社、一九八七年)。
(31) 伊藤俊一「中世後期の東寺における「寺僧」の加入と制裁」『日本史研究』三一五(一九八八年)。
(32) 神谷文子「十五世紀後半の興福寺堂衆について」『史論』三九(一九八六年)。
(33) 「法体装束事付童体装束事」(『大日本仏教全書』七三)。
(34) 山岸常人「中世寺院の僧房と僧団」『中世寺院の僧団・法会・文書』(東京大学出版会、二〇〇四年、初出一九八九年)、高橋慎一朗「中世寺院における僧坊の展開」小野正敏他編『中世寺院　暴力と景観』(高志書院、二〇〇七年)。
(35) 前注(1)黒田論文。
(36) 永村眞「「院家」と「法流」」稲垣栄三編『醍醐寺の密教と社会』(山喜房仏書林、一九九一年)。
(37) 辻博之「中世山門衆徒の同族結合と里房」『待兼山論叢』文学篇一三(一九七九年)。
(38) 前注(23)岡野論文。
(39) 安達直哉「法親王の政治的意義」竹内理三編『荘園制社会と身分構造』(校倉書房、一九八〇年)、前注(5)平雅行論文。
(40) 堀池春峰「維摩会と閑道の昇進」『南都仏教史の研究　遺芳篇』法蔵館、二〇〇四年、初出一九八八年)。
(41) 平田俊春「平安時代における寺院統制の弛廃」『平安時代の研究』(山一書房、一九四三年)。
(42) 「中右記」大治二年十月三日条(増補史料大成)。
(43) 「本朝神仙伝」(日本思想大系『往生伝　法華験記』)。前注(23)圭室論文参照。
(44) 「北院御室拾要集」(『続群書類従』二八下)。五味文彦「作為の交歓」『書物の中世史』(みすず書房、二〇〇三年)参照。

(45)「血脈鈔野沢」(『続真言宗全書』二五)。
(46)「福智院家文書」一四七号(『福智院家文書』第二)。
(47)前注(1)黒田論文。
(48)永村眞「門跡と「門跡」」大隅和雄編『中世の仏教と社会』(山川出版社、二〇〇〇年)。
(49)前注(1)黒田論文。
(50)下坂守「中世門跡寺院の組織と運営」前注(2)書(初出一九九五年)、衣川仁「中世延暦寺の門跡と門徒」『中世寺院勢力論』(吉川弘文館、二〇〇七年、初出二〇〇〇年)。
(51)拙稿「曼殊院門跡の成立と相承」五味文彦他編『中世の寺院と都市・権力』(山川出版社、二〇〇七年)。
(52)『大日本史料』七編之一八、応永二十年十一月八日条。
(53)前注(15)勝俣書、四六~四八頁。
(54)永村眞「寺内僧団の形成と年預五師」前注(2)書、下坂守「延暦寺における「寺家」の構造」前注(2)書(初出一九九二年)。
(55)前注(15)勝俣書、四一~五三頁。
(56)牧健二「我が中世の寺院法に於ける僧侶集会」『法学論叢』一七—四・六(一九二七年)。
(57)松永勝巳「湯屋の集会」『歴史学研究』七三二(二〇〇〇年)。
(58)前注(53)永村論文、稲葉伸道「興福寺寺僧集団の形成と発展」前注(2)書(初出一九八八年)。
(59)安田次郎「興福寺「衆中」について」『名古屋学院大学論集』二〇—二(一九八四年)。
(60)前注(32)神谷論文、徳永誓子「修験道当山派と興福寺堂衆」『日本史研究』四三五(一九九八年)。
(61)下坂守「中世寺院における大衆と「惣寺」」前注(2)書(初出二〇〇〇年)。
(62)久野修義「中世寺院の僧侶集団」前注(2)書(初出一九八八年)。
(63)林屋辰三郎「南北朝時代の法隆寺と東西両郷」『中世文化の基調』(東京大学出版会、一九五三年)。
(64)前注(61)久野論文。
(65)林譲「黒衣の僧について」小川信先生の古稀記念論集を刊行する会編『日本中世政治社会の研究』(続群書類従刊行会、一九九一年)。

(66)『平安遺文』補遺四八九二号。
(67)拙稿「中世「禅律」仏教と「禅教律」十宗観」『史学雑誌』一一二―九（二〇〇三年）。
(68)「徹選択本願念仏集」巻上（『大正新脩大蔵経』八三）、「四信五品抄」（日本思想大系『日蓮』）。
(69)拙稿「中世社会における持斎の受容」『戒律文化』五（二〇〇七年）。
(70)「雑談集」九巻（中世の文学）。
(71)「興禅護国論」（日本思想大系『中世禅家の思想』）。
(72)『鎌倉遺文』一三九九一号。
(73)『鎌倉遺文』一三九九四号。
(74)原田正俊「中世後期の国家と仏教」『日本中世の禅宗と社会』（吉川弘文館、一九九八年）。
(75)「仏観禅師行状」（『続群書類従』九下）。
(76)「夢窓国師語録」巻下之二、夢窓国師語録拾遺（『大正新脩大蔵経』八〇）。
(77)「夢中問答」五五（岩波文庫）。
(78)「谷響集」上（『国文東方仏教叢書』三巻）。
(79)「空華日用工夫略集」応安三年九月晦日、永和四年四月二十三日条（太洋社、一九三九年）。
(80)玉村竹二「五山叢林の塔頭に就て」『日本禅宗史論集　上』（思文閣出版、一九七六年、初出一九四〇年）、同「応安三年円覚寺火災について」同前（初出一九六〇年）、大本山円覚寺『円覚寺史』（春秋社、一九六四年、玉村竹二執筆分）。
(81)原田正俊「中世五山僧の進退・成敗・蜂起」薗田香融編『日本仏教の史的展開』（塙書房、一九九九年）。
(82)前注(74)原田論文。
(83)『鎌倉遺文』補一三六八号。
(84)「興正菩薩御教誡聴聞集」僧宝利他益広事（日本思想大系『鎌倉旧仏教の思想』）。
(85)拙稿「中世律家の律法興行」『仏教史学研究』四八―二（二〇〇六年）。
(86)同右。
(87)飯田晶子「中世称名寺における結界と絵図」『建築史学』三三（一九九九年）、下田（飯田）晶子「中世寺院における戒律受容の特質」『史艸』三九（一九九八年）。

(88) 藤井恵介「律宗における僧食と僧堂」国立歴史民俗博物館編『中世寺院の姿とくらし』（山川出版社、二〇〇四年）、前注(85)拙稿。

(89) 前注(85)拙稿。

(90) 拙稿「三鈷寺流による教院興行の思想」『遥かなる中世』二一（二〇〇六年）。

(91) 拙稿「中世都市京都の律家」『寺院史研究』一〇（二〇〇六年）。

(92) 大谷由香「南北朝期における律宗義について」『仏教学研究』六四（二〇〇八年）。

(93) 『鎌倉遺文』七二五〇号。

(94) 『鎌倉遺文』一九九六六号。

(95) 『鎌倉遺文』一一〇九三号。

(96) 「天龍開山夢窓正覚心宗普済国師年譜」（『続群書類従』九下）。『大日本史料』六編之一、建武元年九月十五日条、同六編之二、同年十月十日、十一月二十八日、十二月四日条。

(97) 「上杉問答」（『続群書類従』三三上）。

(98) 原田正俊氏によると、公家社会は規律統制のとれた魅力ある集団として禅僧に注目したという（「中世仏教再編期としての一四世紀」『日本史研究』五四〇〈二〇〇七年〉）。

(99) 前注(67)拙稿。

4章　中世における山門集会の特質とその変遷

三枝　暁子

はじめに

中世の寺院大衆は、平安時代末期以降、神輿・神木の動座をともなう「嗷訴」を展開し、国政上において、公家・武家の勢力とも対抗しうる社会的・政治的「勢力」を形成していたとされている。[1]こうした「寺社勢力」による政治行動の起点にあるのは、大衆の意思決定機関「集会」における集団決議にあった。それでは大衆は具体的に、どのように集団内で合意形成を行い、またそこで出された決議をどのように他権門に対し表明したのであろうか。本稿ではこのような問題について、比叡山延暦寺（山門）大衆の「集会」を例に、検討してみたいと思う。山門集会といえば、『源平盛衰記』『天狗草紙』等の描写を通じ、大講堂の前に裹頭姿の三〇〇〇人の衆徒の集まる様子がよく知られている。[2]ここではこうした集会の様子を念頭におきつつ、特に鎌倉時代後期に成立してくる寺院大衆の集会決議表明文である「集会事書」の様式と機能を分析することにより、山門集会の特質について明らかにしたいと思う。

ここで集会事書を取り扱うにあたり注意されるのは、従来、寺院の集会事書の性格について、①上申文書とみる説、②下達文書とみる説、の二つの相異なる見解が存在している点である。前者の立場にたつものとしては、例えば相田二郎氏の『日本の古文書』がある。相田氏は、同書第五部「上申文書」の項において、集会事書を「寺院の衆徒等が上位の者に向かって、事を申請する場合」に「時に強く意思の貫徹を図る形式として」発給されるものと規定され、東大寺・多武峯の衆徒事書を紹介されている。(3)この他、僉議事書を「一味同心の奏状」(興福寺の例)であるとされる勝俣鎮夫氏の見解や、(4)「惣寺の決定は朝廷に対しては(中略)申状に代わって『事書』と呼ばれる様式の文書で上申される」(東大寺の例)とされる稲葉伸道氏の見解等もあることから、(5)おおむね南都諸寺院においては、集会事書は奏状に類するような上申文書の一種であったものと考えられる。

これに対し、山門の集会事書について分析された下坂守氏は、山門集会事書を「大衆が集会の決議結果をもってその施行を該当の執行機関に下達するための文書」であったと規定されている。そして「奏状が延暦寺の外部に向けて上申された文書であったとすれば、集会事書は延暦寺の内部に向けて下達された文書であった」と述べておられる。(6)すなわち山門集会事書の場合、上申文書ではなく下達文書としての性格が認められるという。

集会事書が「上申」文書であるのか「下達」文書であるのかという問題は、寺院大衆が宛所となる機関・権門に対し、どのような認識を持って自らの意思を表明・貫徹させようとしたのか、ということと深く関わる点において看過できない問題である。したがって本稿においては、このような問題を念頭に置きつつ、山門集会事書がどのような性格を持つ文書であるのか、その発給経緯・内容・機能をいま一度検討することにより、明らかにしたいと思う。その上で室町期に入り、山門集会事書の発給主体の様相が変遷していく事実に注目し、室町幕府の成立が山門大衆の合意形成及び集会のありようにいかなる影響を与えたのか、という点についても、あわせて考察することにしたいと思う。(7)

1　集会事書の発給とその様式

集会事書の様式

先述したように、大衆の「集会」における決議表明文である山門集会事書は、鎌倉後期よりあらわれる。後掲の表は、中世に発給された山門集会事書を一覧にしたもので、現在のところ、正安元（一二九九）年から弘治三（一五五七）年にかけて、全部で一六六通の集会事書を確認している。下坂守氏の研究によれば、集会事書が出現する以前、大衆の意志を表明する機能を果たしていたのは、延暦寺「寺家」の執当らによって発給される「延暦寺政所下文」であった。ここでいう「寺家」とは執当・三綱（「政所」を管轄）と所司・公人（「公文所」に所属）より構成され、山上・山下の大衆を統制し、寺務を管轄する延暦寺の執行機関をさしている。この寺家は、天台座主と大衆という「拮抗する二つの点のいわば接点に位置した組織」であるとともに、坂本に存して、山門内の造営や検断、対外交渉・所領の知行等を職務とした。(8)

こうした寺家の発給する延暦寺政所下文について分析された衣川仁氏によれば、政所下文は、実際に大衆僉議による意志決定を大きく反映するかたちで発給されていたことが確認できるという。ただし衣川氏は、現在確認しうる政所下文全一四通のうち、「大衆僉議」の文言を含む政所下文は二通にすぎないことも、あわせて指摘されている。そして政所下文は、座主の主導により発給される場合もあること、かつ政所下文に押される延暦寺印も座主により保管されていることを指摘され、その発給にあたり、大衆の意志を直接反映するには手続き上の困難を伴ったとしている。(9)したがって集会事書の出現は、大衆がより直接的な意志表明の手段を獲得したことを意味しているといえよう。

それでは集会事書とは、具体的にどのような様式を持つ文書なのであろうか。表をみても明らかなように、山門集会事書は、集会の発給主体・内容ともに様々な類型を持つ文書であるが、そのおおよその基本様式を示せば、以下のようになる。

◇◇年◇月◇日△△集会議曰、

早為二□□之沙汰一、可レ被レ相三触(申三入)〇〇一事、

右……、仍可二××一之由、衆議如レ件、

まず集会の日時(◇)と事書発給主体(△)があらわされ、次いで命令伝達者(□)と被伝達者(〇)が記されたのちに、決議内容が示される。このような様式が固定してくるのは、南北朝期以降のことである(初期の様式については後述する)。

右の集会事書の形式から、山門集会が、鎌倉後期以降、「△△集会議曰」の「△△」に該当する、谷・塔(院)・三塔の、各単位ごとに開催されていたことをまず確認することができる。すでに下坂守氏が明らかにされているように、中世の山門大衆は、東塔・西塔・横川の「三塔(三院)」より構成され、その下に「谷々」が地域単位として存在していた。また山下の坂本には、「坂本衆徒」とよばれる大衆の集団が存在していた。(10) そして大衆組織は「下から順に『谷々』『院々』そして『惣寺』という重層的な構造を持って存在し(11)」、それぞれの運営の基礎に「衆議」があった。したがって、谷ごとの集会を最小単位として、決議事項に応じて塔単位の集会・三塔全体の集会が開催されたものと考えられる。さらに「満山」による集会、すなわち「三塔集会」の場合、「山上」の「政所」を集会所とする「山上」集会と、(12) 日吉社社頭・生源寺・各彼岸所を開催地とする「山下」集会の、二種類が存在した。

ところで集会が、集会事書に示される「△△集会議曰」の「△△」の組織を単位として開催されたとみる場合、その結果発給される集会事書そのものは、いったい誰によって作成されたものと考えるべきであろうか。様式上、山門集会事書に明確な作成者を見出すことは難しく、従来の研究の中には、作成者が延暦寺の寺家であった可能性を示唆するものも存在する。(13) 先述したように、寺家に大衆の統制という職務のあることをふまえるならば、たしかに集会事書の発給を通じ、寺家が大衆の決議表明に関与した可能性を想定することも可能である。ただし例えば康永四(一三四五)年の『園太

暦』所載の政所集会事書には、「早可レ相二触寺家一事」という文言がみえ、「明日十九日、卯一点、寺家御人等、可レ令レ催二促坂本六ケ条在地人等一」という、大衆から寺家への要請文も記されている。そしてこれを受けて、「山上衆議曰、相二催六条在地人等一、可レ奉レ動二坐神輿一之由、事書進二上之一」という内容の、公文所注進状が（おそらくは寺家あてに）発給されている。[14]

　このように寺家に対し決議内容の実施を要請する集会事書が存在する点に注意するならば、事書の作成者は「△△△集会議曰」で表現される「△△△」の集会に参加した大衆自身であると考えるのが自然であると思われる。その一方、後述するように集会事書の中には、集会に参加した大衆による連署をもって、決議内容の遵守を誓約したものも存在する。したがって本稿においては、集会事書の作成者は、集会の場に臨んだ大衆自身であったと結論づけることにしたい。

集会事書の伝達経路

　集会事書の様式をめぐり次に浮上してくる問題は、集会事書の「宛所」はどこか、すなわち集会における決定事項は、誰にどのように伝達されたのか、という点である。従来の研究をみると、集会事書を一般的に「充所を欠く様式の文書」であるとする見解が存在する一方、[15]山門集会事書の書式の中に「宛名」（「可レ被レ相二触（申二入）○○一事」の「○○」）が存在するとする見解もみられる。[16]ここでは、先に示した『園太暦』所載の政所集会事書が、「早可レ相二触寺家一事」という文言どおり、実際に寺家に渡っている点等を重視し、「可レ被レ相二触（申二入）○○一事」という文言の中の「○○」が、実質的には「宛所」であったと規定することにしたい。

　ところでこのように「○○」を宛所とみなした場合に注目されるのは、表からも明らかなように、集会事書の宛所が、天台座主を含む延暦寺内部の機関及び末社・所領のほか、公方・管領など、延暦寺外部の人々をも対象としていることである。すなわち山門集会事書は、延暦寺内部のみならず外部に対しても発給されるものであった。

　その上で注意されるのは、宛所を示す「可レ被レ相二触（申二入）○○一事」の上に、「早為二□□之沙汰一」という文言がつく場合と、つかない場合とが、存在することである。すなわち、宛所を示す事書部分には、以下の三つの場合が存在するのである。

A「為二□□之沙汰一」の文言が無く、「早可レ被レ相二触（申二入）〇〇一事」という文言のみのもの

B「為二□□之沙汰一」という文言があり、「□□」＝「寺家」であるもの

C「為二□□之沙汰一」という文言があり、「□□」＝「管領」「山門奉行」「山門使節」であるもの

まずAは、大衆が、決議事項の執行にあたる該当機関、すなわち実質的「宛所」（＝「〇〇」）に、直接事書を届ける場合にとられる様式である。一方B・Cは、大衆がまず集会の決議事項の伝達機関として「□□」を指定し、いったん「□□」に決議内容が通達されたあと、「□□」が責任をもって「〇〇」に決議内容を伝達するよう要請する場合にとられる形式である。すなわちBの場合は寺家を、Cの場合は管領・山門奉行・山門使節を通じて、集会の決議事項が該当執行機関「〇〇」に伝達されることが予定されている。

ところでBの様式、すなわち寺家を伝達機関として指定している事書をさらに詳しくみてみると、Bの様式は、宛所（＝「〇〇」）が、

①貫首（＝天台座主）

②末寺・末社

③他寺・公家・武家

④「山上」の大衆・坂本の住民等（「山下」の大衆が発給[17]）

の四つの場合にとられるものであることが明らかである。したがってここから、大衆が、座主・寺外の諸機関に決議事項を通達する際には、必ず寺家を窓口とせねばならなかったこと、さらには山下の大衆が山上の大衆及び坂本の住民に通達する際も寺家を介する必要のあったことが、明らかとなる。すなわちすでに下坂守氏も指摘されているように[18]、寺家は大

衆集団が内外にわたって意思を表明する際の、重要な窓口であった。

一方Cの、「管領沙汰」「山門奉行沙汰」「山門使節沙汰」文言のある事書は、いずれも、宛所（＝「〇〇」）が公方もしくは管領である場合に発給されている集会事書である。一例として、永享五（一四三三）年閏七月七日、山徒光聚院猷秀・将軍中次赤松満政・山門奉行飯尾為種らによる金銭着服・贈収賄行為等をめぐる山門嗷訴に際し発給された[19]、山門根本中堂閉籠衆集会事書（表No.80）をあげてみる。この事書は、根本中堂閉籠衆が、「重可下為二管領御沙汰一被レ申中達公方上事」、すなわち管領を介し公方に通達されることを願って作成した事書である。その要点は、「至二猷秀幷肥前守一者速可レ召二賜衆徒手一者也」、すなわち山徒猷秀と山門奉行飯尾為種を衆徒に引き渡すよう要求する点にあった。そしてそれが達成されない場合には、神輿入洛も辞さないことを主張している[20]。実際にこの集会事書は管領細川持之のもとに届けられたもようで、『満済准后日記』永享五年閏七月二十四日条には、次のような記事がみられる。

【史料1】

管領来臨、山門重事書幷白二山門閉籠衆中一遣山門雑掌方状一通持二参之一、事書幷書状子細同前也、猷秀法師幷為種男両人事渡二賜衆徒手一可レ致二其沙汰一云々、此二通持参、未初刻歟参二室町殿一、御対面、管領申旨等具申入了、所詮於二猷秀事一ハ内々逐電由被二聞食一也、然者可レ為二其分一歟、於二為種《飯尾肥前守》一者可レ被二下国一之由被二仰出一了（後略）

ここで管領が満済のもとに持参している「山門重事書」は、「猷秀法師幷為種男両人事渡二賜衆徒手一可レ致二其沙汰一云々」とあることよりみて、先にふれた閏七月七日付根本中堂閉籠衆集会事書のことと考えられる。したがって、根本中堂閉籠衆の思惑どおりに、たしかに集会事書は、三宝院満済を介しつつ、管領→公方足利義教へと渡っていたことを確認することができる。

同様に、「山門奉行沙汰」「山門使節沙汰」文言のある事書も、山門奉行・山門使節→公方へと渡ったものとみられる[21]。例えば文安三（一四四六）年に発給された東塔東谷檀那院堂集会事書案（表No.84）には、「早可レ被下為二使節中沙汰一、啓中達管領辺上事」との文言がみえ(22)、これを受けるかたちで、「山門檀那院集会事書如レ此候、子細見レ于レ状候歟、以二此旨一可レ有二御披露一候哉」と記す山門奉行宛の山門使節連署添状が発給されている(23)。

以上、集会事書の宛所について考察してきた。山門集会事書に、明確な様式上の「宛所」は無いといえるものの、「早為二□□之沙汰一、可レ被レ相二触(申二入)○○一事」の文言により、実質的な宛所が「○○」であること、ときに宛所「○○」の性格によって、集会の決議事項の伝達を担う機関「□□」が指定されたことが明らかとなった。すなわち山門大衆は、集会の決議事項を誰に対し、どのように伝えるのか、明確な意図とルールをもって事書発給に臨んでいたのである。

2　集会事書の性格

一揆としての集会

前節でみたように、山門集会事書は、延暦寺の内・外を宛所として発給され、その宛所の性格に応じて、窓口となる機関が存在した。ここで改めて、集会事書の宛所「○○」について注目してみたときに重視されるのは、宛所が延暦寺内部にあっては天台座主である場合もあり得た点、また外部においては公方でもあり得た点である。その際、例えば天台座主が宛所の場合に、「早為二寺家沙汰一、可レ申二入貫主一」(表No.21、傍点は筆者による、以下同じ)と表記され、公方の場合も、「可下早為二管領御沙汰一被レ申中入公方上事」(表No.79)と表記されている点は注意される。なぜならばこうした表現から、山門大衆がときに集会事書を「上申文書」とみなしていたことを読み取ることができるからである。すなわち山門集会事書は、必ずしも「下達文書」であるとは言い切れず、「上申文書」と「下達文書」、両様の機能を備えた文書であるといえる。

このような、上申文書でも下達文書でもあるという集会事書のあいまいな性格は、いったい何に起因するものなのであろうか。このことについて考える際に注目したいのが、成立初期の集会事書の様式——集会事書の原型——である。以下に、その例を示そう。

【史料2】

正安元年二月五日山門衆会事書

可レ被レ触二遣近江国浅井東西両郡生湯以□神人等一事

右、竹生嶋蓮花会頭役者、為二慈恵大師御輿行一、山門三箇大事其一也、然浅井東西郡地頭御家人、其外甲乙人・神人・宮人勤仕例、無二其隠一者也、就レ中、塩津庄（浅井郡）住人弥太郎男幷西塔釈迦堂六十六人神人、大師御輿行神祭札押取之由事、太以不レ可レ然之処、令三本山忽二諸事書一者、（任脱カ）旧記先例、可レ致二其沙汰一者也、仍衆儀一揆之也而已、[24]

右の史料は、表の№1に相当するもので、山門集会事書の初見とみられるものである。内容は、近江竹生島蓮花会頭役勤仕に際し、塩津庄住人と西塔釈迦堂の神人が「神祭札」を押し取ったため、集会によって大衆がこれを制止する決議を行い、その結果を「近江国浅井東西両郡生湯以□神人等」に通達したものである。ここで注目されるのは、末尾に「仍衆儀一揆之也」とあることである。ここから集会が大衆の一揆的結合の場であり、集会事書とは基本的に集会における誓約を記したものであること、すなわち一揆契状としての性格を帯びていたことが明らかとなる。

このような初期の集会事書の様式と性格について注目した際に想起されるのは、集会事書成立以前に、大衆らが集会の場において次のような起請文を作成している事実である。

【史料3】

今度企二訴訟一、願レ召二返園城寺戒壇　官符一、於二此事不レ如レ意者、連名之面々各可二離山一、此事不レ可レ拘二門跡長者師匠之制禁一、致二一味同心沙汰一、又不レ可レ存二自他門跡意趣一、専合躰可二訴訟一、若無二　天裁一速発二向三井一打二滅寺門一、即坐雖レ亡レ命可レ無レ悔者也、右相背輩速蒙二神明罰一、仍連名起請如レ件、

正元二年正月十一日

中納言法印親暁 中納言光親卿息已下ハ法印

安居院信承　尊勝院智円　北野別当承兼　二位清尊　宰相経承　浄土寺円暹　毘沙門堂経海　宰相範成　祇園別当実
増　安居院聖憲　宰相有快　刑部卿権大僧都俊豪已下権大僧都　石泉院承源　大納言実源　宰相宗澄　兵衛督源雅　中堂執
行権少僧都円舜住侶已下例上　粟田口静明　宰相憲源　大納言実厳　右衛門督尊俊　五辻寛円　法眼幸秀住侶南谷学頭已下例上　頼覚
住侶南谷学頭　良覚住侶学頭　貞快住侶　弁宗住侶東谷学頭　範慶住侶東谷学頭　長暁住侶北尾学頭　宗慶住侶北谷学頭　玄海住侶南尾学頭　権律師俊承已下例上住侶学頭　定賀住侶
興仙住侶　定顕住侶学頭　桂寛住侶　朝祐住侶学頭　辯海住侶　定祐住侶　覚永二位　中納言信超　法橋覚然住侶　俊禅住侶　林泉坊（イ房）　前大僧
正公豪　玉泉房僧正雲快　法印公誉此三人雖連名不出集会席(25)

正元二（一二六〇）年正月、園城寺への戒壇設置が勅許されたのを受け、京都にいる「門徒僧綱等」及び住山の大衆らがそろって大講堂で集会を行い、戒壇創設の官符撤回とならない場合、離山することを誓約したものである。ここでは、「離山」となった場合、特定の門跡・長者・師匠の意向によることなく「一味同心」「合躰」して行動することが確認されており、集会に参加した四四名の僧侶と、集会には参加しなかったが意思を同じくする僧三名が名を連ねている。衣川仁氏も指摘されているように、署名者のうち、比叡山山上の「住侶」の多くが、各谷の代表者「学頭」である点は注意される。(26)その上で「門跡長者師匠之制禁」や「自他門跡意趣」に縛られない「一味同心沙汰」「合躰」の必要性が説かれているのである。こうしたことは、起請文作成の背景に、十三世紀に体制的確立をみる門跡―門徒の関係が強く影響していることを示していよう。(27)すなわち集会の場における起請文の作成は、鎌倉期の山門大衆にとって、門跡―門徒の関係に縛られぬ「一味同心」を確認する場としての意義を持ったとみることができる。

右の起請文が作成されてから約四〇年後の正安元年に、前掲【史料2】の集会事書があらわれるようになり、その後次のような山門集会事書もみられるようになる。

【史料4】
（端裏書）「山門事書西塔」

延慶二年七月廿六日、花台院宿老集会事書
依二大師号事一、来廿八(日脱カ)神輿入洛之時、宿老以下可二供奉一之由、雖レ有二其沙汰一、如二昨日廿五日院宣一者、已被レ下二山門奏状等於関東一云々、然者、太早入洛、不レ可レ然之上者、於二当院一者、不レ可レ供二奉神輿一之由、衆儀一同切了、若背二此旨一者、可レ蒙二山王大師之冥罰一而已、

頼智在判　永盛同　常信　賢信　懐超　請厳　行空
憲宗　円綱　真海　尊観　覚意　定澄　頼宣
延超　成承　真胤　聴尋　□賢

使者承仕三和尚来照同廿七日

これは延慶二（一三〇九）年、後宇多院への灌頂の賞として東寺長者益信に「本覚大師」号が贈与されるに及び、山門において神輿入洛が企てられた際、横川華台院の「宿老」が集会を行い、作成した事書である[28]。山門全体では大衆「宿老」以下による神輿供奉も決定していたものの、華台院の「宿老」はこの決定をよしとせず、これに供奉しないことを「衆儀一同」によって誓約し、署名している。したがって、文中に「集会事書」と明記されているものの、その性格は、【史料3】に同じく起請文であるといえよう。

以上の事例から、山門大衆にとって、集会とは基本的に参加者の「一揆」「一味同心」を確認する場であること、集会事書の作成は「一揆」「一味同心」による誓約の証明を意味した、とみることができよう。おそらくは、集会の場において、当初は必要に応じて集会参加者同士の誓約による起請文の作成を行っていたのが、誓約・議決内容を文書に記すことが常態化するようになり[29]、次第にその誓約文書そのものを山門内外に発給していくことにより大衆の意思・命令貫徹の徹底化がはかられていったのではなかろうか。そのような過程の中で、集会事書の文書様式が調えられていったと考えられる。したがって集会事書の基本的性格は、一揆契状であるという点に求められるのであり、それゆえ本来的に「上申」／

「下達」の範疇におさまらないものであった。

すでに勝俣鎮夫氏は、中世社会において、一味同心、一同、一揆の決定が特別の効力を持つと信じられていたこと、それゆえ寺院にとって一味の決定をなす集会とは、俗法が力を持ち得ない内部規範、支配のための法に効力を持たせる意義を持ったこと、寺社の嗷訴の前提に、一味同心によって通常の理非の世界を超えた「理」を生み出すという「一揆の力」が存在していたこと、を指摘されている[30]。したがって山門大衆がときに大衆の上位に位置する権力にも集会事書を発給しているのは、まさにそれが大衆の合議による決定そのものの力——勝俣氏のいわれる「一揆の力」——を象徴するものとして、既存の身分秩序すらも打ち破り、大衆の主張を正当化する作用を及ぼし得たからであるとみなすことができよう。

集会事書の伝達範囲

それでは具体的に、大衆の「一揆の力」は集会事書を通じてどのように伝達されていったのであろうか。ここではこうした点について、中世京都の有力な山門末社であった祇園社の、南北朝期における集会事書への対応状況から、確認してみることにしたい。中世祇園社が、嗷訴をはじめとする山門大衆の政治行動・権力行使における、重要な拠点であったことはすでに旧稿で述べたところである[31]。そのような性格を持つ祇園社の執行顕詮によって記された「社家記録」には、集会事書の交付にまつわる記事が多く載せられている。そのほとんどは、京中における山門大衆による他宗寺院の破却、及び山僧に対する検断権の行使に関わるもので、具体的には山門公人と祇園社公人・犬神人による破却・検断の実行に関わるものとなっている。すなわち山門大衆が京中で破却・検断行為を行う際には、必ず祇園社に協力を求めたのであるが、その協力要請は常に集会事書を通じてなされたのであった。

すでに下坂守氏により、祇園社あての山門集会事書が、大衆の通達を受けた寺家「公文所」により、山門公人を通じて祇園執行に届けられたことが明らかにされている[32]。その一方、「社家記録」により集会事書の流れをさらに詳しく追って

主体	伝達者	宛　　所	出　　典	分類	備　　考
		神人	近江竹生島文書	A	鎌遺20107。「衆儀一揆之也」
所		坂本六ヶ条	菅浦文書	A	鎌遺22421。『菅浦文書』744号
		院々谷々	東大文学部所蔵文書	A	東京大学文学部所蔵(雑文書９－２－２)。
		西塔院内	山城大通寺文書	A	鎌遺23734。起請文の形式。
		西塔院内	山城大通寺文書	A	鎌遺23735。「成起請文畢」
		関東(武家)	公衡公記	C	鎌遺25128(正和３年の「西園寺伝来秘記」)
	寺家	京都上綱	公衡公記	A	鎌遺25493
	諸門主	朝廷	公衡公記	B	鎌遺25516
		朝廷	内閣文庫蔵文書	C	鎌遺25937
		武家	東寺百合文書め	B	鎌遺25974。学頭浄恵法印の，執当宛の添状あり(鎌遺25944)。
		寺家	三院衆議帳	A	山門無動寺蔵(叡山文庫)(以下同)
		中堂夏衆	三院衆議帳	A	
本尊院	(貫首)	近衛殿	長福寺文書	C	鎌遺補2081
		客人宮年預	近江竹生島文書	A	鎌遺31182
谷		朝廷か	三院衆議帳	C	
		西塔院	山門訴申	A	大日本史料６編９
		谷々	山門訴申	A	大日本史料６編９
塔	寺家	三塔	山門訴申	A	大日本史料６編９
		寺家	園太暦	A	兼運僧都，公文所注進状とともに洞院公賢のもとへ届ける。公賢，御所に進上(園太暦19日条)。
		西塔宝幢院	山門訴申	A	大日本史料６編９。内容から，或いは東塔院政所の集会事書か。
	寺家	貫首(座主)	山門訴申	B	大日本史料６編９
所		菅浦給主	菅浦文書	A	『菅浦文書』719号
	寺家	三門跡	園太暦	B	「山門注進事」
	寺家	貫首(座主)	園太暦	B	執当兼澄，公文所注進状とともに洞院公賢のもとへ届ける(園太暦21日条)。「貫首，若背三千衆徒群議，無御執達者，争可奉仰山務哉」
		檀那院院務	菅浦文書	B	『菅浦文書』22号
宝院		近江守護	菅浦文書	C	『菅浦文書』93号
		檀那院院務	菅浦文書	B	『菅浦文書』725号

表　山門集会事書一覧

文書名	年月日	「事書」文言	場所・発給
1　山門集会事書	正安元(1299) 2・5	可被触遣近江国浅井東西両郡生湯以□神人等事	
2　政所集会事書	嘉元3(1305) 12・20	且経奏聞且差下公人可加治罰事	(檀那院)政
3　西塔院政所集会事書案	徳治3(1308) 2・10	早可被相触院々谷々事	西塔院政所
4　花台院宿老集会事書	延慶2(1309) 7・26	於当院者不可供奉神輿	花台院
5　西塔宿老集会事書	同　7・26	令延引来廿八日神輿入洛宜仰　上裁	西塔
6　西塔衆徒集会事書案	正和4(1315) 4・12	早可被賀申近江国開発郷并笠原間事	西塔衆徒
7　食堂集会事書案	同　5・21	早(為寺家沙汰)可被相触京都上綱事	食堂集会
8　三門徒集会事書案	同　5・21	早可有御奏聞之旨可申入諸門主	三門徒
9　檀那院集会事書	正和5(1316) 9・25	欲早被経奏聞越前国坪江郷住人(中略)神人殺害事	東塔檀那院
10　東塔本尊院集会事書	同　10	欲早被申武家(中略)被断罪(中略)事	東塔本尊院
11　政所三塔集会事書案	元応2(1320) 10月	重可被相触寺家事	政所・三塔
12　政所集会事書案	元亨2(1322) 5・13	(文末)可被相触中堂夏衆中	(西塔)政所
13　北谷本尊院集会事書案	嘉暦3(1328) 9・11	忩賜　貫首御挙状可申入　近衛殿事	(東塔)北谷
14　近江無動寺集会事書	元徳2(1330) 8・14	早可相触浅井郡田根庄七郷客人宮年預事	無動寺
15　楞厳院解脱谷集会事書	元徳3(1331) 6・28	(文末)早経　奏聞被付本処令専房舎造営可致講演之興行	楞厳院解脱
16　政所集会事書案	康永4(1345) 6・29	早可被相触西塔院	政所
17　政所集会事書案	同　7・4	早可被相触谷々事	政所
18　生源寺三塔集会事書案	同　7・11	不廻時刻為寺家沙汰可相触三塔事	生源寺・三
19　政所集会事書案	同　7・18	早可被相触寺家事	政所
20　政所集会事書案	同　7・23	早可被相触宝幢院事	政所
21　政所集会事書案	同　8・3	早為寺家沙汰可申入貫主	政所
22　十禅師彼岸所集会事書	観応元(1350) 10・22	可早被相触江州菅浦給主事	十禅師彼岸
23　社頭集会事書案	同　12・7	忩為寺家沙汰可被申入三門跡事	日吉社社頭
24　政所集会事書案	観応2(1351) 5・20	可早為寺家沙汰可被申入貫主条々	政所
25　政所集会事書	観応3(1352) 4・14	可早被申入檀那院々務事	政所
26　檀那院尊宝院集会事書案	文和2(1353) 3・14	早可被仰江州守護方事	檀那院・尊
27　政所集会事書案	同　3・14	早可申入檀那院々務御辺事	政所

主体	伝達者	宛　所	出　　典	分類	備　　考
	寺家	貫首(座主)	園太暦	B	座主が「集会事書」に挙状。
宝院		近江守護	菅浦文書	C	『菅浦文書』92号
		祇園執行	続正法論附録	A	『八坂神社文書』下２，大日本史料６編29
	寺家	建仁寺	続正法論附録	C	大日本史料６編29
	寺家	武家	南禅寺対治訴訟	C	大日本史料６編29
		祇園執行	続正法論附録	A	『八坂神社文書』下２，大日本史料６編29
・三塔	寺家	朝廷・管領	続正法論附録	C	大日本史料６編29
	寺家	朝廷	山門嗷訴記	C	大日本史料６編29
		在京宿老	山門嗷訴記	A	大日本史料６編29
		寺家	目安等諸記録書抜	A	『北野天満宮史料』
所	寺家	公家・武家	南禅寺対治訴訟	C	大日本史料６編29
		寺家	続正法論附録	A	『八坂神社文書』下２，大日本史料６編29
		寺室(寺家)	続正法論附録	A	『八坂神社文書』下２，大日本史料６編29
		寺家	続正法論附録	A	『八坂神社文書』下２，大日本史料６編29
・三塔	寺家	朝廷	含英集抜萃	C	大日本史料６編33
所・三塔	寺家	北野社務	目安等諸記録書抜	A	『北野天満宮史料』
塔		寺家・社家	目安等諸記録書抜	A	『北野天満宮史料』
・三塔	寺家	祇園執行		A	『北野天満宮史料』
	御留守	百姓等	菅浦文書	A	『菅浦文書』90号
	御留守	百姓等	菅浦文書	A	『菅浦文書』120号
		寺家	北野天満宮史料	A	「目安等諸記録書抜」
所		名主百姓	菅浦文書	A	『菅浦文書』７号
		(北野)公文所	北野天満宮史料	A	「三年一請会引付」
	公文所	祇園執行	北野天満宮史料	A	「三年一請会引付」
		北野公文所	北野天満宮史料	A	「三年一請会引付」。「西塔院使節伊予行事幷公人一人例式酒直下行也」。関連史料あり。
林院		京極高秀	大原観音寺文書	C	『近江大原観音寺文書』98号
林院		京極高秀	大原観音寺文書	C	『近江大原観音寺文書』99号
坂本宿老		寺家	室町殿御社参記	A	『続群書類従』巻第54(以下同)

文　書　名	年　月　日	「事書」文言	場所・発給
28 政所集会事書案	同　4・14	早為寺家沙汰可被申入貫主事	政所
29 檀那院尊宝院集会事書	同　5・15	早被仰江州守護方可被経厳密御沙汰事	檀那院・尊
30 政所集会事書	応安元(1368) 閏6・21	早可相触祇園執行僧都事	政所
31 政所集会事書案	同　閏6・23	早為寺家沙汰可相触建仁寺事	政所
32 政所集会事書案	同　閏6・27	早為寺家沙汰被達武家事	政所
33 西塔院政所集会事書案	同　閏6・28	不廻時刻可被相触祇園執行事	西塔院政所
34 社頭三塔集会事書案	同　閏6・29	為寺家沙汰且被奏聞且被相触武家管領事	日吉社社頭
35 政所集会事書案	同　7・10	為寺家沙汰不移時刻可経奏聞事	政所
36 政所集会事書案	同　7・26	早不移時刻可被相触在京宿老中事	政所
37 政所集会事書案	同　7・晦	早可被相触寺家事	政所
38 十禅師集会事書案	同　8・4	早為寺家沙汰可被相達公家武家事	十禅師彼岸
39 政所集会事書案	同　8・20	早可被相触寺家事	政所
40 政所集会事書案	同　8・25	重可被相触寺室事	政所
41 政所集会事書	応安2(1369) 4・17	可早相触寺家事	政所
42 社頭三塔集会事書案	応安4(1371) 3・8	早為寺家沙汰可被経奏聞事	日吉社社頭
43 十禅師三塔集会事書案	永和元(1375) 12・11	早為寺家沙汰被触北野社務辺事	十禅師彼岸
44 彼岸所三塔集会事書案	同　12・11	可早相触寺家社家事	彼岸所・三
45 社頭三塔集会事書案	康暦元(1379) 6・6	可早為寺家沙汰被相触祇園執行事	日吉社社頭
46 檀那院集会事書案	至徳元(1384) 8・21	可相触為御留守之沙汰日差・諸河・菅浦百姓等事	檀那院
47 檀那院集会事書	同　閏9・1	可相触為御留守之沙汰日差・諸河・菅浦百姓等事	檀那院
48 政所集会事書案	至徳3(1386) 7・13	可早相触寺家事	政所
49 (檀那院)政所集会事書案	嘉慶2(1388) 3・24	重可相触日差・諸河名主百姓等事	(檀那院)政
50 政所集会事書案	康応元(1389) 7・19	可早被相触公文所事	政所
51 政所集会事書案	同　7・22	可早為公文所沙汰被相触祇園執行事	政所
52 西塔院政所集会事書案	同　7・23	可早被相触北野公文所事	西塔院
53 東塔北谷禅林院集会事書案	同　7・28	可早被相触京極光禄辺事	東塔北谷禅
54 東塔北谷禅林院集会事書案	同　9・18	重可被相触京極光禄事	東塔北谷禅
55 生源寺集会事書案	応永元(1394) 7・29	可早被相触寺家事	生源寺・在

主体	伝達者	宛　所	出　典	分類	備　考
・三塔		在京衆分	室町殿御社参記	A	
・三塔		在京衆分	室町殿御社参記	A	
・三塔	給主	百姓沙汰人	室町殿御社参記	A	
・三塔	寺家	院々谷々	室町殿御社参記	A	
	四至内(公人)	馬借	室町殿御社参記	A	
	寺家	栈敷本主	室町殿御社参記	A	
・三塔	寺家	青蓮院門跡	室町殿御社参記	B	
	寺家	六箇条・三津浜	室町殿御社参記	A	
・三塔	寺家	院々谷々	室町殿御社参記	A	
・三塔宿老		社務	室町殿御社参記	A	
・三塔	寺家	四谷	室町殿御社参記	A	
・三塔	寺家	神供奉行	室町殿御社参記	A	
・三塔	寺家	院々谷々	室町殿御社参記	A	
・三塔	寺家	三塔	室町殿御社参記	A	
・三塔	寺家	坂本中	室町殿御社参記	A	
林院		大原庄地頭方	大原観音寺文書	C	『近江大原観音寺文書』119号
空像尾	学頭	天台座主	大原観音寺文書	B	『近江大原観音寺文書』135号
空像尾		観音寺衆徒	大原観音寺文書	A	『近江大原観音寺文書』140号
籠衆		青蓮院門跡	青蓮院文書	B	
所・三塔	寺家	北野社務	社家条々抜書	A	『北野社家日記』第7巻
衆		北野公文所	社家条々抜書	A	
	寺家	北野公文所	社家条々抜書	A	
籠衆		北野公文所	社家条々抜書	A	
籠衆	管領	公方	看聞御記	C	「牒状」
籠衆	管領	公方	看聞御記	C	「牒状」
院宿老	管領	公方	看聞御記	C	「牒状」
	山門奉行	公方	目安等諸記録書抜	C	『北野天満宮史料』
塔		院々谷々	三院衆議帳	A	300余人の連署あり。
	山門使節	管領	菅浦文書	C	『菅浦文書』281号
		名主百姓	菅浦文書	A	『菅浦文書』106号

文　書　名	年　月　日	「事書」文言	場所・発給
56 社頭三塔集会事書案	同　8・7	可早相触在京衆分事	日吉社社頭
57 聖女彼岸所三塔集会事書案	同　8・7	可重被相触在京衆分事	聖女彼岸所
58 社頭三塔集会事書案	同　8・7	可早為給主沙汰被相触山門領庄々百姓沙汰人等事	日吉社社頭
59 聖女彼岸所三塔集会事書案	同　8・7	可早為寺家沙汰相触院々谷々事	聖女彼岸所
60 生源寺集会事書案	同　8・9	可早為四至内相触馬借等事	生源寺
61 生源寺集会事書案	同　8・9	可早為寺家沙汰相触桟敷本主事	生源寺
62 社頭三塔集会事書案	同　8・10	可早為寺家沙汰被申入青蓮院御門跡事	日吉社社頭
63 三塔集会事書案	同　8・11	可早為寺家沙汰被相触六箇条三津浜事	三塔
64 社頭三塔集会事書案	同　8・15	可早為寺家沙汰相触院々谷々条々	日吉社社頭
65 社頭三塔宿老集会事書案	同　8・15	可早為触社務事	日吉社社頭
66 社頭三塔集会事書案	同　8・15	可早為寺家沙汰被相触四谷事	日吉社社頭
67 社頭三塔集会事書案	同　8・23	可早為社務沙汰被相触神供奉行	日吉社社頭
68 社頭三塔集会事書案	同　9・6	可早為寺家沙汰院々谷々事	日吉社社頭
69 社頭三塔集会事書案	同　9・8	可早為寺家沙汰被相触三塔事	日吉社社頭
70 社頭三塔集会事書案	同　9・8	可早為寺家沙汰相触坂本中事	日吉社社頭
71 東塔北谷禅林院集会事書案	応永9(1402) 9月日	可早相触、、、大原庄地頭方事	東塔北谷禅
72 東塔北谷虚空蔵尾集会事書案	応永16(1409) 9・20	早可被申入為学頭　貫首事	東塔北谷虚
73 東塔北谷虚空蔵尾集会事書案	応永21(1414) 9・2	可早相触江州北郡観音寺衆徒中事	東塔北谷虚
74 根本中堂閉籠衆事書	応永24(1417) 12・13	早可被申入　青蓮院門跡事	根本中堂閉
75 十禅師彼岸所三塔集会事書案	応永27(1420) 閏1・11	早可為寺家沙汰被触申北野社務辺事	十禅師彼岸
76 西塔院閉籠衆事書案	正長元(1428) 8・28	可早相触北野公文所事	西塔院閉籠
77 大講堂集会事書案	永享元(1429) 11・2	早可為寺家沙汰被相触北野公文所事	大講堂
78 根本中堂閉籠衆事書案	同　11・9	早可相触北野公文所事	根本中堂閉
79 根本中堂閉籠衆事書案	永享5(1433) 7・19	可早為管領御沙汰被申入公方事	根本中堂閉
80 根本中堂閉籠衆事書案	同　閏7・7	重可為管領御沙汰被申達公方事	根本中堂閉
81 大講堂三院宿老集会事書案	同　閏7・20	早可為管領御沙汰被申達公方事	大講堂・三
82 西塔院政所集会事書案	嘉吉元(1441) 4・15	早可為山門奉行沙汰被申達　公方事	西塔院政所
83 大講堂三塔集会事書案	文安2(1445) 6・25	可早院々谷々融邪執人々箇々住興隆加連署於事書之左辨至要於題目之右事	大講堂・三
84 檀那院堂集会事書	文安3(1446) 2・25	早可被為使節中沙汰啓達管領辺事	檀那院
85 檀那院堂集会事書	同　5・10	早可相触菅浦名主百姓等事	檀那院

主体	伝達者	宛　　所	出　　　典	分類	備　　　考
籠衆	(寺家)	北野公文所	目安等諸記録書抜	A	『北野天満宮史料』
籠衆	(寺家)	洛中末寺末社	目安等諸記録書抜	A	『北野天満宮史料』
		末寺末社	目安等諸記録書抜	A	『北野天満宮史料』
		杉生坊	目安等諸記録書抜	A	『北野天満宮史料』
	山門使節	公方	山門事書	C	東京大学史料編纂所架蔵謄写本(以下同)。「宝地房作」とあり。
		管領	山門事書	C	「巨細先度政所集會事書幷寺家目安篇朽訖」「成ノ作」とあり。
		日野烏丸家	山門事書	C	「宝地之作」とあり。
		名主百姓	菅浦文書	A	『菅浦文書』107号
衆		西塔院内	山門事書	A	「三院若輩，為奉動座神輿，折下坂本処也，然上者，谷々老若，不移時刻，雖為遅参，可被致神輿動座合力者也，若於遠見之谷者，忽令切房，可返礎石者也」
閉籠衆		末寺末社	山門事書	A	
閉籠衆		東塔・楞厳院	山門事書	A	
閉籠衆		祇園執行	山門事書	A	
閉籠衆		西塔院内	山門事書	A	院内の若輩，すでに二宮神輿を動座。「院内之老若，日々夜々可被廻不日神輿入眼之計略之者也」
籠衆		楞厳院	山門事書	A	
籠衆		(西塔)院内	山門事書	A	
閉籠衆		山門使節	山門事書	A	
閉籠衆		西塔院内	山門事書	A	
閉籠衆		楞厳院	山門事書	A	
籠衆		西塔院内	山門事書	A	
閉籠衆		祇園執行	山門事書	A	犬神人=「当堂被官之神人」
		釈迦堂閉籠衆	山門事書	A	
閉籠衆		山門使節	山門事書	A	
閉籠衆		西塔院内	山門事書	A	「今日点未刻，院内若輩悉立登政所，当院僉義者，以大衆蜂起，忽可差定之者也」
閉籠衆		東塔院	山門事書	A	
閉籠衆		楞厳院	山門事書	A	
閉籠衆		無動寺	山門事書	A	
閉籠衆		東塔院	山門事書	A	
以外の院)		宝幢院閉籠衆	山門事書	A	
経衆		上林房	山門事書	A	
閉籠衆		貫首(座主)	山門事書	B	
閉籠衆		山門奉行	山門事書	C	
閉籠衆		山門使節	山門事書	A	
籠衆		禰宜方	山門事書	A	

文　書　名	年　月　日	「事書」文言	場所・発給
86　根本中堂閉籠衆事書案	文安4(1447) 11・7	可早被相触寺家沙汰北野公文所事	根本中堂閉
87　根本中堂閉籠衆事書案	同　12・18	可早被相触寺家沙汰洛中末寺末社事	根本中堂閉
88　西塔院閉籠衆事書案	同　12・18	早可相触末寺末社事	西塔院
89　西塔院政所集会事書案	同　12・21	早可被相触杉生坊事	西塔院政所
90　西塔院政所集会事書案	文安5(1448) 4・23	早可為使節沙汰被啓達　公方事	西塔院政所
91　西塔院政所集会事書案	同　5・13	可早跂列参啓達管領辺事	西塔院政所
92　西塔院宿老集会事書案	同　7・10	可早跂列参被申達日野烏丸家事	西塔院宿老
93　山門政所集会事書	同　10・2	早可相触菅浦名主百姓等事	山門政所
94　西塔院閉籠衆事書案	同　11・22	早可被相触院内事	西塔院閉籠
95　釈迦堂閉籠衆事書案	同　11・25	早可被相触末寺末社事	西塔釈迦堂
96　釈迦堂閉籠衆事書案	同　11・26	早可被相触東塔院・楞厳院事	西塔釈迦堂
97　釈迦堂閉籠衆事書案	同　12・6	早可被相触祇園執行事	西塔釈迦堂
98　釈迦堂閉籠衆事書案	同　12・10	可早被相触院内満遍事	西塔釈迦堂
99　(釈迦堂)閉籠衆事書案	同　12・10	早可被相触楞厳院事	(釈迦堂)閉
100　(釈迦堂)閉籠衆事書案	同　12・11	可早被相触院内事	(釈迦堂)閉
101　釈迦堂閉籠衆事書案	同　12・11	可早被相触使節中事	西塔釈迦堂
102　釈迦堂閉籠衆事書案	同　12・12	可早被相触院内満遍事	西塔釈迦堂
103　釈迦堂閉籠衆事書案	同　12・12	可早被相触楞厳院事	西塔釈迦堂
104　釈迦堂閉籠衆事書案	同　12・13	早可被相触院内満遍事	(釈迦堂)閉
105　釈迦堂閉籠衆事書案	同　12・13	早重而可被相触祇園執行事	西塔釈迦堂
106　楞厳院政所集会事書案	同　12・13	可早被相触釈迦堂閉籠衆事	楞厳院政所
107　釈迦堂閉籠衆事書案	同　12・17	可早被相触使節中事	西塔釈迦堂
108　釈迦堂閉籠衆事書案	同　12・19	早可被相触院内満遍事	西塔釈迦堂
109　(釈迦堂)閉籠衆事書案	同　12・23	早不移時刻可被相触東塔院事	西塔釈迦堂
110　釈迦堂閉籠衆事書案	同　12・24	早可被相触楞厳院事	西塔釈迦堂
111　釈迦堂閉籠衆事書案	同　12月日	早可被相触無動寺事	西塔釈迦堂
112　釈迦堂閉籠衆事書案	同　月日未詳	早可被相触東塔院事	西塔釈迦堂
113　政所集会事書案	同　月日未詳	早可被相触宝幢院閉籠衆事	政所(西塔
114　釈迦堂不断経衆事書案	文安6(1449) 1・4	可早被相触上林房事	釈迦堂不断
115　釈迦堂閉籠衆事書案	同　1・5	早可被申入　貫首事	西塔釈迦堂
116　釈迦堂閉籠衆事書案	同　1・23	早可被相触山門奉行事	西塔釈迦堂
117　釈迦堂閉籠衆事書案	同　1・24	早可被相触使節中事	西塔釈迦堂
118　(釈迦堂)閉籠衆事書案	同　1・24	重而可被相触禰宜方事	(釈迦堂)閉

主体	伝達者	宛　　所	出　　典	分類	備　　考
閉籠衆	山門奉行	公方	山門事書	C	
籠衆		祇園執行	山門事書	A	
閉籠衆		飯尾四郎左衛門	山門事書	C	飯尾四郎左衛門＝山門奉行
衆		近江守護	山門事書	C	
		北野公文所	北野社家日記	A	公人に酒直200文を下行。
閉籠衆		北野公文所	北野社家日記	A	
閉籠衆		北野公文所	北野社家日記	A	
		北野公文所	北野社家日記	A	
		名主百姓	菅浦文書	A	『菅浦文書』115号
		左方馬上一衆	八瀬童子会文書	A	『八瀬童子会文書　増補』251号
籠衆		末社	北野天満宮史料	A	三年一請会停止記録
		蒲生方	今堀日吉神社文書	A	『今堀日吉神社文書集成』
		伊庭	今堀日吉神社文書	A	『今堀日吉神社文書集成』
籠衆		日蓮宗	諫暁始末記	C	『日蓮宗宗学全書』第19巻
		馬上一衆	八瀬童子会文書	A	『八瀬童子会文書　増補』260号
	講衆	新熊野公文所	八瀬童子会文書	A	『八瀬童子会文書　増補』261号
		山門使節	八瀬童子会文書	A	『八瀬童子会文書　増補』265号
閉籠衆		山門奉行	京都大学所蔵文書	C	大日本史料８編２
衆		法花宗	京都大学所蔵文書	C	大日本史料８編２。「当宗申状」
		山門奉行	山門申状	C	東京大学史料編纂所架蔵謄写本
	別当代	馬上一衆	八瀬童子会文書	A	『八瀬童子会文書　増補』276号
		今西熊谷方	菅浦文書	A	『菅浦文書』14号
	堂務	布施下野□…□	八瀬童子会文書	C	『八瀬童子会文書　増補』285号
	山門使節	奉行人	八瀬童子会文書	C	『八瀬童子会文書　増補』286号
		畠山殿	妙法院史料	C	妙法院史研究会編『妙法院史料』
		畠山殿	妙法院史料	C	(端裏書)「裏紙云　山門ヨリ畠山殿　寺各副書物」。143の事書とほぼ同じであるが，字の異同があり，文末も途中で切れている。仏光寺文書にもあり(大日本史料８編13)。
		妙法院門跡	妙法院史料	B	仏光寺文書にもあり(大日本史料８編13)。

文　書　名	年　月　日	「事書」文言	場所・発給
119 釈迦堂閉籠衆事書案	同　1・26	早可為山門奉行沙汰被申達　公方事	西塔釈迦堂
120 (釈迦堂)閉籠衆事書案	同　1月日	早可被相触祇園執行事	(釈迦堂)閉
121 釈迦堂閉籠衆事書案	同　3・9	可早被相触飯尾四郎左衛門事	西塔釈迦堂
122 西塔院閉籠衆事書案	同　3月日	可早跂列参被相触佐々木近江守方事	西塔院閉籠
123 釈迦堂閉籠衆事書案	宝徳元(1449) 12・8	可早相触北野公文所事	西塔釈迦堂閉籠衆
124 釈迦堂閉籠衆事書案	同　12・10	早可相触北野公文所事	西塔釈迦堂
125 釈迦堂閉籠衆事書案	同　12・12	早可被相触北野公文所事	西塔釈迦堂
126 釈迦堂閉籠衆事書案	同　12・14	不移時尅可相触北野宮公文所事	西塔釈迦堂
127 檀那院堂集会事書	宝徳2(1450) 8・22	早可相触菅浦名主百姓等事	檀那院
128 西塔院政所集会事書案	宝徳3(1451) 6・3	可早被相触左方馬上一衆中事	西塔院
129 根本中堂閉籠衆事書案	康正元(1455) 8・7	可早被相触末社事	根本中堂閉
130 東塔院東谷集会事書案	長禄2(1458) 2・29	可早被相触蒲生方事	東塔院東谷
131 東塔院東谷集会事書案	寛正5(1464) 9・2	可早被相触伊庭事	東塔院東谷
132 楞厳院閉籠衆事書案	寛正6(1465) 12・13	早可被相触日蓮宗等事	根本中堂閉
133 東塔政所集会事書案	応仁2(1468) 5・10	□…□被相触馬上一衆中事	東塔政所
134 西塔院政所集会事書案	同　6	早為講衆沙汰可被相触新熊野公文所事	西塔政所
135 西塔院政所集会事書案	応仁3(1469) 3・20	可早被相触使節中事	西塔政所
136 楞厳院中堂閉籠衆事書	文明元(1469) 7・26	早可被相触山門奉行事	楞厳院中堂
137 楞厳院閉籠衆事書	同　8・3	早可被相触法花宗事	楞厳院閉籠
138 本院政所集会事書案	同　8・8	早可被相触山門奉行事	東塔政所
139 楞厳院政所集会事書案	文明2(1470) 6・11	早可被為別当代沙汰相触馬上一衆中事	楞厳院政所
140 大講堂集会事書	文明4(1472) 3・15	可早被相触今西熊谷方事	大講堂
141 西塔院政所集会事書案	文明10(1478) 6・5	早可被為堂務沙汰相触布施下野□…□	西塔院政所
142 大講堂集会事書案	同　6・6	早可被経為使節中沙汰相触奉行人公聞事	大講堂
143 大講堂集会事書	文明13(1481) 11・3	可早被啓達畠山殿事	大講堂
144 大講堂集会事書案	同　11・3	可早被啓達畠山殿事	大講堂
145 大講堂集会事書	文明14(1482) 4・26	可早被啓達妙法院門跡事	大講堂

主体	伝達者	宛　所	出　典	分類	備　考
		妙法院門跡	妙法院史料	B	(端裏書)「褁紙云　山門ヨリ　兄弟ノ事」。145の事書とほぼ同じ。
	庁務	妙法院門跡	妙法院史料	B	仏光寺文書にもあり(大日本史料8編13)。
		園城寺	三院衆議帳	C	園城寺側も集会事書を発給(三院衆議帳)。
閉籠衆		北野公文所	北野社家日記	A	日記中に,「就事書之儀,返事自往古無之」とあり。
		西塔院内	山門禨記	A	東京大学史料編纂所架蔵謄写本
院	奉行	朝廷	知恩院文書	C	『京都浄土宗寺院文書』(同朋舎)
院		青蓮院庁務	知恩院文書	B	『京都浄土宗寺院文書』(同朋舎)
院	山門奉行	公方	田中穣氏旧蔵典籍古文書	C	東京大学史料編纂所架蔵写真帳
院	天台座主	朝廷	三院衆議帳	C	
院	天台座主	朝廷	田中穣氏旧蔵典籍古文書	C	東京大学史料編纂所架蔵写真帳
院	山門奉行	公方	三院衆議帳	C	
院	山門奉行	公方	田中穣氏旧蔵典籍古文書	C	東京大学史料編纂所架蔵写真帳
院	山門雑掌	園城寺	三院衆議帳	C	
		公武・諸宗	三院衆議帳	C	
		園城寺	田中穣氏旧蔵典籍古文書	C	東京大学史料編纂所架蔵写真帳
院		大衆か	三院衆議帳	A	連署あり。
院		朝廷	田中穣氏旧蔵典籍古文書	C	東京大学史料編纂所架蔵写真帳
		大衆か	三院衆議帳	A	三院100人の連署あり。
院	山門雑掌	東寺	東寺百合文書ホ	C	
所		法性寺その他	八瀬童子会文書	C	『八瀬童子会文書　増補』305号
所		清水寺執行/他	八瀬童子会文書	C	『八瀬童子会文書　増補』306号

る。A＝山門内部の諸機関,B＝天台座主・門跡,C＝山門外部の諸機関

書写之訖,兜率谷鶏頭院主法印大僧都厳覚」との奥書あり。

る。叡山文庫蔵。

内所持之古写本,令書写之者也,古代衆議一決厳密以此記可知,叡嶽執行探題僧正豪実記之」と

文　書　名	年　月　日	「事書」文言	場所・発給
146 大講堂集会事書写	同　　4・26	可早被啓達妙法院門跡事	大講堂
147 大講堂集会事書	同　　8月日	可早被啓達為庁務沙汰妙法院御門跡事	大講堂
148 大講堂集会事書案	文亀元(1501) 11月日	早可被報園城寺事	大講堂
149 釈迦堂閉籠衆事書案	永正7(1510) 1・18	可早相触北野公文所事	西塔釈迦堂
150 西塔院政所集会事書案	永正15(1518) 9・19	早可被相触院内満遍事	西塔政所
151 大講堂三院集会事書案	大永3(1523) 4・24	可早被達為奉行沙汰　上聞事	大講堂・三
152 大講堂三院集会事書案	同　　4・24	可早被相触　青蓮院庁務事	大講堂・三
153 大講堂三院集会事書案	大永4(1524) 7・23	可早為山門奉行沙汰被申達公聞事	大講堂・三
154 大講堂三院集会事書案	天文5(1536) 6・1	可早為山務沙汰被献覧　天聴事	大講堂・三
155 大講堂三院集会事書案	同　　6・1	可早有令申入貫主献覧　天聴事	大講堂・三
156 大講堂三院集会事書案	同　　6・1	可早被山門奉行沙汰達　公聞事	大講堂・三
157 大講堂三院集会事書案	同　　6・1	可早被為奉行沙汰達　上聞事	大講堂・三
158 大講堂三院集会事書案	同　　6・1	早可被為山門禖掌沙汰啓達園城寺事	大講堂・三
159 三院集会事書案	同　　6月日	可早被達　公武之尊聞遍相触諸宗事	三院
160 大講堂集会事書案	同　　6月日	可早被啓達園城寺	大講堂
161 金宝寺三院集会事書案	天文8(1539) 6・2	記載なし	金宝寺・三
162 大講堂三院集会事書案	天文9(1540) 7・12	根来寺開山諡号事	大講堂・三
163 三院集会事書案	同　　8・23	可早被備息当分之諍論続而為後規向後惣別　大小之事亀鏡事	三院
164 大講堂三院集会事書	弘治3(1557) 12月日	可早被為山門雑掌沙汰啓達教王護国寺	大講堂・三
165 政所集会事書案	年未詳	可早被相触法性寺執行事／ほか5点	(東塔？)政
166 政所集会事書案	年未詳	早為講衆沙汰可相触清水寺執行事／ほか3点	(東塔？)政

注(1)　表中のA，B，C，の各記号は，集会事書の被伝達者を以下のように分類したことを意味す

(2)　備考欄の「鎌遺」とは『鎌倉遺文』をさす。

(3)　「山門事書」は，江戸時代に書写されたもので「元禄六年冬十二月，以西北正教房蔵本倉卒

(4)　「山門雑記」は，「山門事書」と同じく横川鶏頭院の厳覚が，元禄7年に書写したものであ

(5)　「三院衆議記録」も江戸時代に書写されたもので，「文政七年甲申十二月上旬日，以堀井河
の奥書あり。叡山文庫蔵。

みると、大衆の意思・命令が、事書に示された宛所「○○」を超える範囲に及んでいることを確認することができる。

その一例としてまず、法華宗弾圧として山門大衆により企図された妙顕寺法華堂の破却に関わる集会事書の流れをみてみたいと思う。「社家記録」正平七（一三五二）年二月二十五日条によれば、この日、「宮辻子路次未レ直レ之、無レ謂之由山門事書二通、今月廿一日同廿三日幷法花堂可二破却一之由重事書、已上三通」が、山門寺家公人より祇園執行のもとに届けられている。このうち法花堂破却に関する「重事書」については、これより少し前に初度の事書が届けられたのを受け[33]、祇園執行が犬神人の動員手続きをとっていることから、犬神人動員を要請する内容のものであったと考えられる。そして祇園執行は翌日の二十六日、「一、法華堂破却事、昨日到来重事書第二反案、以二寄方一下二犬神人一、明日可二用意一之由下知了」と日記に記している[34]。すなわち執行は、集会事書の案文を作成し、祇園社公人の「寄方」を通じて破却役をつとめる犬神人に届け、動員命令を下しているのである。

表No.30・45等をみれば明らかなように、山門大衆から祇園社にあてて下される集会事書は、ふつう、「可レ被レ相二触祇園執行一事」等の文言が付され、祇園執行を宛所として発給されることになっている。したがって右の法華堂破却に関する集会事書も、直接には祇園執行を宛所として発給されたと考えられ、それゆえに執行の日記にも書き留められたのであろう。しかし執行は、集会事書に示された大衆の指示に従って犬神人を動員するばかりでなく、破却にあたる犬神人自身にも集会事書の案文を書き送っている。したがってここから、大衆の命令が、末社組織の末端集団に至るまで、事書を通じて伝達されている様子を見て取ることができる。

同様の例として、一向宗弾圧のため計画された仏光寺破却にまつわる集会事書の流れも注目される。すなわち「社家記録」閏二月十五日条には、仏光寺破却を命じる「政所集会事書」が祇園執行のもとに届いたこと、祇園執行が犬神人を催促するにあたり、「発向以前事書案文一通書二遣犬神人許一」とあるように、集会事書の案文を書き送ったことが記されている。ここでもやはり、祇園執行が犬神人に対し、破却命令を口頭で伝えるのではなくわざわざ集会事書の案文を発給して伝えていることがわかる。

その一方、「社家記録」正平七年閏二月十八日条には、「山門事書到来、一向衆堂仏光寺破却事、厂(暦)応年中東西両院学頭□連署免状之処、一類輩近日可二破却一之由、有二其沙汰一条無レ謂、向後不レ可二借用一、且申二入貫主一之由事書十禅師彼岸所、三塔集会之事書也」とみえる（傍線は筆者による、以下同じ）。傍線部より、このとき祇園執行のもとに「到来」した集会事書とは、記事の内容から本来は天台座主を宛所とする集会事書であったことがわかる。おそらく犬神人の動員阻止に関わる事書であるため、祇園社に持ち込まれたのであろう。したがってこの事例もまた、集会事書による実際の情報伝達の対象が、必ずしも「可レ被レ相二触（申二入）○○一事」の「○○」として指定された宛所とは限らなかったことを示していることになる。すなわち集会事書は、事書に示された宛所のみならず、実質的には大衆の決議事項の行使に関わる諸機関・諸集団すべてに対し交付されていった。

その際に注意されるのは、祇園社に限らず、他の末社、或いは天台座主・公方をも含め、集会事書を受け取った諸機関・諸集団が返書を送ったという例が、ほとんどみられないという点である。時代は下って永正七（一五一〇）年正月、山門末社北野社に、閉門を命じる西塔院釈迦堂閉籠衆集会事書が届けられた際に、松梅院雑掌は、事書の添状の署判者西塔院公文所法眼継秀に対し、返書を発給した。このことについて松梅院は、「就二事書之儀一返事自二往古一無之処、公文所使所望之間進レ之也」と、日記にわざわざ書き記している[35]。つまり集会事書に対しては、往古より返事を出さないきまりであったが、今回は、事書を届けた西塔院公文所の使者が所望したために、発給したという。したがって集会事書は一方向の文書であるといえ、ひとたび大衆によって集会事書が発給されたならば、受け取り手は基本的にその内容に従うことが求められた[36]。

そしてこのような強制力とその正当性を集会事書に付与したものとは、延暦寺寺家、とりわけ公文所であったと考えられる。すでに下坂守氏は、正平七年の祇園社「社家記録」の分析から、山門の集会事書が本来、寺家を経由してはじめてその効力を発揮するものであったことを指摘されている。あわせて、集会の運営に寺家の公文所が深く関与していたこと、また集会の決定に基づき山門公人を指揮する権限も、寺家公文所にあったことを指摘されている。[37] 大衆の意見対立により、命令内容の異なる事書が立て続けに祇園社に届けられた際、祇園執行が、「公人出洛日限、不レ見レ于二事書一不審」と記したり、[38]「事書ニ銘不レ書之上、使者以外無案内也」として独自に山徒に対し命令内容の真偽を確認していたりするのも、[39]寺家・公文所・山門公人の関与の有無が、集会事書の正当性に強く影響を与えるものであったからであると考えられる。そして先述したように、検断・破却の現場に向かう祇園社犬神人が祇園執行から集会事書の案文交付を受けていたのは、集会事書が洛中検断権を掌握しつつあった室町幕府に対し、彼らの活動の正当性を保障する役割を果したからではないかと考えられる。[40]

3　一揆の危機

閉籠衆集会事書の出現

これまでみてきたように、山門集会事書は、山門大衆の集会における「一揆の力」を体現するものとして鎌倉後期より現れ、各塔・各谷の山門内部はもとより、天台座主から末社、さらには公方・管領に至るまで、様々な機関・集団に対し発給された。そしてその際、寺家を重要な窓口とした。しかしながらいま改めて表を通覧してみると、このような状況が実は十五世紀に大きく変化していることに気づく。その変化とはすなわち、①集会事書における「寺家沙汰」文言の消失、②閉籠衆集会事書の出現、である。

まず①についてみてみると、表をみても明らかなように、「早為二寺家之沙汰一、可レ被レ相二触（申二入）〇〇一事」といった文言のある事書——すなわち「寺家沙汰」文言のある集会事書——は、十五世紀に入ると、発給されなくなっていく。そして「寺家沙汰」文言にかわって、「管領沙汰」「山門奉行沙汰」「山門使節沙汰」文言が集会事書にあらわれてくるのである。したがって、先に、「為㆓□□之沙汰㆒」という文言の有無によって集会事書をA、B、Cの三つに分類したが、このうち、

B「為㆓□□之沙汰㆒」という文言があり、「□□」＝「寺家」であるもの

C「為㆓□□之沙汰㆒」という文言があり、「□□」＝「管領」「山門奉行」「山門使節」であるもの

の、二つについては、実は、BからCへの、時系列変化を示すものでもあった。なぜこうした変化が生じたのか、その検討は後に譲るとして、いまここで問題にしたいのは、この変化と並行して、②閉籠衆集会事書の出現、という状況があらわれてくる事実である。

ここで閉籠衆集会事書について説明する前に、まず、「閉籠」及び「閉籠衆」について説明しておく必要があろう。「閉籠」が、鎌倉中期以降の山門で頻繁にみられるようになる、「閉籠衆」を主体とする訴訟形式であること、堂舎に籠もることによりそこで勤修されるはずの仏神事を退転させる効果を持っていたことが、すでに衣川仁氏によって明らかにされている。衣川氏によれば、「満山」大衆・「三千衆徒」による「閉門」という訴訟行為が、山門大衆内部はもとより、公武権力によっても是とされる行為であったのに対し、「閉籠」は「一類凶徒」による「悪行」として山門内外から不当とみなされる行為であった。そして「閉籠」行為に及ぶ者の多くは、門跡の門徒であることが多かったという。その上で衣川氏は、「実体として内部に多様な利害の齟齬を抱え込まざるを得ない『満山』大衆、そしてそれを構成する個々の集団は、その個別性のままに如何に力を発揮するかという課題に直面した。それへの回答の一つが、鎌倉後期に登場する集会事書であった」とされている。すなわち「満山」大衆の一員であると同時に、門跡の門徒であるなど個別の利害を背負う山門僧にとって、集会事書は、一揆的な力を文書化することにより、「満山」的秩序の復活へと取り込む機能を果たすものであったのである。[41]

このような衣川氏の指摘をふまえるならば、集会事書は、「一揆の力」により閉籠衆の不当な訴訟行為を封じ込める意義をもって出現したといえよう。そうであるならば、十五世紀において、その閉籠衆自身が、集会事書を発給し始めるという現象の意味を、どのように考えればよいのであろうか。実はそこには、「閉籠」及び「閉籠衆」の性格それ自体の変化があった。すなわち下坂守氏によれば、室町期以降の「山訴」(=「山門訴訟」・山門嗷訴)それ自体が、各塔単位の堂舎閉籠→神輿動座→三塔会合へと進展していくものであったといい、堂舎閉籠もまた、「通常、一院(=東塔・西塔・横川の各塔、＊筆者注)の衆徒の総意に基づき一院を単位として実施」されるものであったという。そして閉籠衆は、「閉籠時には一院よりその権限を全面的に移譲された公的・合法的な存在」であったという。つまり室町期の山門において「閉籠」は、大衆の訴訟形態において正当とみなしうる手段となっていたのであり、「閉籠衆」は「合法的な組織体」として存在していたのであった[42]。

それでは鎌倉期から室町期にかけ、このように「閉籠」「閉籠衆」の性格変化が生じたのは、いったいなぜなのであろうか。このことについて考える際に注意されるのが、閉籠衆集会事書の出現が、三塔集会事書の大幅な減少とあいまってみられる現象であるという点である。すなわち「満山」単位による集会事書の発給がなされなくなっていくかわりに、閉籠衆集会事書が発給され始めるのである。そしてこれは、「満山」に対する「一類凶徒」であったはずの閉籠衆が、一院を単位とする合法組織となっていく過程と連動したものとみなすことができる。

ここで三塔集会事書が山門使節制度の創設とともにほぼ完全に姿を消す、とされる下坂守氏の指摘をもふまえるならば[43]、「満山」単位による集会事書の激減と、閉籠衆集会事書の出現の背景には、山門使節制度の成立があった、とみることができるのではなかろうか。山門使節制度については、康暦元(一三七九)年頃、将軍足利義満により対延暦寺政策・対大衆政策の一環として創設されたものであることが、同じく下坂氏によって明らかにされている。すなわち室町幕府により任命され組織された特定の有力山徒が、山門支配下の地域において、幕府の命による使節遵行を行い、軍事警察・裁判権

等を行使することにより、「幕府権力の執行機関」及び「守護」としての役割を果たしていた。(44)

このような山門使節の権限は、従来より延暦寺に存した執行機関「寺家」の保持する検断や対外交渉をはじめとする諸権限と重複する側面を持っている。したがってすでに下坂守氏も注目されているように、(45)室町幕府による山門使節制度の創設は、延暦寺独自の執行機関である寺家の諸権限・諸機能を、形骸化させていく意味合いを帯びていたとみることができる。すなわち山門使節制度の成立により、大衆の合意形成と決議表明のありように変化がみられるようになり、大衆の意思表明の重要な窓口であった寺家の機能も低下せざるを得なかったと考えられるのである。したがって、十五世紀における集会事書をめぐる二つの変化、①「寺家沙汰」文言の消失と、②閉籠衆集会事書の出現とは、ともに山門使節制度の成立によってあらわれた現象であったとみることができる。

山門使節と閉籠衆

それでは山門使節制度の成立は、具体的に、集会のありようとその結果なされる集会事書の発給にどのような影響を与えたのであろうか。ここでは末社北野社にあてられた二つの集会事書の様式と内容を分析することにより、こうした問題について考えてみることにしたい。

【史料5】

応永廿七年潤〔閏〕正月十一日十禅師彼岸三塔集会議曰、

早可下為二寺家沙汰一、被レ触中申北野社務辺上事

右天満天神者、円宗愛楽之神明山門崇重之霊神也、然間日吉与北野本末之旧好異レ于レ他、山門与洛中敬信之尊卑超レ餘、爰酒麴事聖廟垂迹已前被レ定二其業一、降臨已後殊為二神職依怙一、①頌 而頃年東京動恣二私曲一、構二麴室一之間、神祭已下零落之条、無二勿体一之次第也、幸為二公方一任二旧議一、御成敗之處、万一為二山門一得二非拠之語一、及二餘議一者、不レ可レ然

者也、以二一旦依怙一被レ悩二万年之神襟〔宸〕一之条、末社之衰微也、本山争不レ歎レ之乎、②仍向後於二酒麹一者、且任二　公方御成敗之旨一、且任二往古之故実一、専二西京麹業一、被レ止二東京麹室一之上者、堅為二山門一不レ可レ有二違乱之煩一、将又於二北野一者、自二往古一被レ止二公人乱入一之旨、③被レ定二大法一之上者、殊就二此事篇目一、万一雖レ有二公人等罷向事一、為二社中一堅相支、不レ可レ被二入立一者也、仍為二後証一、加二使節署判并三塔谷之連署一、所レ触二送社家一之状如レ件、

金輪院 法印弁澄在判　　杉生坊 法印暹春在判
乗蓮坊 阿闍梨兼宗同　　月輪坊 法印慶賢同

東塔南谷

一学頭十乗坊 執行法印権大僧都頼明在判　　瑠璃坊 二学頭法印権大僧都範慶同
南陽坊 法印権大僧都慶仙同　　実相坊 法印庭隆同
妙覚坊 法印権大僧都長慶同　　智蔵坊 法印覚教同
桐林房 法印玄慶同　　実蔵房 法印権大僧都幸恵同
福泉房 法印重運同　　報恩房 已講真舜同

無動寺

政所兼学頭金蔵房 法印権大僧都栄尊同　　円林房 法印春海同
御留守大善房 法印承秀同　　十妙房 法印正海同
蓮光房 法印俊賀同

東谷

十方院 一学頭法印賢泰同　　栄泉坊 法印行全同
竹中坊 二学頭法印弘尋同　　妙音房 法印賢清同

延命院　法印権大僧都昌海同　　真如坊　法印椿全同
蓮台坊　法印教玄同　　教光坊　法印浄全同
花王院　法印権大僧都証憲同

北谷

覚恩坊　一学頭法印権大僧都救運在判　　宝塔院　二学頭法印権大僧都叡忠同
西松井坊　法印清運同　　物持房　法印権大僧都源真同
心蓮房　法印権大僧都源運同

（中略）

在坂本人数

光薗房　法印良芸在判　　辻本房　法印覚憲同
月輪院　阿闍梨慶覚同　　法印直秀同

（中略）

護正院　阿闍梨隆円同　　善住房　阿闍梨最慶同
寂林房　ゝ隆阿闍梨承賀同　　田中房　阿闍梨承賀同

修理別当法印大和尚位芙兼

已上[46]

冒頭事書部分より明らかなように、この三塔集会事書は、山門大衆が延暦寺寺家を窓口とし、末社北野社の社務（別当）竹内門跡を宛所として作成したものである。周知のごとく、この前年の応永二十六（一四一九）年、将軍足利義持は、京都の酒屋・土倉による麴業を停止し、その麴室を破却させる一方、北野社西京神人に麴売買の独占権を付与した。[47] したがって、右事書傍線部②の「公方御成敗」とは、具体的には義持の敷いたこのような政策をさしている。そしてこのとき麴業停止に追い込まれた酒屋・土倉（＝右事書にみえる「東京麴室」）は、山門配下の酒屋・土倉であった。[48] すなわち右の事書は、山門側が、傍線部①にある末社北野社の「神祭」衰微を立て直す、という名目のもと、公方による西京神人に対する専売権付与と東京麴室の停止を承認し、今後山門として違乱しないことを誓約するため作成したものなのであった。そしてこの【史料5】で注目されるのは、各「谷」の学頭を含む一一二名もの山上山下の大衆がいっせいに連署を加えていること、そして傍線部③で示したように、その連署の筆頭に四名の山門使節の署判がおかれていることである。このことは、この日の三塔大衆の決議を主導したのが山門使節であったことを示しているものと考えられる。

ところで右の集会事書は、この八年後の正長元（一四二八）年、山門西塔閉籠衆から北野社松梅院に対し、「返渡」すことが命じられている。

【史料6】

正長元年八月廿七日山門西塔院閉籠衆〻議曰、

可三早相二触北野公文所一事

右一天之安全者専依二日吉之神光一、四海之静寧者併酬〔酬〕二吾山護持一矣、然間帝都乱二法度一時加二制誡一者先規也、故実也、爰為二末社〻官一順二諸門跡一、建二綱所一事、緩怠之至極下剋上之至也、不レ移二時日一可レ破レ之、是一、（中略）次麴事、京都土倉等致二其沙汰一之処、号二先例一令二停止一之、剰令レ書二起請文一、結句相二語傍族一取二調連署之状一、号二山上之下知一之条、希代不思議奸曲也、早速調レ之可レ返二渡閉籠衆一也、是五、所詮此等条〻存二如在一令二難渋一者、犬神人幷差二遣馬借等一、忽可レ破二却住坊一事、不レ可レ廻レ踵、其時定而可レ有二後悔一哉之旨、群議了、[49]

この集会事書は、西塔閉籠衆が北野社公文所松梅院禅能の押妨を止めるため、五つの命令を松梅院に下したものである。中略部分を含め、その内容を示すと、①松梅院の建てた綱所の破却、②政所職の曼殊院門跡への返還、③「芝」開発の停止、④境内に付した要害の撤去、⑤「京都土倉」の麹業停止に関する連署状の返付、を要求している[50]。このうちいま問題にしたいのは、⑤の要求に関する傍線部の文言である。ここで西塔閉籠衆が松梅院に返還を要求している「連署之状」とは、先行研究がすでに指摘しているように[51]、先に引用した【史料5】応永二十七年閏正月十一日付十禅師彼岸三塔集会事書であると考えられる。すなわち西塔閉籠衆はここで、かつて北野社社務あてに下された、北野社西京神人の麹業独占を認める内容の三塔集会事書を、松梅院が「相二語傍族一」用意し「山上之下知」と偽ったものであると主張しているのである。こうした点、及びそもそも西京神人の麹業独占が「東京麹室」を保護する立場にあった山門側の意向に反するものであったと考えられる点などから、応永二十七年の三塔集会事書（【史料5】）について、松梅院の造成である可能性を指摘する先行研究もある[52]。

　しかし先にも述べたように、【史料5】の連署の筆頭には、延暦寺内における「幕府権力の執行機関」「守護」としての役割を負っていた山門使節の署名がみられる。その一方、応永二十年代から三十年代にかけ展開する西京神人の麹業独占の背景に、北野社公文所松梅院禅能と将軍義持との密接な関係があったことも明らかにされている[53]。そして【史料6】の西塔閉籠衆集会事書の出された正長元年は、義持が死去し、義教が後を継いだ年で、義持時代に展開された北野社優遇策への不満が各方面から一気に噴出した年であった[54]。したがって、西塔閉籠衆が「相二語傍族一取二調連署之状一」と非難している松梅院禅能の行為の具体的中味とは、松梅院が、将軍義持との連携により、幕府「守護」山門使節を通じ三塔大衆の連署による集会事書を作成させたことを意味するもの、と解することも可能なのではなかろうか。

　このことと関連して想起されるのは、【史料6】の集会事書が作成される直前に、西塔閉籠衆が次のような動きをみせている点である。

【史料7】

　十二日、晴、去月二十七日以来、山門西塔釈迦堂閉籠了、連々以二山門使節乗蓮・杉生以下七人一訴訟条目雖レ被二尋仰一、対二使節一ハ不レ可レ申之由申切了、而昨暁自二閉籠衆中使者一此事書付一レ置管領二了、雖レ然以二使者一不二申入一者不レ可二披露一之由ハ対二彼使者一申了、但先以内密ニ申入者也、被レ達二上聞一時宜之様承者可二畏入一云々、使者斎藤因幡守也、此事書幷条目加二一見一処、無二殊題目一、凡条目廿一ヶ条也、明日可二披露一之由令二返答一了、[55]

冒頭部分より、閉籠衆が七月末から西塔で閉籠を行っていたこと、幕府が「山門使節」七人を何度も閉籠衆のもとへ派遣し、閉籠の理由を問い質していたことがわかる。すなわちここで山門使節は、幕府の意を受け閉籠衆との交渉にあたっているのである。そして一方の閉籠衆は、山門使節に対し「訴訟条目」を述べることなく、直接集会事書を管領のもとに届け、意思表明をしている。このとき作成された二一カ条から成る事書の内容がどのようなものであったのか、残念ながらいま知ることはできない。しかし閉籠衆が、ここで山門使節を介した幕府との交渉を拒否しているのは、閉籠衆にとって山門使節が、同じ大衆構成員でありながらも自らの要求貫徹を阻害しかねない存在であったからであったと考えられる。

実際、【史料6】の閉籠衆集会事書が北野公文所松梅院に下されたのち、閉籠衆対処に臨んだ室町殿義教は、山門使節行仙房・上林房の「堂々警固無沙汰」により、このたびの西塔閉籠が生じたとし、両者への「切諌」を管領に命じている。[56]すなわち山門使節は、幕府の意向を受け、平時より山門大衆の閉籠行為を防止する任務を帯びていたのである。

以上のことから、「閉籠」行為の合法化と閉籠衆集会事書の出現とは、使節制度の成立により内部矛盾をかかえることとなった大衆の、危機意識の増大と先鋭化を意味するものであったといえるのではなかろうか。【史料5】は、三塔集会事書にかわり閉籠衆集会事書が多量に発給され始める、そのちょうど境目の時期に発給されている。のちの閉籠衆にとって、そこに記された三塔決議の内容は容認しがたいものであるばかりでなく、使節連署を伴っている点でおよそ正当なものとみなしがたかったゆえに、北野社松梅院にその返還を求めたのではなかろうか。

こののち永享五（一四三三）年、根本中堂閉籠衆が山徒猷秀と公方奉行飯尾為種らの非法を訴えたのを契機として、著名な永享の山門争乱が起こる。[57]その際幕府に提出された閏七月二十日付大講堂三院宿老集会事書によると、閉籠の主体は、大衆の中でも特に「若輩」「若徒」と称される若者たちであったが、その主張は「満山一之群議」によるものであった[58]。他方、閉籠の首謀者の中に、山門使節円明坊がいたことからも明らかなように、この争乱を山門側にあって主導したのは、山門使節であった。下坂守氏によれば、すでに将軍義持の時代より、幕府の山門使節への締め付けが強化されていたところ、義教の時代に一層厳しくなったため山門使節の怒りが爆発し、争乱に至ったという[59]。結局根本中堂の回禄・閉籠衆の自焼、使節殺害をもって争乱は終結し、以後護正院をはじめ新たな使節が幕府によって補任され、幕府の山門使節を介した軍事・警察権の介入がより強化されていく[60]。その後の山門集会のありようについての検討は、今後の課題とせざるを得ないが、山門使節制度の成立が、山門大衆に分断と矛盾をもたらし「閉籠衆」の合法化という状況を生み出したこと、そうした矛盾がふくれあがる中で山門争乱に至ったことをここで確認し、節を終えることにしたい。

おわりに

これまでみてきたように、鎌倉後期における山門集会事書の成立は、大衆内部における個別利害を超えた一揆的結合の確立と、「一揆の力」の内外への表明を意味するものであった。しかしそうした「一揆」のありようは、室町幕府による山門使節制度の創設により、変質を余儀なくされていく。その変質とは、具体的には、延暦寺寺家の衰退と、「閉籠」行為の合法化による閉籠衆集会事書の出現、というかたちをとってあらわれた。そして室町期の山門集会は、幕府の命を受けた山門使節の「堂々警固」を前提に、行われるようになっていく。こうした状況は、従来の門跡―門徒関係のもたらす内部矛盾とは異質の危機を、山門大衆にもたらしたといえるだろう。

山門使節制度が成立するのとほぼ同じころ、室町幕府は、京都の有力山門末社であった祇園社・北野社に対し、内乱期より設置していた将軍御師職を通じた支配を、積極的に展開し始める[61]。御師職となった祇園執行職や北野公文所職は、ともに両社の神人・公人を統轄する位置にあり、両者の神人・公人はまた山門大衆の支配を受ける位置にあった(62)。すなわち山門使節制度の創設も将軍御師職の設置も、ともに幕府の山門系「寺社勢力」統制策の一環として位置づけることができるのである。そして使節や御師職の成立は、山門系「寺社勢力」にとって、他権門による集団統制を意味し、「寺社勢力」の自立性・自治を揺るがす結果を導いた。閉籠衆集会・閉籠衆集会事書の出現は、そうした「寺社勢力」の危機を象徴するものであったといえよう。その後の集会の展開についての検討はもとより、表に掲げた集会事書個々の内容分析など、まだまだ課題を多く残している。こうした点について、今後も考察を深めていくことにしたい。

(1) 黒田俊雄『寺社勢力—もう一つの中世社会—』(岩波新書、一九八〇年)。
(2) 豊田武「寺院議決機関の成長」『豊田武著作集第五巻　宗教制度史』(吉川弘文館、一九八二年、初出は一九三八年)第一編第三章。
(3) 相田二郎『日本の古文書』(岩波書店、一九四九年)。
(4) 勝俣鎮夫『一揆』(岩波新書、一九八二年)四九頁。
(5) 稲葉伸道「寺院の領分—中世の東大寺にみる—」週刊朝日百科別冊『歴史の読み方』5「文献史料を読む・中世」(一九八九年)二三頁。
(6) 下坂守「中世大寺院における寺家の構造」『京都市歴史資料館紀要』一〇(一九九二年、のち同氏著書『中世寺院社会の研究』〈思文閣出版、二〇〇一年〉に「延暦寺における『寺家』の構造」と題して所収)三二九頁。
(7) 本稿は、二〇〇一年度古文書学会大会における報告「集会事書発給にみる山門大衆の権力行使」をもとに、作成したものである。
(8) 前注(6)下坂論文。
(9) 衣川仁『中世寺院勢力論—悪僧と大衆の時代—』第一部第四章「閉門・閉籠と鎌倉期の延暦寺大衆」(吉川弘文館、二〇〇七年)。なお本章の「三　集会事書と大衆」において、筆者の二〇〇一年度日本古文書学会大会報告要旨(『古文書研究』五五号、二〇〇二年）を引用していただいた。ここに感謝申し上げる。

(10) 下坂守「中世寺院における大衆と『惣寺』」『学叢』二二（二〇〇〇年、のち前注(6)同氏書に所収）。

(11) 前注(10)下坂論文、前注(6)書、一九九頁。

(12) 「山上」の「政所」は、「山家要記浅略」（『続群書類従』第二七輯下）所載「本院政所」の項に、「爰以至二今世大衆蜂起一先到二此峯一、鳴二三響洪鐘場一同之音一動集或議」とあることから、東塔に存在していたものと考えられる。

(13) 河内将芳「室町・戦国期における京都法華教団の政治的位置」『歴史学研究』七三一号（一九九九年）。

(14) 『園太暦』貞和元（一三四五）年七月十九日条。この政所集会事書は、著名な天龍寺落慶供養に対する山門嗷訴に関連して、山門大衆が提出した集会事書である。このとき、政所集会事書・公文所注進状を、左大臣洞院公賢のもとに届けている兼運僧都は、暦応二（一三三八）年に寺家執当職にあったことが知られるが（前注(6)下坂論文、表3「延暦寺執当・三綱一覧」による）、このときの立場は不明である。

(15) 網野善彦「寺社文書」日本歴史学会編『概説古文書学　古代・中世編』（吉川弘文館、一九八三年）。

(16) 前注(6)下坂論文。

(17) なお「山上」の「政所集会」が「山下」に対し指示を行う場合には、「寺家」を宛所とする「政所集会事書」が発給され、同じ「山上」内にある各塔・谷に対し指示を行う場合は、「寺家」を通さず、直接各塔・谷を宛所とする「政所集会事書」が発給された。

(18) 前注(6)下坂論文。

(19) この事件が発端となって、著名な永享の山門騒乱が起こった。事件の経緯とその後の展開については、太田順三「永享の山門騒乱とその背景」『佐賀大学教養部研究紀要』第一一巻（一九七九年）、及び桜井英治『破産者たちの中世』（山川出版社、日本史リブレット二七、二〇〇五年）を参照。

(20) 『看聞御記』永享五年閏七月八日条。

(21) ただし表No.83のように、山門使節→管領（→公方）というルートをたどる場合もあった。

(22) 『菅浦文書』二八一号、文安三年二月二十五日付檀那院集会事書。

(23) 『菅浦文書』一一九号、二月二十九日付護正院代等連署添状。

(24) 正安元年二月五日付山門衆会事書（『鎌倉遺文』二〇一〇七号）。
(25) 『天台座主記』正元二年正月十一日条。
(26) 前注(9)衣川論文。
(27) 衣川仁「中世延暦寺の門跡と門徒」前注(9)書（初出は『日本史研究』四五五〈二〇〇〇年〉）第一部第二章。
(28) 『鎌倉遺文』一三七三四号。武覚超『比叡山三塔諸堂沿革史』（叡山学院、一九九三年）により、「花台院」（華台院）を横川の院家と判断した。なお本事書については、衣川仁氏が、「大衆が個別集団の『衆儀』自体にも『満山』同様の価値を見出している」事例として紹介されている（前注(9)論文）。
(29) なぜ集会における誓約・議決内容の文書化が常態化したのか、その理由について考察することは今後の課題である。ここではさしあたり、議決内容の明文化が、門跡―門徒体制の束縛から大衆の一揆を保障する役割を果たした可能性を想定しておきたい。
(30) 前注(4)勝俣書「一　一揆とは何か」。なお勝俣氏は同書において、「一味同心」という言葉が、仏教の「一味和合」から生まれたものではなく、民族的神事・祭祀奉仕集団、祭などを胎盤として生まれたものであること、寺院集会のありかたも、日本における「伝統的な『一味同心』観念」によって支えられていたことを、あわせて指摘されている。
(31) 拙稿「南北朝期における山門・祇園社の本末関係と京都支配」『史学雑誌』第一一〇編第一号（二〇〇一年）。
(32) 下坂守「山門公人の歴史的性格」前注(6)下坂書（初出は『奈良史学』一一〈一九九三年〉）。
(33) 「社家記録」正平七年二月二十一・二十三日条（『八坂神社記録』上、二一七～二一八頁）。
(34) 「社家記録」正平七年二月二十六日条（『八坂神社記録』上、二二一頁）。なお初度の法華堂破却に関する集会事書が届けられた際にも、「法花堂事々案、昨日以寄□□(方申)遣犬神人之処、可二存知一之由、今日寄方申レ之」とあるように（二月二十三日条、前注(33)参照）、祇園執行から犬神人に事書の案文が送られている。
(35) 史料纂集『北野社家日記』第四巻、二一五～二一六頁、永正七年正月十四日条。
(36) このことは、「事書」の本質が「それが用いられた訴が、文書提出に始まって裁決に終る手続の全過程において、通常の法の適用を一切拒絶しようとする具体的な意志の表現にあ」り、中世の寺社訴訟が、「通常の理非に超越する特権にまもられ」、「嗷訴は、中世人にとって悪しき裁判の代名詞であった『一方向の裁許』の極であ」ったとされる笠松宏至氏の指摘を想起させる（「中世の政治社会思想」『日本中世法史論』〈東京大学出版会、一九七九年〉一七二頁）。

(37) 前注(32)下坂論文。
(38) 「社家記録」正平七年四月十七日条(『八坂神社記録』上、二四二頁)。
(39) 「社家記録」正平七年五月十・十一日条(『八坂神社記録』上、二四七頁)。
(40) すでに旧稿でふれたように、室町幕府は、犬神人による検断行為を、「路次狼藉」とみなし、祇園執行に派遣停止を求めていた(「社家記録」正平七年五月二十日条、及び前注(31)拙稿)。
(41) 前注(9)衣川論文。
(42) 下坂守「『山訴』の実相とその歴史的意義」河音能平・福田榮次郎編『延暦寺と中世社会』(法蔵館、二〇〇四年)。
(43) 前注(10)下坂論文。
(44) 下坂守「山門使節制度の成立と展開」前注(6)書(初出は『史林』五八—一〈一九七五年〉)第一篇第一章。
(45) 前注(6)論文の「むすび」において、「南北朝時代末に室町幕府が山門使節制度をもって大衆内の有力者を直接組織しはじめるや、寺家がただちにその公的な執行機関としての内実を失っていった」と述べておられる。
(46) 『北野社家日記』第七巻、二五~三二頁。
(47) 『北野天満宮史料　古文書』七号、五~六頁、及び、同一〇~六一号、七~三四頁。
(48) 前注(19)桜井書、及び早島大祐「清水克行『室町社会の騒擾と秩序』書評」『歴史学研究』八一一号(二〇〇六年)。
(49) 『北野社家日記』第七巻、二〇~二一頁。
(50) この西塔閉籠衆による「山門訴訟」が、著名な正長の徳政一揆を勃発させる引き金となったことは、清水克行「正長の徳政一揆と山門・北野社相論」『室町社会の騒擾と秩序』(吉川弘文館、二〇〇四年、初出は『歴史学研究』七七一号〈二〇〇三年〉)に詳しい。
(51) 前注(19)参照。
(52) 同右。
(53) 前注(19)太田論文、小泉恵子「松梅院禅能の失脚と北野社御師職」『遙かなる中世』八号(一九八七年)、清水克行「足利義持の禁酒令について」前注(50)書(初出は『日本歴史』六一九号〈一九九九年〉)。
(54) 前注(50)清水論文。

(55)『満済准后日記』正長元年八月十二日条。
(56)『満済准后日記』正長元年八月二十九日条。
(57)永享の山門争乱については、前注(44)下坂論文、前注(19)太田論文、前注(19)桜井書等に詳しい。
(58)『看聞御記』永享五年閏七月二十五日条。
(59)前注(44)下坂論文。
(60)小風真理子「山門使節と室町幕府―永享・嘉吉事件と護正院の台頭―」『お茶の水史学』四四号(二〇〇〇年)。
(61)拙稿「南北朝期京都における領域確定の構造―祇園社を例として―」『日本史研究』四六九号(二〇〇一年)、同「北野祭と室町幕府」五味文彦・菊地大樹編『中世の寺院と都市・権力』(山川出版社、二〇〇七年)など。
(62)前注(31)拙稿、及び同「中世寺社の公人について」『部落問題研究』一八一号(二〇〇七年)。

Ⅱ部　越境する人脈

1章　院政期の挙状と権門裁判——権門の口入と文書の流れ

佐藤雄基

はじめに

「人のつながり」という次元から社会構造・政治秩序を捉え直そうという試みは、フランス近世史を中心とするソシアビリテ（社会的結合）論などに代表されるように現代歴史学における大きな潮流である。日本中世史研究は、日本近世史などに比べて大きな史料的制約を伴いつつも、「イエ」や寺院・惣村・一揆などの研究において諸組織・諸集団の結合原理・実態を解明することで豊かな成果を提示してきた。次の段階としては、それらの成果を踏まえた上で、集団や組織の枠に収まらない（あるいは収まる前段階の）人と人とのつながりに注目することで、社会構造や集団・組織のあり方を捉え直すことが課題となろう。

この課題を踏まえて、本稿では、文書がどのような経緯によって用いられて現実に如何なる効力を発揮していたのか、という「機能」に注目する。具体的には、訴訟への口入に際して用いられる挙状の機能論的検討を行う。口入という中世語は、裁判に関する用例においては、自分の沙汰（管轄）ではない事項に関する働きかけや有力者の働きかけを指す(1)。挙状とは所謂推挙状であり、中世社会においては官途推挙などに幅広く用いられていたが、本稿では訴訟において訴状に副えられる挙状を対象とする。挙状を介した文書群の「流れ」から、その背景にある「人のつながり」を考えるというのが、本稿の基本的な方法である。

訴訟の際の挙状に関する唯一の専論である橋本初子氏の研究は、鎌倉後期・南北朝期の公家訴訟において、本所の挙状を「職の体系」に沿って「権門体制」の提訴ルートに訴状を「載せる」文書として論じている。(2) 橋本氏の研究を踏まえた現在の一般的な理解は、村井章介氏が整理したように、各本所の法圏内部の訴訟は、原則としてその本所裁判によって処理されるが、本所間相論の場合、(挙状を介して)朝廷や幕府の裁判に持ち込まれており、本所の挙状とは、本所の裁判権を前提にして、その限界を示す文書である、というものであろう。(3)

このように下から上へ提訴ルートを上がっていくイメージの「本所の挙状」論は、朝廷・幕府において訴訟制度が整備される鎌倉中後期を念頭においた理解である。だが、本稿でみていくように、その理解に当てはまらないかたちで、訴状を挙達する機能を果たす文書は多い。そこで訴訟制度の整備される鎌倉中後期から一旦離れて、訴訟制度の固まっていない院政期の挙状を取り上げて、その特徴を考察することにする。なお院政期に諸権門が「裁判」を行っていたことはよく知られており、従来の研究では一般的に「本所裁判」と表現されてきたが、本稿では、必ずしも本所権に基づかない権門の裁判も含めて考察するため、川端新氏にならって「権門裁判」の語を用いることを断っておく。(4)

ところで院政期の挙状に関する研究は、摂関家領荘園の預所から本所の摂関家政所に提出された挙状の事例を整理した川端氏の遺稿ぐらいである。(5) 従来、裁判制度が未整備であった院政期においても、本所の裁判権に関わらない挙状が重視されてこなかったのは、諸権門による「裁判」に対する研究史上の「視角」に関わる問題ではないかと考えられる。(6)

院政期の権門裁判は、太政官裁判制度を重視する下向井龍彦氏の研究を批判的に受けとめつつ、太政官裁判との訴訟管轄を中心にして分析され、太政官裁判とは別系統の世界(美川圭)(7)、あるいは非自立的(井原今朝男)(8)、ないし相互補完の関係(川端新)(9)を築いていたことが指摘されている。特に川端氏の研究によって、明確な訴訟管轄というよりは政治状況によって、訴訟案件がどの法廷（太政官裁判あるいは権門裁判）で審理されるかがその都度決められていた、という院政期の実態が明らかにされたことは重要である。

さらに自ら本所権を有さない案件についても、権門は在庁官人や郡司刀禰に宛てて下文を出していたことが川端新氏によって指摘されている。川端氏の晩年の研究をみると、下文発給の前提として国衙在庁以下の在地に対する院・女院・摂関家の「命令権」を想定していたように思われる(10)。これは川端氏に限った見方ではなく、従来の研究では、太政官か諸権門か、誰であるにせよ、最終的には誰かが行使すべきものとしての「裁判権」を想定する権限論的な発想があり、その前提に立って、管轄をめぐる諸権力間の関係が論じられてきたように思われる。そのために挙状は重視されてこなかったのではないか。だが、そもそも一定の「裁判権」の存在を挙状発給の前提としてア・プリオリに想定することができるのだろうか(11)。その一方では、どのような手続きに基づいて在地の訴訟が権門に挙達され、権門の「裁許」がどのように受容されて在地の紛争に折り合いが付けられるのか、といった基本的な問題が充分には検討されてこなかったように思われる(12)。

以上の問題を踏まえて、本稿では、三つの論点を提示し、三節に分けて論ずる。第1節では院政期において（本所裁判の範疇に属さない）挙状の実例を発掘し、「本所の挙状」を相対化する手掛かりを得ること、第2節では挙状という視点から院政期の「権門裁判」の機能を捉え直すこと、第3節では院政期のあり方を前後の時代と比べ、権門の口入を制限する本所法が生成するという院政期末期の動きに注目することにしたい。

1　権門の挙状と口入

権門の挙状と寄沙汰・寄進

本所権に基づかずに発給された権門の挙状の事例をみる。但し、挙状そのものの実例がほとんど伝来していないので、関連史料の中に間接的に現われる事例を収集するという手続きを踏む。

伊賀国鞆田は十一世紀中葉以来、東大寺・国衙・私領主の権益が絡み合う係争地であった。承保四（一〇七七）年十月二十三日付で、鞆田の私領主の覚増は二通の文書を作成した[13]。まず大納言源俊房に訴える訴状[14]では、元慶（八七七～八八五年）以来の所領の由緒を主張して、伊賀守藤原親房宛に「御教書」を発給してもらうように嘆願している。俊房の「御教書」とは、国衙からの濫妨停止を伊賀国司に訴えるもう一通の同日付の訴状[15]を国司に推挙する挙状であると考えられる。別件であるが、伊賀守藤原親房は源俊房の許に推参し、官職推挙の挙状を得ようとしている人物であることから[16]、俊房から親房への働きかけを期待して、覚増は俊房に口入を求めていると考えられる。

この後も鞆田をめぐる係争は解決しなかった。白河院政期の承徳元（一〇九七）年には、平正盛の仲介によって寄進・立荘が行われることで、鞆田荘は六条院を本所に戴く王家領荘園となる[17]。だが、このときの寄進自体が「古券」があると称して寄進したものであるとして後に東大寺から批判されたように[18]、この立荘によって係争が解決することはなく、六条院・伊勢平氏と東大寺との相論が院政期を通じて展開する[19]。

同様の事例は、大伝法院についても確認できる。仁安三（一一六八）年三月日付紀伊国大伝法院僧徒解[20]は、高野山金剛峰寺の濫妨を停止するように求める訴えである。その中で大伝法院僧徒たちは後白河院の許に訴えが達するように「禅定法親王御挙状」を獲得することを仁和寺僧の伝法院僧都信鑁（後に隆海と改名）に求めている[21]。「禅定法親王」は鳥羽院皇子である仁和寺御室覚性である[22]。大伝法院の本寺は高野山金剛峰寺であり、その本所は東寺長者であるが、横内裕人氏が指摘するように、大伝法院は金剛峰寺・東寺長者の支配から逃れるため、仁和寺御室を介して院権力と結ぼうとしていた[23]。御室の挙状の獲得もまたその動きの一環であり、大伝法院と仁和寺御室を仲介したのが伝法院僧都信鑁である。これは既成の本末関係によらない挙状獲得の事例であるが、こうした法廷の変更を伴う訴訟当事者の動きは、一般に寄沙汰といわれている（第2節で後述[24]）。

さらにこの五年後の承安三（一一七三）年には、隆海（信鏤）によって大伝法院座主職が仁和寺御室に寄進されている。[25]この大伝法院の事例では寄沙汰と寄進とが前後して現れている。片方の寄沙汰・寄進によって紛争は終結を迎える訳ではなく、鎌倉期に至るまで金剛峰寺と大伝法院の対立は激化することに注意したい。

前述の鞆田の事例では、挙状発給者と挙状の宛先との間の私的な関係によって挙状が機能する姿をみたが、大伝法院の事例では沙汰を寄せて挙状を発給してもらう行為自体が、挙状申請者と挙状発給者との間の様々な関係の設定と深く関わっている。権門の挙状は様々な縁をたどって機能する。挙状を求める動き自体が縁自体を新たに生み出しており、寄沙汰・寄進による荘園制形成の運動と不可分であった。

預所の挙状と本所の挙状

次に立荘後の挙状発給のあり方を検討する。前項で扱った伊賀国鞆田荘をみると、天永二（一一一一）年十二月十四日付で鞆田荘住人等二五名は連署して訴状を作成し、荘内の東大寺封戸に事寄せた東大寺使による不当な賦課を停止するように東大寺に働きかけることを「本家政所」に嘆願している。[26]端書や端裏書から、平正盛がこの訴状に書状を副えて東大寺に送っていることが分かる。このとき平正盛が副えた十二月十九日付書状[27]は、東大寺御封の沙汰について「使者」を参上させるので訴訟の事情を尋ねてくださいというものであり、住人等の訴状を東大寺に推挙する挙状としての機能を果たしていたと考えられる。平正盛は、鞆田荘の寄進・立荘の仲介者で、預所となっていた。

また、訴状の形式上の宛所は鞆田荘の本所の六条院であるが、実際には東大寺使の本所である東大寺に送られていることに注意したい。十一、十二世紀には在地住人が訴訟を起こす際、国司や他の本所に御教書を送って働きかけてもらうように本所に要求する訴状を作成していたが、その訴状は国司や他の本所によって外題（訴状の主旨を認可する旨の文言）が記入された状態で伝来している。[28] 本所は御教書を挙状として訴状に副えて、(本所宛の)訴状を朝廷や国司、他の権門の許に送り、外題を付してもらい、その訴状自体が所領の権利文書として伝来したのだろう。様式的には本所宛の訴状であるものの、実際には本所の挙状を伴って訴訟解決能力をもつ関係機関に送られていたという文書は、同時期に広くみられるものである。鞆田荘の事例では、本所の六条院ではなく、寄進の仲介となった預所のレヴェルで挙状が発給され、他の本所に送られたという事実が重要である。

もう一つの事例を確認しておく。保安四(一一二三)年四月十一日付の春日社領大嶋荘下司伴常国解[29]は、川原寺住人による押妨を「本家政所」(春日社)に訴える訴状であるが、大嶋荘の領主で興福寺僧である宗覚の四月二十五日付書状[30]が副えられて、川原寺の本寺である東寺に送られている。[31] 春日社領である大嶋荘の訴状は、「本家政所」(春日社)を宛所としたが、実際には領主宗覚の挙状によって東寺に送られたのである。

以上、預所が強い権限をもつ荘園の事例を検討した。それでは預所が本所から補任された場合、預所の挙状と本所の挙状の関係について、どのように考えるべきであろうか。これらの問題を考える際に興味深い事例が、保安三(一一二二)年と長承三(一一三四)年における東寺領伊勢国大国荘の専当(下級荘官)である菅原武道の訴状の動きである。[32]

菅原武道は保安三年三月十一日という同じ日付で二通の訴状を作成しているが、「本家政所裁」を請う訴状の三カ条目の一節が注目される。[33] それによれば、保安二年八月の櫛田河の大洪水によって田地が流出したが、その復興のために溝を作り直す際、神宮権禰宜の荒木田延能・延明父子の所領である飯野郡稲木村の刀禰住人等が無理に溝を広げて、大国荘の田地を押領したという。[34] そこで大国荘側は、元のように古溝を掘り直すようにと、権禰宜たちの属する伊勢大神宮司庁に度々訴えたが、[35] 大神宮司は取り合わないままに上京してしまった。その段階に至って、武道は本所の東寺に宛てて三月十一日付の訴状を作成し、同日付の大神宮司宛の訴状[36]を在京する大神宮司に遣わして、稲木村刀禰住人等に掘り直しを命ずる「外題」を訴状に加えさせた上で、その外題を大国荘に下すように東寺長者に求めている。

ここで重要なのは、大神宮司の上京以前、武道は自ら大神宮司に「触訴」えていた事実である。大神宮司宛の武道訴状が「実検使を遣わし、道理に任せて掘り直さしめらるべきの由、度度中文ならびに書状を送り奉る」と述べる通り、武道は大神宮司に度々「中文」と「書状」を送っていた。それでは「書状」とは誰の書状であろうか。東寺長者の口入を求める前段階なので、東寺長者の御教書とは考えられない。中文を書いた武道自身の書状でもないだろう。

この問題を考えるために、長承三年の同荘の事例をみていく。同年に比定される四月十六日付内膳正資清書状(37)は、文末の披露文言からみて、東寺長者の定海の坊官に宛てられた書状であるが(38)、「大国御庄専当武道申文」を東寺長者の許へ送った上で、東寺長者に「御教書」を副えて伊勢祭主の許に送るよう依頼する文書である。

同年に比定される七月十日付の内膳正資清書状(39)によれば、七月時点で資清は「祭主外題」ならびに「御書請文等」を受け取っている。四月の時点で東寺長者の許に送られた大国荘の申文は、その後、本所の挙状である「御書」（東寺長者御教書）を副えられて伊勢祭主に送られたが、その訴状に祭主が外題を加え、「御書」への請文を副えて、東寺長者へ送り返したらしい。祭主から送られてきた「祭主外題」ならびに「御書請文等」は、東寺長者から資清へ送られ、資清から大国荘の現地荘官（専当武道）に送られたのだろう。

以上の文書の伝達過程をみると、荘園の代表として訴状を出すのは専当の武道であるが、その訴状に副状・挙状を副えて荘園とその外部（東寺）を結ぶ文書伝達の要に位置するのは資清である。東寺百合文書に残されている資清書状群から、資清は都鄙を往還して本所の東寺長者と大国荘を結びつける役割を果たしており、預所に相当する存在であることが分かる。資清は内膳正の地位を活用して東寺長者から荘園経営を請け負ったのであろう(40)。

この資清書状の機能は、預所の挙状に相当する。この事例から推定するならば、専当武道の解を直接大神宮司に送る際に副えられた保安三年の「書状」もまた、資清（あるいは資清の前任者）の預所の挙状であると推定できる。挙状が発給され、その段階で訴訟先に直接挙達される場合もあれば、それが困難な段階など、より上位の権威を仰いで、預所の挙状によって本所へ挙達して、「本所の挙状」を得て訴訟先に送る場合もあったと考えられる。後者の段階の預所挙状こそ、川端新氏が摂関家を素材にして論じた預所の挙状に他ならない。(41) 荘園からの訴状は預所の挙状を副えられて摂関家執事へ伝達されたと川端氏が論ずるように、摂関家領荘園においても預所が中心的な役割を果たしていたのである。

預所の挙状に相当する文書は摂関期に遡る。東大寺領摂津国水成瀬荘に関する天喜四（一〇五六）年三月十日付の散位三善為時書状(42)は、東大寺別当覚源の坊官に宛てられたものであるが、同荘の造宮材木免除を認めた「宣旨案文」を提示しつつ、覚源の許から摂津守の許に「御消息」を送って、摂津国衙からの材木の勘責を停止してもらうように要請している。この書状は、摂津国衙の濫妨を訴える「田堵申文」を東大寺別当に推挙する挙状であり、この申文は本所の挙状である東大寺別当御教書を副えられて摂津守の許に送られたのだろう。

三善為時は外記経験者であり、(43)「宣旨案文」などの関係文書を預かり、寺領荘園の経営を請け負っている。院政期には、明法家の中原明兼が水成瀬荘の「庄預所」として関係文書を預かって相論関係を含む荘園経営を担っていることが確認できる。(44)「預所」という名称こそ確認されないが、為時は明兼と同様の存在である。(45)

十一世紀は国衙・本所間相論が激しくなり、流動的な社会状況が生まれていた。その時期の相論において、三善為時のような存在が在地と国衙・本所の結節点にあって重要な役割を果たしていた。前項を踏まえれば、彼らが寄進・立荘の仲介者として預所となり、荘園制形成に関わって挙状を発給するようになるのが、院政期の特徴であるといえる。

以上、本節では主に次の二点を論じてきた。

第一には、本来裁判権を有さないような問題についても、沙汰を寄せられた権門の挙状が発給されることである。院政期には、権門の挙状発給（口入）は寄沙汰や寄進をはじめとする荘園制形成の運動と関わり、十一世紀（摂関期）以来の流動的な社会状況を反映していた。

第二には、立荘後は院・摂関家などの権門を本所として戴くが、実際に在地の訴状を受けてまず挙状を発給するのは預所クラスであることを論じた。彼等は階層的には中下級貴族で、権門につらなって都鄙間を結び、在地の相論に口入し（機を得て寄進・立荘を仲介し）た存在である。実際の仲介者・口入人である「預所の挙状」を媒介に、下からの要請に応じて、本所の権威を仰ぐかたちで、「本所の挙状」は選択的に求められた。本所固有の裁判権の存在を前提にして、何か裁判権があるから必ず挙状が必要であったという訳ではない。

2　権門裁判と口入

権門の挙状とその機能

本所権に基づかない挙状が発給され、権門の口入に用いられたという事実は、院政期の「権門裁判」において、必ずしも直接管轄下にない国郡にも下文を発給したという問題に関わってくると考えられる。そこで本節では権門の挙状の機能から権門裁判を捉え直す。管見の限り最も早い、数少ない権門の挙状の実例の一つをみておきたい(46)。

（端裏）
「左衛門尉師行訴田畠事」
左衛門尉師行申文一紙副二券文幷雑物日記一献レ之、如レ令レ申者、頗有二其理一、早任二文書旨一、可下令二裁定一給上、子細備二申文一耳、
謹言、
三月六日　　修理大夫（花押）奉
謹上　遍照寺法務御房

この関連文書として康和四（一一〇二）年三月日付源師行解案(47)と康和四年三月日付東寺政所下文案(48)が伝来している。これらの関連文書と花押から判明するように、この文書は康和四年の修理大夫藤原顕季の奉書（花押の下に「奉」字）であり、「左衛門尉師行申文一紙」に券文と雑物日記を副えて、東寺長者の経範に献ずる旨を記したものである。

この顕季奉書は、珍皇寺別当による不当な賦課を訴える源師行の訴状を珍皇寺の本寺である東寺政所に挙達し、珍皇寺敷地内の師行の堂地の地子・雑事の免除を認める東寺政所下文を引き出す機能を果たしていた(49)。東寺政所下文には顕季奉書への言及はなく、その働きが非公式のものであったと推察される。政所下文は案文が伝来しており、その正文が受益者の師行に渡されたと推定されるのに対して、訴えが東寺に受理された時点で役割を終えた顕季奉書は正文が東寺に伝来したと考えられる。これらの点から、顕季奉書は挙状としての機能を果たす文書であることが分かる。挙状のような手続文書は保管されにくい性格の文書であるために伝来数は少ないが、決して例外的な存在ではなかった。

次に関係者を整理する。この藤原顕季は白河院の有力な近臣である。他方、師行は頼信流の河内源氏であり(50)、一貫して摂関家に奉仕した京武者である(51)。河内源氏の師行にとって、自分の訴訟に便宜を図ってもらう本所とは摂関家であるべきであった。

それでは何故、師行は白河院近臣の藤原顕季を頼ったのか。一般的な背景として、当時の政治情勢が指摘できる。当時の状況をみると、この康和四年、摂関家の後継者の忠実はまだ関白に就任しておらず、摂関家の勢力が衰えていた時期である。また、東寺長者経範は白河院との関係が深かった(52)。これらの点を踏まえると、顕季奉書は白河院の内々の院宣という性格を有していたことが分かる。下から上へという挙状の一般的なイメージとは異なるが、訴状を取り次ぐという機能の点では、この顕季奉書は挙状として理解される文書である。藤原顕季は康和年間頃から珍皇寺への関与を深めており(53)、師行と院とを結ぶ仲介役となったのであろう(54)。こうして師行は顕季を仲介に、東寺長者経範への働きかけを期待して、主人の摂関家ではなく院を選択したのである。

さらにこの顕季奉書では、「申さしむごとくんば、頗るその理あり」すなわち「師行が申す通りならば、実に道理のあることです」という文言が注目される。東寺の本所内の相論に対して理非判断は留保しつつ、もしその通りならば裁許してくださいと、訴状の実現を働きかける機能を果たす文言である。挙状の機能はあくまでも推挙であり、それ自体は公験とはならないが（この場合の公験は東寺政所下文）、現実の力関係如何では暗黙の強制力を帯びて、院の「裁判」として機能することに注意したい。挙状と裁許状との間の距離は意外に近いのではないだろうか。次項ではこの観点から権門裁判の機能をみることにしたい。

権門裁判の機能

まず「権門裁判」において発給された文書の様式をみるために、以下引用する。[55]

前太政大臣家政所下　伊賀国矢川中村在郡司

可下早遣レ使、任二相伝文契幷当任国司免判一、令上レ徴二所当加地子一、覚樹僧都領田畠参拾町事、

右、彼領使藤井友国解状云（中略）者、如二解状一者、近国所為太非常也、早遣レ使、任二相伝文契幷当任国司免判一、可レ令レ催二徴所当加地子一之状、所レ仰如レ件、在地郡司等承知、依レ件行レ之、不レ可二違失一、故下、

長承二年十二月十七日　案主紀

別当左衛門権佐藤原朝臣（花押）　知家事右史生紀

（二名連署後略）

長承二（一一三三）年、伊賀国黒田荘矢川・中村の覚樹僧都領から、名張郡司の妨害を訴える訴状が藤原忠実家に出された。それに対して、十二月十七日付で郡司の押妨停止を求める政所下文が「伊賀国矢川中村在郡司」に下された。

この文書は権門裁判の裁許の性格を考える上で従来も取り上げられてきた文書である。井原今朝男氏は伊賀国の知行国主としての摂関家の裁定であると解釈したが[56]、川端新氏が実証したように当時の伊賀国は摂関家の知行国ではなかった。[57]覚樹僧都の提訴が忠実のところに持ち込まれたのは、覚樹の姉妹の師子が忠実の室であるという縁による。[58]つづいて川端氏は「摂関家で扱われる相論が、井原氏のいうように一方当事者が摂関家家産内部のものとは必ずしも限定されない」こ

とを論じ、「この判決が実際に知行国でもない伊賀国の国司や郡司の押妨を停止するために有効に機能したか」という疑問を呈している。だが、全く効力を期待できない政所下文を訴訟当事者が欲するものだろうか。当時の伊賀守藤原光房は摂関家の家司である。(59)それ故に摂関家には主従関係を通じた有効な口入が訴人から期待されていたのである。

院政期には、このように院や摂関家が直接管轄下にない在庁官人や郡司在地刀禰に下文を下している事例が多く、一見して裁許状の形式をとっている。だが、まず解状（訴状）を引用した後に、「解状のごとくんば、申す（ところ）尤もその理（あり）」として、解状の通りならば、道理があることだからその通りにせよという文言が見出されるように、理非の判断を自ら下さず、持ち込まれてきた訴えを一旦そのまま認めてしまう一種の「事実者」（ことじちたらば）型裁許であることに注意したい。「事実者」型裁許は裁判手続きがまだ充分発展していない段階における問状と裁許状との未分化な状態と評価されている。(60)だが、こうした文書を裁許状の範疇で捉えてしまうと、今回指摘したような、管轄下にない在地諸機関宛の院庁・政所下文について、権門が如何なる権限・指揮権をもっていたのかが問題となってしまう。文書をみると、理非を判断するものではそもそもなく、片方の当事者の訴えに応じて、訴状とその証拠文書を自分よりも下位の寺院や在地に下してその実現を働きかけることを目的としたものである。すなわち初期の権門裁判の裁許状にみえる「事実者」型の文言は、裁許状と問状との未分化な形態として理解するよりは、理非判断を保留したまま、郡司や在地刀禰のような在地の関係機関に訴状を伝達して、その実現を働きかけるという性格をもつのではないだろうか。

ここで想起されるのは、前掲の藤原顕季奉書においても、「事実者」文言と同じように、「申さしむごとくんば」として、訴状の内容に理非の判断を加えず、師行の訴えの通りであるならば裁許を下すようにと東寺長者へと働きかけを行う文言がみえることである。挙状は寄せられた沙汰について自ら理非を審理することなく、訴状とその証拠文書を朝廷や他の権門に挙達して、その実現を働きかける文書である。そう考えれば、所管関係がないのにもかかわらず、事実者という留保をつけながら、訴状を伝達し働きかけるという機能において、下文は先にみた院の挙状との共通性を有している。裁判権を前提とした裁許というよりは、口入とみたほうが本質を捉えやすいのではないだろうか。

同様の事例として、永保二（一〇八二）年十二月日付陽明門院庁下文[61]は、「伊賀国名張郡司幷在地刀禰等」を宛所とする文書であるが、藤原保房の矢川・中村両村の領知を命ずる裁許状の形式をとっている。だが、実際には藤原保房の訴状を引用した後に、「解状のごとくんば、申す（ところ）尤もその理（あり）」として、訴状の通りであるならば、道理があることだからその通りにせよという文言の見出される「事実者」型裁許である。

ちなみにこの院庁下文は、保房によって証拠文書として進上されていた「所帯公験幷国司庁宣調度文書等」の施行を在地に働きかけるという形式をとる。ここで言及されている国司庁宣とは、保房の訴状によれば、春宮大夫藤原実季の口入によって伊賀守藤原清家から獲得したものであるらしい。実季は白河院の「執当之院司」といわれた人物であるのに対して[62]、清家は摂関家藤原師実の執事であり[63]、保房自身は陽明門院蔵人であった[64]。保房は白河天皇近臣から摂関家家司受領に働きかけてもらった上で[65]、最終的には自分の主人である陽明門院の口入を頼ったのであろう。様々な縁故や関係によって訴訟が動いていく様子がうかがえる。

こうした文書の初見は、延喜二十（九二〇）年九月十一日付の「丹波国衙」宛の右大臣藤原忠平家牒[66]である。一見裁許状にみえる権門の発給文書の早い例であるが、丹波国大山荘に関する東寺伝法供所の訴状を引用して、丹波国に東寺の訴えを伝え、「事実者」その通りにせよとしている。このときの東寺伝法供家申状は伝来しているが[67]、忠平家に対して「政所御牒」を国衙に出して働きかけてもらうことを望む文書である。

承平元（九三一）年にも伊勢国川合・大国荘をめぐる相論において、東寺が「検校大殿」（藤原忠平）の家牒を申請して賜っていたことが知られる[68]。すなわち忠平は東寺の検校すなわち俗別当であった。その家牒を伴って伊勢国に下ったのは東寺僧の小寺主僧真演であり、実際の伝達は東寺が担ったらしい。東寺は丹波国との交渉を有利に進めるために、検校の縁を頼って、政界の有力者である藤原忠平の家政機関の発給文書である家牒を獲得して、自ら家牒と訴状を伴って国衙との交渉に望んだのであろう。なおこの家牒の書止文言は「以牒」であり、上申調の「謹牒」、下達調の「故牒」に比べて、対等な関係に近い書札礼である[69]。この点も踏まえれば、この家牒は、裁許状というよりは、東寺の訴状を国衙に推挙する機能を果たしたといえる。

現存する家牒において、権門の口入としての機能が確認できる文書は、この忠平家牒のものだけである。だが、十世紀初頭のいわゆる寛平・延喜の改革によって、国郡制に基づく審級制的な律令裁判制度の原則を再確認し、王臣家の在地への関与を禁ずる法令が発令されたことを想起されたい[70]。その法令によれば、九世紀後半には王臣家が在地の訴訟の代行や裁定を担って在地に介入する事態が進んでおり、この事態は笠松宏至氏によって中世の寄沙汰の源流として位置付けられている[71]。寛平・延喜の法令によって王臣家が国司を介さず直接郡司以下の在地に介入することは禁じられたが、諸国宛に家牒を発給することは禁じられておらず、その一例が前述の忠平家牒である。詳しくは別の機会に論じたいが、摂関期には律令裁判制度の枠組みが存続する裏側において、王臣家・大寺社などの有力者が口入を行い、それによって制度自体が機能するという一面があった[72]。

以下、第2節で論じたことを簡単にまとめる。寄せられた相論について挙状や下文を出して、関係機関に口入するという行為そのものに院政期の権門裁判の機能の一端がうかがえる。管轄下にない在地諸機関に宛てられた院庁・摂関家政所下文それ自体、下文という様式上、一見権門裁判の裁許状にみえながらも、訴状を然るべき在地の機関に挙達する連鎖の一つに過ぎない。確固とした本所裁判権を前提にして、その内部で処理できない問題に対して挙状を発給して他の裁判権者に委ねるという理解とは逆に、少なくとも権門裁判の成り立ちにおいて挙状は本質的な役割を果たしていたのではないだろうか。権門の挙状と権門の裁許状との距離は、現代人の制度的な思考で捉えられる以上に近いものがある。当時の実態を捉えるために、本論文で試みた文書の機能論的考察は有効な手段であると考える。権門裁判と太政官裁判との関係（相互自立性あるいは相互補完性）を重視する先行研究では、この側面がみえにくかった。また、口入としての権門の挙状・

副状発給の事例は、平安前中期に遡るが、院政期の権門の口入の特徴は荘園制形成の運動と結びつくところにある。最後の論点に関連して、次節では鎌倉期への展望を示しておくことにしたい。

3　権門の口入を自制する本所法の生成

際限のない権門の口入の結果

権門の口入の「その後」をみると、第1節で挙げた鞆田荘の事例では、寄進・口入の結果として、鞆田荘は六条院領として立荘され、大伝法院は院権力と結びつくものの、それによって在地の紛争が解決せず、むしろ激化している点が注目される。様々な口入が在地にもたらした問題については、十二世紀前半の高野山領紀伊国官省符荘の相論が具体的である。

先行研究に従って官省符荘の相論の事実関係を確認すると、(73)その発端は、永久年間（一一一三〜一八年）に荘司殺害の罪科に問われて高野山の本所である東寺長者によって所領を没収された長氏の所領返還要求に対して、没収地を配分された他の住人等が反発するという構図をとった。一連の相論の過程で注目されるのは、田中文英氏も指摘するように、長氏側の返還工作が高野山大衆中枢部の僧侶と連携し、その「強縁」によって高野山の本所たる東寺長者に上訴するというかたちで行われたことである。(74)そのために東寺長者の遷代ごとに前長者の裁定が「強縁」によって覆り、相論が長引く結果となり、仁平二（一一五二）年に至ってようやく最終的に長氏と対立する住人等の勝利に終わる。(75)

まず仁平二年七月、高野山の金堂において、長氏の子孫である良仁による没収地の領知を禁ずる大衆議定がなされた。それを背景にして、住人等の代表である坂上真澄が東寺長者に訴状を提出し、良仁の所領回復要求を認めないという東寺長者房小別当の外題を獲得している。その際に高野山金剛峯寺所司八名が訴状の奥に連署して、長氏による没収地の返還要求を今後取り合わない旨を「同心」して誓い、真澄の訴訟が「御庄所司住人惣山上山下大訴」である旨を明らかにしている。この大衆起請は、それまでの長氏の返還要求が高野山大衆の中の個別的な縁故を頼って東寺長者に取り次いでもらうことで行われたものであるという経緯を踏まえたものであり、強縁による訴えを今後は取り合わないという旨を集団的に誓約したものであった。

縁を頼って権門の判断が外側から在地に持ち込まれることによって、在地の紛争が解決することは稀であった。口入それ自体が一般的に強制力を伴わないものであったという事情に加えて、代替わりの度ごとに、新たな縁によって新たな判断が導入される可能性を排除できなかったからである。権門の口入によって在地の紛争がむしろ激化するという歴史的経験の中から、権門の口入を自制・抑制する法が権門と在地との結節点において生じたのではないだろうか。高野山領官省符荘の場合、具体的な訴訟の中から法生成の過程がうかがえたが、十二世紀後半から権門の口入を自制・抑制する本所法が成文法として相次いで現われるようになる。それは大別して二つの動きとして現われる。

第一の動きは、官省符荘の事例にみるように、預所や大衆など中間的なクラスから在地の寄沙汰を自制・抑制する成文法を制定する動きである。例えば、長寛元（一一六三）年六月日付の関白左大臣藤原基実家政所下文[76]をみると、香取社の神主助重の訴状に応じて、神主の「署判」の据えられていない訴状は摂関家では受け付けないという旨が定められている。この背景には、香取社内における対立する諸勢力がそれぞれ強縁を頼って摂関家の裁許（政所下文）を獲得して、在地における紛争を有利に進めようとする情勢があった[77]。この動きは現実には鎌倉期を通じて止まなかったが、院政期の末期において訴訟手続きを成文化した本所法が成立したことに注目したい。その法は本所と在地の間に位置する中間的なクラスの求めに応じて、本所が制定するというかたちをとっていた。

高野山領荘園においても同様の動きが確認できる。平治元（一一五九）年に紀伊国荒川荘の荘官等に下された金剛峰寺政所下文[78]は、端裏書に「荒川庄大衆置文」と記されているように、高野山の執行検校および大衆の議定・連署によって集団的に制定された成文法としての性格が強かった。その内容は諸権門への寄沙汰や京都（東寺長者）との強縁の禁止規定である。そのような規定の登場する背景に、仁平二（一一五二）年まで「強縁」による在地の混乱が続いた前述の高野山領官省符荘の歴史的経験があることは充分想定される。

ここでこの置文の正当性の根拠として引用されている「美福門院庁御下文」は、荒川荘を金剛峰寺に寄進した美福門院の御願を指す[79]。口入を抑制・自制する第二の動きは、こうした本願起請のかたちをとり、次にみていくような成文法として制定された[80]。

仁平四（一一五四）年九月二十日付で空覚（鳥羽法皇）の手印の押された起請文が作成されている[81]。この起請は、円聖の発願によって創建されて院の御願寺となった金剛念仏三昧院について、「我皇子皇孫」がこの寺院を代々相承して長者となるとともに、その院内諸務・寺領荘園の執行大勧進職は円聖門弟によって相承されるということを安堵している。それに付随して、権門との強縁に頼って濫訴を起こすことを禁ずるとともに、堂衆庄民等が訴訟を起こすときは長者に申上して、公家に奏聞して裁定を蒙るようにと定めている。このように御願寺領荘園に適用される具体的な訴訟手続きが、鳥羽院の御手印起請というかたちで取り決められていることは重要である。鳥羽院政末期の久寿三（一一五六）年には鳥羽院は安楽寿院領の各荘園の「荘園司」に「御記文」を下している[82]。それは将来、国司や「権門勢家の庄園」の濫行が生じた際には、「御記文」を捧げて朝廷に奏聞して裁許を蒙るようにという手続きを定めたものであった。

さらに元暦二（一一八五）年正月十九日付の文覚の四十五箇条起請文にも、神護寺寺内・寺領荘園において、「強縁」を用いて寺僧に取り次いでもらうことを禁ずる規定がみえる[83]。高野山領官省符荘の事例と同じように「大衆同心」によって禁制が誓われる一方で、この文覚起請文には後白河院の手印が押されていることに注意したい。後白河院は文覚・神護寺の保護者として多くの荘園を寄進していた。

以上の諸事例にみるように、鳥羽院政末期〜後白河院政期には御願寺および御願寺領荘園における訴訟手続きが起請というかたちで取り決められていくのである[84]。こうした動きが鳥羽院政末期から始まって、後白河院政期に本格化した背景の一つは、荘園の相伝規定とともに制定されていることから推測されるように、集積した院領荘園を伝領する段階において、流動的な社会情勢を抑制しようとする動機付けが本所の側に生まれていたことにあると考えられる。第1節にみたように、在地からの寄沙汰・寄進の動きとそれに対応して在地の訴訟・寄進を受け入れることで所領を形成しようとする諸権門の動向によって荘園制形成の動きは展開した。鳥羽院政末期〜後白河院政期に立荘がピークを迎えた段階において、荘園制を安定させようとする動きが生まれる中で、荘園在地からの正規の訴訟手続きが起請文・置文というかたちで成文法化されていった。こうした本所の「御起請」を預所や大衆のように権門と在地との結節点に位置する存在が奉ずるというかたちで、鳥羽院政期・後白河院政期に本所法は生成すると見通せるのである。

鎌倉幕府法における口入・寄沙汰

前項では十二世紀後半に訴訟手続きに関する本所法の生成をみたが、通説的な理解では、権門の口入・寄沙汰の否定は鎌倉幕府の訴訟制度にみえる動きと考えられている。それでは鎌倉幕府のこうした姿勢は何に由来するのであろうか。最後に簡単な見通しを示しておきたい。

「御成敗式目」の制定に先立って、二本所間の相論への裁判（口入）を自制する幕府の言説として興味深いのが、摂関期以来の係争地であった伊賀国鞆田荘をめぐる六条院と東大寺の相論に、頼朝が巻き込まれてしまうという事例である。寿永三（一一八四）年、東大寺は鞆田荘を平家没官領として訴え出たので、源頼朝は鞆田荘を大仏再建の料所として東大寺領であることを認める奉免状を出した。[85]ところが、文治五（一一八九）年、六条院が後白河院に訴えた。すなわち鞆田荘は「平家領没官注文」において六条院領として認められているのにもかかわらず、その注文が出される前に、「天下不落居」の混乱の中での頼朝の奉免は「理不尽」であるという訴えであった。[86]その訴えに応じて源頼朝は地頭職を停止して「寺家・院家領や否やの条に至りては、私の裁断に能はず」と述べ、東大寺と六条院の間の相論に関与しない姿勢を示し、

院が裁定するように求めている。(87)

周知のように、それ以降も頼朝の口入は実態としては止むことはなかった。詳しくは別の機会に論じたいが、例えば、建久二(一一九一)年に熱田社領御幣田に関して僧勝実と頼朝の甥の僧任憲との間で相論があり、頼朝は任憲の訴えを後白河院に推挙している。(88)その際、頼朝が「かくのごとき事、執り申すべからざるの由存じ候て、大略慎みを成して申し上げず候」と挙状に認めていることは、結局のところ本所領への口入を行っているものの、本来は(地頭職や御家人所領とは関係のない西国の)本所領内の訴訟を院に取り次ぐようなことはするべきではないという頼朝の考えを示していて興味深い。内乱期には没官領をめぐって頼朝が西国の相論に関与することが相次いだが、そのことが様々な相論を引き起こした。こうした苦い歴史的経験から幕府は口入に自制的態度をとるようになったのではないだろうか。

その結果は、貞永元(一二三二)年に成立した「御成敗式目」に集約されている。第六条では、国司・領家の訴訟に幕府は口入せず、「諸国庄公ならびに神社仏寺」の訴訟は、幕府における裁判の開始を求める「本所の挙状」を有する訴訟のみを受け付ける旨を定めている。すなわち「本所の挙状」をもたない訴訟や、本所以外の有力者の挙状による訴訟を禁じている。また、第三〇条では、訴訟審理終了後の「権門の書状」を受理しないと定めている。すなわち幕府の裁判権を尊重した上で幕府法廷の開始を求める「挙状」ではなく、幕府法廷においてすでに始まった裁判に干渉する「書状」を禁じたのである。

総じて第六条・第三〇条は、幕府と本所・国司の間の法圏の限界を明確にし、その接点において裁判権が移管される際に、本所権に基づいて正式な手続きを踏んだ「本所の挙状」が必要であるという規定であり、本所以外の挙状や訴訟審理に干渉する書状をイレギュラーな文書として弁別する法的姿勢を明確に打ち出している。こうして寄沙汰・口入が否定されることによって、幕府や本所の裁判権が明確になった。前項の本所法との関係でいえば、「御成敗式目」もまた集団的な起請によって、個別の縁や権門の威によって訴訟が左右されることを禁ずるために制定された成文法であるという共通点は注目される。

鎌倉幕府の場合においても本所法の場合と同様に（但し幕府は口入を行う側の立場であるが）、口入が紛争や混乱を巻き起こすという現実への反省を踏まえた口入の自制・抑制、および起請による成文法の制定という二つの側面において、口入を抑制する訴訟法が生成する側面をみてとることができる。院政期の本所法の世界の中から幕府法は生まれたのである。この問題については今後具体的に論じていきたい。

おわりに

最後に本稿の内容を簡単にまとめた上で、従来の挙状の理解について簡単な感想を述べることにしたい。第1節では訴訟制度が整備される鎌倉中後期から一旦離れて、院政期の挙状の機能を捉え、そこから権門裁判を考察した。院政期の流動的な社会情勢を背景にして、必ずしも本所権に関わらず、寄沙汰や寄進と密接に関わるかたちで権門の挙状が発給されていた。一方、第2節で確認したように、権門裁判には自らの所管にない相論についても、その訴状を在地の関係機関に取り次ぎ、訴えの成就を働きかけるという性格がある。様式は異なっても、裁定文書の様式をとる権門の文書には挙状と同じ口入の機能を見出すことができると考える。権門は公権力の分割や領主的な支配によってのみ成立するのではない。社会的な諸関係における権門の機能を文書論的に解明すべきであるし、それによって当時の社会的結合の実態に迫り得ると考えられる。

このように摂関期以来の流動的な社会状況の中で、明確な訴訟法をもたず、荘園制の形成と結びつくかたちで権門の口入が行われたことに院政期の特質がある。口入自体は、在地の混乱を加速させる面をもちつつも、広義の主従関係や職の体系によって裏付けられた本所法の法圏を生み出すベクトルをもった。そこから一転して、第3節では、院政期から鎌倉期への転換期である十二世紀後半、訴訟手続きを明確にして寄沙汰や権門の口入を制限する本所法が新たに生成することをみた。本所法の世界の中から鎌倉期には幕府法に結実する高度な訴訟法が生まれた。九世紀末・十世紀初頭の延喜・寛平の法令には律令裁判制度の原則に従って寄沙汰を禁ずる法がみえるが、院政期に生成した法意識は、荘園制の成立や本願起請や集団的起請によって新たに生成した訴訟法であり、いうまでもなく律令裁判制度とは異質なものである。院政期に生まれた訴訟法は幾つかの曲折を経て鎌倉後期の所謂「特別訴訟手続」に展開していくが、その長い道のりは本稿で論じきれるものではない。

正規の訴訟手続きを踏んだ「本所の挙状」とそれ以外の文書とを弁別した「御成敗式目」の第六条は、佐藤進一氏によって「幕府統治権の限界、王朝幕府間の統治権の接点を明確にするという形で、統治権の存在を明示」[89]したものであるとして論じられている。この理解は「本所の挙状」は「本所固有の裁判権の移譲を明示」する文書であるという『中世政治社会思想』の解説に通じるものであり[90]、式目の解釈論としては正しい。「はじめに」では触れなかったが、本稿が「挙状」として論じた裁判権に基づかずに訴状を推挙する文書については、佐藤進一氏に先立って早くも石井良助氏が「挙状」としては扱わず、「口入状」として分類している[91]。だが、本稿で論じてきたように、「口入状」も訴状をしかるべきところに挙達するという機能に即してみれば挙状といえるし、その様式も挙状と区別し難い。何より重要であるのは、石井氏のように「挙状」と「口入状」を弁別し得るのは、「正しい」訴訟手続きの存在を前提とする視点に立ったときである。こうした問題を念頭に置いて、本稿の第3節では「正しい」訴訟手続きの存在を前提として合法・非合法を弁別する法意識の歴史性それ自体を問題にしたのである。

最後に従来の挙状理解の背景にあると思われる問題について若干の言及をしておきたい。佐藤進一氏が論じた「御成敗式目」に示された鎌倉幕府の「統治権の存在を明示」する法的姿勢は、所謂「東国国家論」の問題と不可分であると思われる。その法的姿勢は、幾つかの曲折を経つつも、本所の法圏の存在を前提とする高権力として朝廷・幕府が立ち現れる鎌倉後期の国制につながるものである。そして「はじめに」でも触れたように、挙状の唯一の専論である橋本初子氏の挙状論は、所謂「権門体制論」と「職の体系」に基づいて鎌倉後期〜南北朝期の公家訴訟を分析したものであるが、その挙状の捉え方と「本所固有の裁判権の移譲を明示」する文書であるという挙状の理解とは案外に似ているようにも感じられる。(92)それならば、「東国国家論」と「権門体制論」という戦後の日本中世国家史研究を彩ってきた二大学説が、挙状の理解という部分に限ってみれば、意外に近いイメージを共有していたということはいえよう。すなわち統治権なり裁判権なりの存在を前提として、その「移譲」として挙状を捉えるイメージであり、そこには西欧近代的な制度観・権力観が無意識的にせよ投影されていなかったであろうか。

このような問題を考えるとき、常に想起されるのは、近代的な権力観を無意識に中世史研究に投影させてしまうことに警鐘を鳴らし、「国家権力」それ自体の歴史性を論ずる必要性を述べた石井進氏の問題提起である。(93)その提起自体は黒田俊雄氏の「権門体制論」に向けられたものであるが、そこにおいて示された問題は必ずしもその文脈のみに留まるものではないだろう。(94)中世社会の「実態」に迫ることの重要性自体は今や誰しもが疑うことのないものであるが、自覚的な方法論なしには困難な課題であることもまた同様に疑いない。本稿で試みたような中世文書の機能論的研究によって、自分自身のもつ近代的な秩序観といったものを相対化しつつ、中世社会の生の姿を「記述」することがどれほど可能となるのであろうか。本稿は未熟な草稿に過ぎないが、今後も模索を続けていきたいと考えている。

(1) 「口入」という中世語については「関東御口入」が言及される程度である。別の機会に論じたい。
(2) 橋本初子「公家訴訟における文書の機能論的考察」『古文書研究』一四号(一九七九年、後に日本古文書学会編『日本古文書学論集4』〈吉川弘文館、一九八八年〉所収)。
(3) 村井章介「中世史料論」『古文書研究』五〇号(一九九九年)四九頁。また、『日本思想大系　中世政治社会思想　上』〈岩波書店、一九七二年）一一頁の頭注（笠松宏至氏執筆）を参照。

(4) 川端新「平安後期公家訴訟制度の研究―院政期の権門裁判を中心に―」『荘園制成立史の研究』（思文閣出版、二〇〇〇年、成稿は一九九二年）。同論文は川端氏自身が生前「あえて提出しなかっ」た遺稿であり、その取り扱いには慎重を要するが（同書、四八八頁参照）、研究史の一つの到達点として真摯に受けとめることにしたい。前近代における「裁判」の定義自体、極めて重大な問題を含むが、便宜的に、所領相論を中心にした二当事者間の紛争における第三者を介した解決のされ方、としておく。

(5) 前注(4)川端論文、三八五頁以下。

(6) 下向井龍彦「王朝国家体制下における権門間相論裁定手続について」『史学研究』一四八号（一九八〇年）。

(7) 美川圭「院政における政治構造」『院政の研究』（臨川書店、一九九六年、初出一九八八年）一七五頁。

(8) 井原今朝男「本所裁判権の一考察」『日本中世の国政と家政』（校倉書房、一九九五年、初出一九九三年）四六七頁。

(9) 前注(4)川端論文、四〇七頁。

(10) 川端新「荘園制的文書体系の成立まで―牒・告書・下文―」前注(4)川端書所収（初出一九九八年）一二九頁。

(11) 近年の「権限論」批判としては、中世後期研究会編『室町・戦国期研究を読みなおす』（思文閣出版、二〇〇七年）の諸論考を参照。学説史的には鎌倉幕府成立論における川合康氏らの議論が先駆的である。

(12) これを高い抽象度をもって記述したものに新田一郎「社会的「決定」の手続と「法」―《例》の作用をめぐって―」『院政期文化論集第一巻　権力と文化』（森話社、二〇〇一年）。

(13) 出自不明。長治元年八月二日付東大寺大衆等解案（「東大寺文書」、『平安遺文』（以下『平』と略記）一六二六号）から、東大寺僧の可能性も考えられる。

(14) 村井敬義氏本「東大寺古文書」、『平』一一四五号。『大日本史料』同日項は権大納言源顕房（皇后宮大夫）に比定するが、「源大納言」は兼官のない人物の表記であるから兄の源俊房に比定するべきである。

(15) 「東大寺文書」、『平』一一四六号。

(16) 『水左記』承保四年（承暦元年）十月二日条。同条は、伊賀国が俊房の知行国ではない根拠でもある。

(17) 立荘の経緯・背景については守田逸人「伊賀国における伊勢平氏の展開―荘園公領制成立期における現地社会の動向―」『ヒストリア』一九五号（二〇〇五年）参照。

(18) 永久三（一一一五）年五月二十五日付東大寺解案（「百巻本東大寺文書」、『平』一八二九号）。

(19) 高橋一樹「王家領荘園の立荘」『中世荘園制と鎌倉幕府』（塙書房、二〇〇四年、初出二〇〇〇年）は現地の「合意」を背景として立荘手続きが行われるという重要な指摘を行っているが、実際には現地の競合勢力間の相論は止まない場合が多い点にも注意したい。

(20) 「根来要書」下、『平安遺文』四八五八号。

(21) 信鑁は「伝法院座主次第」（『続群書類従』第四巻下）五四七頁によれば、第四代座主（仁安元年四月一日に第五代座主実禅阿闍梨に交替）で、後に「隆海」と改名している。

(22) 「仁和寺御室系譜」（『続群書類従』第四巻下）四五四頁。

(23) 横内裕人「仁和寺御室考—中世前期における院権力と真言密教—」『史林』七九巻四号（一九九六年）九三頁。

(24) 笠松宏至「中世の政治社会思想」『日本中世法史論』（東京大学出版会、一九七九年、初出一九七六年）一六六〜一七一頁。

(25) 承安三年三月三日付太政官符（醍醐寺編『根来要書　覚鑁基礎史料集成』〈東京美術、一九九四年〉一三頁〈二一丁〉、一〇号文書）。

(26) 「東南院文書」三ノ六、『平』一七五七号。

(27) 「東南院文書」三ノ六、『平』一七五八号。

(28) 例えば、長元八（一〇三五）年某（正カ）月二十日付山田荘司等解（「九条家本延喜式巻四裏文書」、『平』五二七号）は「御消息」を検非違使別当に送ることを求めているが、この解文自体が検非違使別当の許に送られて、検非違使関係の反故文書として「九条家本延喜式裏文書」の中に伝来している。他に長久五（一〇四四）年十一月五日付山城国石原荘司解（「神田喜一郎氏所蔵文書」、『平』六一九号）など。

(29) 「東寺百合文書」モ、『平』一九八七号。

(30) 「東寺百合文書」モ、『平』一九八八号。

(31) この事例については、川端新「興福寺院家領荘園の形成」前注(4)川端書所収（初出一九九七年）一四八頁。

(32) 十一世紀以前の伊勢国川合・大国荘関係史料の大部分は、十一〜十二世紀の東寺・伊勢大神宮間の相論の際に作成された偽文書であるという指摘がある（勝山清次「東寺領伊勢国川合・大国庄とその文書—平安前・中期の文書の真偽をめぐって—」平松令三先生古稀記念会編『日本の宗教と文化』〈同朋舎出版、一九八九年〉)。但し、本論文で扱う関係史料は、時期と内容から判断して、偽文書であるとは考えられない。

(33)「東寺百合文書」ほ、『平』一九五九号。

(34)亀田隆之『日本古代用水史の研究』(吉川弘文館、一九七三年)第三編第四章参照。

(35)伊勢祭主は神郡の国司権を掌握していたが(例えば永保元〈一〇八一〉年八月二十三日付伊勢国大国荘司解〈「東寺百合文書」外、『平』四九四五号〉参照)、伊勢神宮司が武道の訴訟先となったのは、神宮権禰宜所領の稲木村の本所であることに由来するのであろう。

(36)「東寺百合文書」里、『平』一九六〇号。

(37)「東寺百合文書」ト、『平』二二七三号。年代比定の根拠は、本文中にみえる「去年四月十一日」の事件が長承二年のものであることによる(長承二年五月日付大国荘田堵住人等解、「東寺百合文書」ほ、『平』二二七二号)。

(38)「東寺長者補任」(『群書類従』第四集)。

(39)「東寺百合文書」京、『平』二二七四号。

(40)資清書状群の詳論は紙数の都合上省略する。なお内膳正は主に王氏が就任する職なので(『官職秘抄』諸司正の項)、内膳正資清は『中右記』永久二(一一一四)年正月二十七日条に伊勢神宝使としてみえる資清王と同一人物である蓋然性が高い。

(41)前注(4)川端論文、三八五頁。

(42)「東大寺文書」、『平』七六八号。『平安遺文』は「為時解」という文書名を付すが、署名の下の「解文」という下付は上申を意味しており、奥上に宛所があることから、為時書状と名づけるのが妥当である。なお安元元(一一七五)年八月七日付東大寺領荘園文書目録(「蜂須賀家所蔵文書」、『平』三七〇〇号)の「三代免判送文三善為時、無年号、」「天喜四年為時消息」「為時書状勘益事」という記事から三善姓と判明する。

(43)『小右記』長元二(一〇二九)年正月六日条など。井上幸治編『外記補任』(続群書類従完成会、二〇〇四年)八六頁。

(44)長承二年六月二十七日付摂津国水成瀬荘文書目録(「東大寺文書」、『平』二二八〇号)。

(45)棚橋光男「院政期の法と国家」『中世成立期の法と国家』(塙書房、一九八三年、初出一九七九年)は明兼の事例から院政期の明法家が荘園制の運営に果たした役割を論じたが、中下級官人による荘園経営の請負自体は摂関期に遡ると考えられる。

(46)(康和四年)三月六日付藤原顕季奉書(「東寺百合文書」め、『平』一四七三号)。なお東京大学史料編纂所架蔵写真帳によって『平安遺文』の翻刻を改めた。
(47)「東寺百合文書」(白河本)、『平』一四七二号。
(48)「東寺百合文書」、『平』一四七四号。
(49)康和四年の相論の際に、師行の所持していた文書を書き写して東寺に提出した「田畠次第券文」の案文三通が東寺百合文書に伝来している(『平』一一〇四号、『平』一二五一号、『平』一三〇八号)。康和二(一一〇〇)年十月六日に東寺長者が定賢から経範に交替したことが、師行堂地への濫妨の背景にあると推測されるが、紙数の都合上省略する。
(50)ほぼ同時代に村上源氏の源師行という院近臣が存在しており、紛らわしい。『平安時代史事典』(角川書店、一九九四年)の村上源氏の「源師行」の項(下巻、二四五六頁、五島邦治氏執筆)は、「嘉承元年(一一〇六)検非違使見任」とするが、これは河内源氏の師行の記述の誤りである。
(51)摂関家の師実・師通の名に通じる「師」の字を戴いた師任・師行の二代は、摂関家の直属の武士として行列や追捕などに奉仕したことが知られる。『殿暦』嘉承元年三月十二日条、『中右記』同年七月二十七日、九月二十九・三十日、十二月十六日条など。
(52)白河天皇の法勝寺行幸に従った賞で権律師に任じられている(『僧綱補任』、『大日本史料』長治元年三月十七日の項参照)。
(53)高橋昌明『清盛以前―伊勢平氏の興隆―〈増補改訂版〉』(文理閣出版、二〇〇四年、初版平凡社、一九八四年)に詳しい。
(54)師行と白河院の近臣の藤原顕季を結びつけた「縁」として、師行の子の行遠の存在が注目される。行遠は白河院の武者所に伺候しており(『宇治拾遺物語』巻一一第五話「白川法皇北面受領のくだりのまねの事」)、この行遠女子の重子は後に掌侍となり、藤原顕季の外孫にあたる藤原季行に嫁し、重季らを産んでいる(『尊卑分脉』、藤原重季)。師行自らは摂関忠実に仕え続けていたが、子の行遠を院に奉仕させ、顕季を頼ったのだろう。
(55)「東南院文書」、『平』一二九五号。
(56)井原今朝男「摂関家政所下文の研究」前注(8)井原書所収、四〇七頁の註(一九)。
(57)前注(4)川端論文、四一九頁、註(六四)。
(58)赤松俊秀「杣工と荘園―伊賀国玉滝・黒田荘―」『古代中世社会経済史研究』(平楽寺書店、一九七三年、初出一九六三年)。
(59)『兵範記』長承元年九月十九日条、『百錬抄』保延四年四月十九日条など。

(60) 山本幸司「中世訴訟手続の発展について」(『中央史学』八号、一九八五年三月)、同「裁許状・問状から見た鎌倉幕府初期訴訟制度」(『史学雑誌』九四編四号、一九八五年四月)。

(61) 「東大寺文書」、『平』一一九八号。同文書については槇道雄「陽明門院の政治的立場とその役割」『院政時代史論集』(続群書類従完成会、一九九三年、初出一九八五年)五四頁参照。

(62) 『公卿補任』永保二年の項、および『尊卑分脉』参照。なお、実季については前注(61)槇論文、五四頁を参照。

(63) 『為房卿記』寛治元(一〇八七)年五月二十一日条。また、『摂関詔宣下類聚』によれば師通職事でもあったという。寺内浩「院政期における家司受領と院司受領」『受領制の研究』(塙書房、二〇〇四年、初出一九九八年)の表を参照した。

(64) 前注(61)槇論文、五五頁。新訂増補国史大系『尊卑分脉』第二巻、一七〇頁。

(65) 「春宮大夫」は伊賀国の知行国主として訴訟を受理したという説もあったが、伊賀守藤原清家が春宮大夫藤原実季の家司とは認められないことから、その解釈は成り立たない。

(66) 「東寺文書」礼、『平』二二七号。

(67) 延喜二十年九月七日付東寺伝法供家申状案(「神宮文庫文書」、『平』四五五五号)。

(68) 承平二年十月二十五日付伊勢太神宮司解案(「東寺文書」甲、『平』二四二号)、承平二年八月五日付太政官符案(「高山寺文書」、『平』四五六〇号)。

(69) 家牒の書止文言については前注(10)川端論文、一〇一頁。

(70) 『類聚三代格』巻十九所収、寛平八(八九六)年四月二日付太政官符、延喜五(九〇五)年十一月三日付太政官符。なお律令裁判制度の概要は、坂上康俊「古代の法と慣習」『岩波講座　日本通史　第三巻』(一九九四年)参照。

(71) 前注(24)笠松論文。

(72) 吉川聡「律令制下の文書主義」『日本史研究』五一〇号(二〇〇五年)は下達文書の伝達に際して当事者の出す牒が用いられていたことを論じている。それ以前の当事者の訴えが関係機関に挙達される段階において、有力者の口入が重要であり、その際に同じく牒という文書が用いられている点を本稿では確認した。

(73) 上横手雅敬「武士団の成立」『日本中世政治史研究』(塙書房、一九七〇年)、田中文英「荘園制的支配の形成と僧団組織—金剛峰寺と官省符荘をめぐって—」大阪歴史学会編『中世社会の成立と展開』(吉川弘文館、一九七六年)、平瀬直樹「中世寺院の組織構造と庄園支配」『日本史研究』二六七号（一九八四年）など。

(74) 前注(73)田中論文、二六八頁。

(75) 仁平二年十一月十四日付坂上真澄解（「勧学院文書」、『平』二七七三号）。

(76) 「香取大宮司家文書」、『平』三二五九号。

(77) 福田豊彦「下総国香取神社の中世への変容」『中世成立期の軍制と内乱』（吉川弘文館、一九九五年、初出一九六〇年）二八〇頁以下。

(78) 平治元年九月日付金剛峰寺政所下文（「高野山文書宝簡集」二六、『平』三〇三一号）。

(79) この「院庁下文」は伝来していないが、（平治元年）八月二十七日付美福門院令旨（「高野山文書宝簡集」二六、『平』三〇二一号）を副状として高野山に送られた「院庁御下文」であると考えられる。内容的には（平治元年）七月十七日付美福門院令旨（「高野山文書宝簡集」二五、『平』三〇一五号）に対応する。

(80) 院の起請については保立道久「中世初期の国家と庄園制」『日本史研究』三六七号（一九九三年）、また、起請の諸事例については槇道雄「三代起請と院庁牒・院庁下文」前注(61)槇書所収、三一九頁以下を参照。

(81) 仁平四年九月二十日付空覚〈鳥羽法皇〉起請文案（「山城妙法院文書」、『平』補遺三二八号）。この文書については村山修一「妙法院古文書若干について」赤松俊秀教授退官記念事業会編『赤松俊秀教授退官記念国史論集』（赤松俊秀教授退官記念事業会、一九七二年）を参照。

(82) 久寿三年三月日付鳥羽院庁下文案（「安楽寿院古文書」、『平』二八三四号）。なお安楽寿院古文書には仁平三年十月十五日付の鳥羽院の「御自筆記文」が伝来している（野口華世「「安楽寿院文書」にみる御願寺の構造—「安楽寿院文書」の翻刻とその検討—」『人文学報』三五七号〈二〇〇五年〉一二〇頁）。

(83) 「神護寺文書」、『平』四八九二号。

(84) 院領荘園における訴訟手続きを制定した早い例は、永久二（一一一四）年十二月十三日付白河院庁下文（「河上山古文書」、『平』一八一四号）である。訴訟があるときは奏聞せよと肥前国神崎荘の下司に命じ、大宰府や諸権門の同荘への介入を禁じたものである。

(85) （寿永三年）四月三日付源頼朝奉免状（「柏木貨一郎氏所蔵文書」、『平』四一四七号）。寿永三年七月二日付関東御教書案（「東

大寺文書」、『平』四一五八号）によれば、このとき頼朝は「背理」であることを認識していた。寿永三年の六条院の年預中原広季は大江広元の親であり、政治的な事情を推測させるが、本稿では立ち入らない。

(86) 文治五年四月七日付源頼朝下文（「保阪潤治氏所蔵文書」、『鎌倉遺文』三八〇号）。

(87) 前注(86)源頼朝下文。（文治五年）七月十一日付源頼朝書状（「保阪潤治氏所蔵文書」、『鎌倉遺文』三九七号）も参照。

(88) 『吾妻鏡』建久二年八月七日条。

(89) 佐藤進一『日本の中世国家』（岩波書店、二〇〇一年、初刊一九八三年）一一四頁。

(90) 前注(3)『中世政治社会思想　上』一一頁の頭注。

(91) 石井良助『中世武家不動産訴訟法の研究』（弘文堂書房、一九三八年）六七頁注(一〇〇)。本所の挙状については同書、六四頁以下。

(92) このように考えるならば、村井章介氏の整理した挙状の理解（前注(3)村井論文、四九頁）は、橋本氏の研究と佐藤・笠松氏の理解とを止揚した一面もあるように思われる。

(93) 石井進『日本中世国家史の研究』（岩波書店、一九七〇年）二一頁。近年では佐藤全敏『平安時代の天皇と官僚制』（東京大学出版会、二〇〇八年）の「終章」がこの問題に関連する。

(94) 新田一郎『中世に国家はあったか』（山川出版社、二〇〇四年）四二頁以下、及び同「統治権的支配」『日本歴史』七〇〇号（二〇〇六年）六三頁において、この問題は論じられている。

2章　土倉の人脈と金融ネットワーク

桜井英治

はじめに

シンポジウム当日に私に与えられた課題は、流通・商業の観点から中世の「人のつながり」についてコメントせよというものであった。(1)当然物流をになう商人や輸送業者のネットワークについて言及することが求められていたと思うが、私は近年、金融業者である土倉のネットワークに関心をもちはじめており、シンポジウム当日にも勝手ながらこのテーマでコメントさせてもらった。その点では当初の課題から多少ずれるかたちにはなったが、経済活動において「人のつながり」がはたした役割を追究しようという点では、シンポジウムの趣旨にも十分沿っていたはずである。

したがって本稿でも引き続き同じテーマで進めさせてもらうが、そもそも土倉についてネットワークの問題を取り上げようとするばあい、具体的な経済活動との関係で問題となるのは、ひとつには資金調達にはたした役割であり、もうひとつは金融技術の伝習・交流にはたした役割である。私が土倉のネットワークに関心を寄せるようになったのも、土倉における資金調達の問題を説明するためにはどうしてもその介在を想定せざるをえないと思われたからである。他方、金融技術の伝習・交流に関しては、帳簿類のような経営内容を直接うかがわせる史料がまったく伝わっておらず、今後の発見もほとんど望めない現状では、彼らがどのような計算技術や簿記技術を有していたかなど、技術の具体的な内容にふみこむことは事実上困難であるが、人の流れやつながりから交流の存在を推定することはある程度可能であると思われる。

ところで土倉のネットワークの内容としては、職縁、血縁、地縁、さらに信仰上のつながりなどが考えられるが、このうち地縁的要素については、これに注目した研究もすでにあり、小論でも若干触れるところがあろう。(2)また信仰上のつながりとしては、山門—日吉社や日蓮宗との関係がまず想起されようが、(3)こと金融技術の交流という点では、土倉とともに中世金融界の双璧をなしていた禅宗との関係も当然重視されてよい。

本稿で取り上げようとしている論点はおおむね以上だが、ただ研究そのものはまだ緒についたばかりであり、目下のところまとまった成果を報告できるような段階にはない。本格的な検討は後日を期し、ここでは現在考えているところを二、三述べることでコメンテーターとしての責めを塞がせていただきたい。

1 土倉間ネットワーク

土倉間貸借の存在

中世商人の職縁的組織としては座が周知のものだが、戦前来の中世商業史研究がもっぱら座を中心に進められてきたこともあって、座のもつ意義についてはこれまでやや過大評価されてきたところがあるように思われる。とくに外国史研究者のなかには、その手の概説書の影響か、現在も日本の座を西欧のギルドに近いものと理解している向きもあるようだが、実際には、日本の座のばあい、西欧のギルドのように都市行政を握るということがなかったことに加え、座はどちらかといえば中小の商人や手工業者に多くみられ、土倉・酒屋、遠隔地商人、貿易商人のような大商人にはあまりみられない傾向がある。(4)大商人はかならずしも同業者組織の結成を志向していなかったということであり、その意味では座を中世商人の主要な組織形態とみなすこと自体にも問題がある。

では大商人たちの組織形態はどのようなものであったかといえば、彼らの多くは同業者どうしの結束よりもむしろ一族どうしの結束を選んだ。職縁よりも血縁が好まれた、あるいは血縁がそのまま職縁であるような関係といったほうが適切かもしれない。彼らが一族どうしの結束を志向した主な目的は財産の流出防止と資金調達の円滑化にあったとみられるが、(5)ここでは後者の側面を土倉についてもう少し詳しくみておこう。

土倉がかならずしも経営者の自己資金のみによって経営されていたわけではなく、さまざまなかたちの出資によって成り立っていたことについては、下坂守の先駆的研究が明らかにしているとおりである。(6)オーナーと経営者が分離しているケースや、ひとつの土倉に複数の人物が共同出資しているケース、また不特定多数の人びとから小口の預金を募る、「合銭」とよばれた資金調達方法もそれらと並行して広くおこなわれていた。(7)このうち「合銭」以外の大口出資のばあいは、出資者自身も独自の店舗を営む土倉であることが多く、彼らはみずから土倉を経営するかたわら、他の土倉にも出資して配当収入を得る存在であった。ここでは土倉がけっして孤立した存在ではなく、資金面で相互に深く結びついていたことを確認しておきたい。

土倉間のネットワークは、このような長期的な資金の調達ばかりでなく、短期的な、日々くり返される貸出資金の調達においても機能していたとみられる。別稿でも触れたとおり、中世後期には金銭貸借時に顧客が作成する借書も金融業者のあいだでしばしば流通していたことが知られるが、(8)このことは土倉間貸借がごく日常的におこなわれていたことを示しており、顧客の借書はそのさいの決済手段として利用されていたものと考えられる。

大富家と森家

このような土倉間の資金協力・提携には、もちろん純粋にビジネスライクな関係もあったろうが、この関係をより強固なものにするために姻戚関係を結ぼうとする動きが出てくるのは自然なことだろう。すでに何度も触れている事例だが、京都の土倉大冨家と八幡の土倉森家のあいだでおこなわれた養子縁組も、そのような期待をになっていたと思われる。(9)

天文二十一(一五五二)年に森甚四郎光友と同与五郎友勝のあいだで争われた相論の関係史料(10)によると、大冨家と森家の関係は以下のようなものであった。光友はもともと京都の土倉大冨家の出身で、実父の名は大冨入道善幸といった。大冨家は京都でも屈指の土倉であり、実父の善幸は茶人としてもその名を知られていた。(11)当時の史料からは光友の兄五郎次郎善久(12)をはじめ、大冨七郎左衛門尉有善(13)、大冨善左衛門尉宗次(14)、大冨千代夜叉(15)など、一族とみられる多くの土倉を見出すことができる。

一方の森家は八幡在住の石清水八幡宮神人とみられ(16)、大冨家と同じく土倉を営んでいたことはまちがいないが、独立の経営であったか否かについては双方の主張に食い違いがみられる。光友側は、森家は大冨家の代官として、大冨家が八幡に所有していた土倉を請け負っていたにすぎないと主張しており、これにしたがえば、森家の土倉は大冨家のいわば八幡支店ということになる。当時の用語でいえば、大冨家が「土倉本主」、森家は「蔵預」という位置づけになろう。もちろん相手方の友勝はこの主張を全面的に否定し、森家はあくまでも独立の土倉であると主張しているのだが。

光友によれば、彼は幼少、実父善幸の手で八幡に住む友勝の兄森与次郎友清に養子として預けられた。そのさい善幸は、彼が八幡に所有する家、倉、家財、および銭二〇〇貫文を友清に預け、光友成人のあかつきには二〇〇貫文のうち一〇〇貫文と家、倉、家財を光友に譲り、残り一〇〇貫文は京都の大冨家に返還するよう依頼した。この契約は天文七(一五三八)年に友清が死去したのちも友清の父宗善とのあいだで更新され、現在にいたっているが、最近になって友清の弟の友勝が自分の債務を清算するためにこの家と倉を売却しようとしたので訴訟におよんだというのである。

他方、友勝は、家も倉ももともと森家の財産で、銭二〇〇貫文を預かった覚えもないと反論する。問題の債務ももともと光友が負ったもので、自分に返済義務はないが、光友と連絡がとれないのでやむなく家と倉を処分して肩代わりしようとしたのだという。友勝はさらにこう続ける。「兄友清の死後、自分が養父となって光友に烏帽子着を施し、森甚四郎という名乗りを与え、嫁まで迎えてやった。兄にも自分にも実子がないので、ゆくゆくは森家の財産をすべて光友に譲る心づもりでいたのに、このたびの訴訟は親子対論の罪にあたる」と。

これにたいし光友は、「自分はたしかに友清の養子であったが、友勝の養子になった覚えはない。友勝は自分にとってはあくまでも叔父にすぎない」と反論している。

この訴訟ははじめ石清水八幡宮の法廷で争われたが決着がつかず、幕府にもちこまれた。けれども判明しているのはそこまでで、残念ながら幕府が最終的にどのような判断を下したかは不明である。

ただ、大冨家と森家が養子縁組によって結ばれていたことは双方とも認めるところであり、さらに光友の主張が真実だとすれば、資金の調達もこの姻戚関係を介しておこなわれていたことになる。銭二〇〇貫文に関しては双方の主張が真っ向から対立しているのでこれ以上ふみこみにくいところはあるが、森家が大冨家から養子を迎えたそもそもの動機として、資金面での後ろ盾を得ようという期待があったことはほぼまちがいないところだろう。

ところでこの事例でさらに興味深いのは、このような土倉どうしの姻戚関係が京都という都市内部で完結するのでなく、京都と八幡という近郊都市間で結ばれていた事実である。

戦国期は京都の周辺に八幡や堺など多くの衛星都市が勃興してくる反面、京都そのものの経済的地位については評価が揺れている現状にある。この問題について私は以前、戦国期における京都の空洞化を主張する早島大祐・井原今朝男らの見解[17]にたいし、戦国期の京都が金融都市としての性格を強めてゆく可能性を指摘したことがある[18]。すなわち戦国期になると京都の土倉や禅宗寺院などが、それまで蓄積していた資金を近郊都市の商業・産業に投資してゆく動きがみられるのであり、この点を重視すれば、戦国期に入っても京都の経済力はかならずしも低下したとはいえず、むしろ金融面で周辺都市にたいし隠然たる支配力をおよぼしつづけた可能性が強まるのである。大冨家と森家の関係は、そのような文脈からも

注目してよい事例であろう。(19)

2　土倉と禅宗寺院

吉田家と天龍寺

これまでみてきたような土倉の一族結合を、当時の史料は「○○一類」「○○一類中」などとよんでいる。次に一例をあげよう。

一　吉田《飯肥》宗忠一類申状　天文十五　十二　十二　窪

所々へ借遣米銭・同頼子以下之員数幷借主交名目録在二別紙一事、今度任二徳政御法一、十分一可レ致レ進二納之一、然者本利共以借主等早可レ致二返弁一旨、被レ成二下御下知一者、忝畏可レ存候、此旨可レ預二御披露一候、仍言上如レ件、

天文十五年十二月七日

目録

四貫文　家屋敷入之　中院《嵯峨》与三左衛門尉　八貫文　井上《嵯峨》四郎衛門尉

（中略）

以上　四十七貫三百廿文　吉田入道宗忠

一貫文　谷持室庵　二貫文　細川摂津守殿

（中略）

以上　卌二貫七百七十文　華徳院　梵康

四貫七百廿三文　北尾与四郎《西七条》 七条五郎左衛門 両人　一貫百文　中村《朱雀》新兵衛

（中略）

以上　廿五貫卅三文　　東南坊合忠

二十貫文式目別紙在レ之　頼子衆中

南芳院周憲

一貫百六十文　八《さか》間・井頭・生田三ヶ村　二貫八百文　西《さか》之門村

（中略）

以上　八貫百六十文　　千光寺宗椿

二百四十六文　か《さか》ちや与五郎　百八十三文　小《さか》ミそ二郎五郎

（中略）

以上　三貫八百四十六文　田中与一重長

一貫三百文　こ《たんは》しろた福田　四貫八百文　い《さか》とう四郎右衛門

（中略）

以上　十一貫九百文　　吉田光民

天文十五年丙午午十二月七日

惣都合百四十九貫卅三文[20]

これは「銭主賦引付」中の一筆であるが、ここでは京都嵯峨の土倉角倉吉田家の当主である吉田入道宗忠はじめ、計七名の土倉が「吉田宗忠一類」として債権の安堵を一括申請している[21]。その内訳をみると、吉田苗字を名乗る者が宗忠と光民の二名、田中苗字を名乗る者が一名、そして僧侶が四名である。このうち吉田苗字を名乗る者はいうまでもないが、田中苗字を名乗る一名も吉田家と何らかの姻戚関係で結ばれていたと考えられる[22]。それはおそらく大冨家と森家の関係に近いものであったにちがいない（森家もあの相論がなければ「大冨一類」の一員でありつづけたはずである）。

ところで中世後期における金融業のにない手といえば、土倉とならんで禅僧も無視できない存在であり、冒頭で述べたように両者間には人的な交流があったと考えたほうが自然である。その点で注目されるのが右にみえる四名の僧侶たちである。「東南坊合忠」と「千光寺宗椿」は法名からも宗忠の近親者とおぼしいが、他の二名も吉田家の子弟と考えてよいだろう。彼らが入寺した寺院は、東南坊については未詳だが、千光寺はもと清凉寺の西方、中院にあった天台宗寺院で、慶長十九（一六一四）年に吉田宗忠の孫である角倉了以によって現在の西京区嵐山中尾下町に移建され、その後、江戸後期に黄檗宗になった。[23]その寺史からみても吉田家とかかわりの深い寺院である。そして梵康と周憲の入った華徳院と南芳院はいずれも天龍寺の塔頭である。これらのことから吉田家は天龍寺をはじめとする地元嵯峨の寺院に子弟を入れていたことがわかるが、[24]しかも右の史料から明らかなように、彼らは僧侶になったのちも相変わらず金融活動を続けていた。とくに華徳院と南芳院は天龍寺の寺内金融でも重要な位置を占めていた塔頭であり、[25]土倉と禅宗寺院とのあいだに人を媒介とした技術交流が存在したことをうかがわせる。

このような吉田家と天龍寺の密接な関係にいち早く注目したのが原田正俊である。原田は「天龍寺をはじめとした禅院には土倉・酒屋の子弟が僧となって入ることは常にあり、医術・算術をはじめとした教養を学んだのであろうし、より広く五山禅院の文化を吸収したのであろう」「土倉・酒屋の子弟の禅院への入院など人の交流も盛んであり、こうした人脈をもとに個別に金融を行う禅僧寺庵も増大したのであろう」と述べるが、[26]まさに小論の問題意識を先取りした優れた考察である。十五世紀以前の京都の金融界が山徒系の土倉によって支配されていたことを考えると、このような土倉と禅宗寺院との関係は十六世紀的な様相とみたほうがよいのかもしれないが、いずれにせよ、同様の検討は他の土倉、他の禅宗寺院についてもなされてしかるべきである。

大森家と相国寺

そこで土倉と禅宗寺院との密接な関係を示す事例をもうひとつ紹介しよう。大冨家や吉田家と同様、戦国期に新たに進出してきた有力土倉のひとつに大森家がある。大森家も「大森一類」とよばれた一族結合を有しており、[27]文明年間に登場する大森五郎左衛門尉吉久[28]をはじめ、大永年間には大森新四郎正盛[29]、大森次郎[30]、天文年間には大森新四郎兼広[31]、大森修理亮兼家[32]、大森寿観[33]、大森新九郎[34]、大森新介[35]、大森四郎二郎[36]、大森与左衛門尉長政[37]など、数多くの土倉を輩出する。また大森北女[38]、大森新介内ちやこ[39]、大森与左衛門妹[40]など、一族の女性たちの金融業への進出も著しい。

これら大森一族の総帥ともいえるのが、天文年間に関していうと大森修理亮兼家と大森寿観の二人であり、両者の続柄は不明ながら、天文十五（一五四六）年ごろの債権額は、判明するだけでも兼家が銭一三一貫文、米四二石、寿観が銭一三九貫文、米三九石以上に達している[41]。

では彼らは京都のどのあたりを拠点としていたのだろうか。債務者の住所をみると、鞍馬・岩倉・松崎・賀茂・修学院・田中・川崎・御霊口・清蔵口・千本・小野、それに丹波国大布施など、京都の北方に広く分布しているので、京都の南北でいえば北、東西でいえばほぼ中央部に拠点をもっていたことが予測される。そこでこの点を史料に探ってゆくと、『言継卿記』永禄八（一五六五）年五月十八日条に次のような記事を見出すことができる。

> 勧修寺中納言令二同道一礼に罷向、先三好日向守、知恩寺之内、太刀、絲巻、門外へ出対面、次三好左京大夫義重、旅宿、河堂之内、太刀、絲巻、見参、奏者金山駿河守也、金山同太刀遣レ之、次松永右衛門佐義久、宿、大森寿観所、常徳院之内、太刀、絲、奏者海老名石見守、見参酒有レ之（下略）

記主の山科言継が勧修寺晴秀とともに在京中の三好日向守長逸、三好左京大夫義重（義継）、松永右衛門佐義久（久通、久秀の子）を訪問したさいの記事である。彼らが将軍足利義輝を暗殺する前日の記事であることも興味深いが、ここでは松永久通の宿所が大森寿観のところであったという割注の記述に注目したい。そして、その寿観がいた場所とは相国寺の塔頭常徳院内であったという。まさに債務者の分布から予測されたとおりの位置であるが、ただ常徳院という由緒ある塔頭が当初から土倉の居所であったとは考えにくいので、そこはおそらく寿観にとっても寓居であったにちがいない。[42] 寿観がそこに寓居できた理由については、吉田家と天龍寺の関係のように、寿観の子弟が相国寺僧になっていたと考えるのが自然かもしれぬが、いずれにせよ、ここにもまた土倉と禅宗寺院との深い結びつきが認められるのである。

おわりに

小論では、中世の人びとにとってもっとも信頼でき、だからこそ彼らがもっとも大切にしていたのは姻戚関係、親戚付き合いであったというごく当たり前のことを確認したにすぎない。中世後期になると地縁的関係や一揆的結合の重要性が増すというのはもちろんそのとおりだが、かといって姻戚関係の重要性が低下するわけではなく、それは依然としてもっとも基本的な人間関係でありつづけたはずである。この自明であるがゆえに忘れられがちな点をあらためて強調しておきたい。

姻戚関係は世俗社会にとどまるものではなかった。小論では、中世金融界の双璧をなしていた土倉と禅宗寺院のあいだに人的交流があり、具体的には土倉が人的資源を禅宗寺院に供給することによって、それが同時に技術交流、金融のノウハウの伝播にも役立っていたのではないかと推測してみたが、このような寺院社会と世俗社会との関係を探ることも今後の重要な課題になってこよう。

嗷訴に典型的にあらわれるように、寺院は一個の独立した意思をもつ集団として行動することもあったが、寺院内で再生産される下級の僧侶は別として、その人的資源はつねに世俗社会から供給されたのであるから、寺院社会の一員になったからといっても、ただちに出自集団との縁が切れるわけでもなければ、その利害関係から自由になれるわけでもない。

その彼らがときとして世俗社会に刃向かうとき、個々の僧侶のなかにアイデンティティの葛藤を生じさせずにはおかなかったはずである。その意味では、中世の寺院社会は近代の軍隊とひじょうに近いところがあるようにも思われるが、そのような視角から僧侶の出自や人脈を探ってみるのもあながち意味のないことではあるまい。

最後に、土倉大森家の出自に関してひとつだけ付言しておきたい。兼家と寿観の債務者のなかには禁裏御料所小野山供御人[43]と丹波国大布施三カ村[44]が含まれている。大森家がこのような山間地の人びととつながりをもっていたことに多少の違和感を覚えて、あらためて地図上でその位置を確かめてみたところ、ちょうど両地に挟まれた位置に大森という地名が存在することがわかったのである。行政区画としての大森村の成立は明治八（一八七五）年まで降るが、この地名は同地に所在する大森賀茂神社に由来し[45]、しかも同社は文安三（一四四六）年の史料にすでに「大森之御社」とみえるから[46]、この付近が大森とよばれるようになった時期は中世にさかのぼるとみてよい。これははたして偶然であろうか。清滝川上流の奥地にあり、それまで歴史の表舞台にほとんど登場したことのないこの無名の土地こそ、大森一族の苗字の地なのではなかろうか。

戦国期に、それまでの山徒系の土倉に代わって京都の金融界を支配することになる新興土倉たちがいったいどこから発生してきたのかについてはほとんど解明されていないのが現状である。しかし、もしこの山間地が大森家の出身地であるとすると、そこにどのようなシナリオが描き出せるだろうか。小野山も大布施も林業で有名な土地である。大森家はそのような山民相手の金融から身をおこした可能性はないだろうか。さらに推測を重ねれば、応仁・文明の乱後の京都の復興期が大森家の進出に手を貸したとも考えられる。

ともかくも、新興土倉の出自と、彼らにビジネスチャンスを与えたものが何であったかを、吉田家や大冨家のような酒屋系土倉と大森家のような非酒屋系土倉のそれぞれについて解明することが必要だろう。それは、現在評価の割れている戦国期京都の経済状況を確定し、論争に決着をつけるうえでも有効な手段になるものと思われる。

(1) 村井章介「趣旨説明」『史学雑誌』一一七編一号（二〇〇八年）。
(2) 後述する角倉吉田家と嵯峨の関係など。これについては河内将芳「戦国期京都の酒屋・土倉の一存在形態—中世角倉研究の拾遺—」『日本歴史』五二〇号（一九九一年、後に河内『中世京都の民衆と社会』〈思文閣出版、二〇〇〇年〉所収）に詳しいが、河内も「「嵯峨境内土倉中」「嵯峨土倉中」とは、「嵯峨境内」「嵯峨」といった地縁を前面に出すとともに、それに血縁が折り重なって形成された土倉集団であったのである」と的確に述べるように、これらは純粋に地縁的な結合とはいいがたく、角倉吉田家の一族結合を中心とするものであった。その点では注(4)拙稿にたいする河内の批判にもかかわらず、河内の理解と一族結合を重視する私見とのあいだに大きな隔たりは認められない。
(3) 河内将芳『中世京都の都市と宗教』（思文閣出版、二〇〇六年）。
(4) 拙稿「職人・商人の組織」『岩波講座日本通史10　中世4』（岩波書店、一九九四年、後に拙著『日本中世の経済構造』〈岩波書店、一九九六年〉所収）。
(5) 同右、および桜井英治・中西聡編『新体系日本史12　流通経済史』（山川出版社、二〇〇二年）一三四頁。
(6) 下坂守「中世土倉論」日本史研究会史料研究部会編『中世日本の歴史像』（創元社、一九七八年、後に下坂『中世寺院社会の研究』〈思文閣出版、二〇〇一年〉所収）。
(7) 百瀬今朝雄「文明十二年徳政禁制に関する一考察」『史学雑誌』六六編四号（一九五七年）。
(8) 拙稿「借書の流通」小野正敏・五味文彦・萩原三雄編『考古学と中世史研究2　モノとココロの資料学—中世史料論の新段階—』（高志書院、二〇〇五年）、拙著『日本史リブレット27　破産者たちの中世』（山川出版社、二〇〇五年）。
(9) 前注(4)拙稿、および拙稿「商人の家・職人の家—訴訟の文書からみる—」『朝日百科日本の歴史別冊　歴史を読みなおす13　家・村・領主—中世から近世へ—』（朝日新聞社、一九九四年）。
(10) 『大日本古文書　家わけ第二十一　蜷川家文書之三』六四三号（天文二十一年）八月日森友勝支状案、同六四四号（天文二十一年カ）森光友重訴状案（後欠）、同六四五号（天文二十一年カ）八月二十二日森光友重訴状案、同六四六号（天文二十一年カ）八月日森友勝重支状案、同六四八号　天文二十一年九月日森光友訴状案、同六五〇号　天文二十一年九月日森友勝支状案、同六五一号　天文二十一年十月日森光友重訴状案、同六五二号　天文二十一年拾月日森友勝重支状案。
(11) 「山上宗二記」（熊倉功夫校注『山上宗二記　付茶話指月集』岩波文庫、二〇〇六年）に「名人」の一人として紹介されている

「京大富善好」は大冨善幸のことであろう。同書にはほかに「善好茶碗」もみえる。

(12) 桑山浩然校訂『室町幕府引付史料集成　下』(以下、『集成下』と略す)「賦引付三」九八項　大永七年正月三十日大冨五郎次郎善久申状案、「礼銭等進納目録(一)」一一項他。

(13) 『集成上』「別本賦引付四」五三項　天文九年九月日大富七郎左衛門尉有善申状案、『集成下』「賦引付三」八八項　大永六年十二月二十八日大冨与二郎有善申状案他。

(14) 『集成上』「蜷川親俊日記」一七項　(天文十九年)七月十三日蜷川親俊書状案、『集成下』「銭主賦引付」七六項　天文十六年閏七月日大冨善左衛門尉宗次申状案、「徳政雑々記」七八項　(天文十六年)正月二十九日蜷川親俊書状案他。

(15) 『集成下』「徳政分一方披露次第(二)」七一項、「礼銭等進納目録(二)」四八項他。

(16) 永禄四(一五六一)年に極楽頼子を興行した淀郷居住の石清水八幡宮神人八名のなかに「森与介」なる者がみえる(『集成上』「別本賦引付三」四項　永禄四年八月日石清水八幡宮神人申状案)。

(17) 早島大祐「中世後期社会の展開と首都」、井原今朝男「中世後期における債務と経済構造―求心的経済構造の空洞化―」ともに『日本史研究』四八七号(二〇〇三年)。

(18) 拙稿「早島報告コメント」『日本史研究』四八七号(二〇〇三年)。

(19) 早島はその後、論文「応仁の乱後の京都市場と摂津国商人」『立命館文学』六〇五号(二〇〇八年)においてこの事例に言及し、これを「京都の商人による都鄙のネットワークを再構築する動向」と評価したが、厳密には、彼らは「商人」でなく、「金融業者」であり、そこにこそ戦国期における京都の経済的地位を理解するカギがあると考える。その点で当該論文が前注(18)拙稿で提起した京都金融都市化説にまったく言及していないのは片手落ちであろう。また当該論文を読むかぎり、早島は依然として京都に経済的求心性を認めているようにみうけられるが、この点は京都の経済的な空洞化を主張した前注(17)早島論文の論旨とどのようにかかわるのであろうか。

(20) 『集成下』「銭主賦引付」二一項。

(21) この申請にたいする安堵状は天文十五年十二月十二日付の奉行人連署奉書で出されたが、こちらは各人ごとに合計七通出されている(『集成下』「徳政御下知頭人加判引付」六三〜六九項)。

(22) 『集成下』「徳政雑々記」九六項　(天文十六年)三月二十四日蜷川親俊書状案では、田中与一重長は別の土倉沢村新兵衛尉にたいする債務者として登場する。前述した土倉問貸借にかかわるものであろう。

(23)『日本歴史地名大系27　京都市の地名』（平凡社、一九七九年）一一〇六頁。

(24)「東南坊」については、『集成下』「徳政御下知頭人加判引付」六七項の充所に「谷東南坊」とある。前注(23)書によれば、現在の右京区常盤と西京区松尾の二カ所に「谷村」の地名があり（一〇四二、一一一二頁）、いずれにしても嵯峨の近辺である。

(25)国文学研究資料館所蔵「山城国葛野郡嵯峨天龍寺塔頭臨川寺文書」一一号　天文十八年天龍寺米銭納下帳に「於二華徳院一借之」、同一二号　天文二十一年天龍寺米銭納下帳に「南芳院借納」、同一三号―三　弘治三年開山国師二百年忌以来納下帳に「自二華徳一借納」「華徳院江返弁」などの記載がみえる。また後二者には署判者の一人として「西堂梵康」「臨川寺梵康」がみえるが、前注(20)史料の華徳院梵康と同一人物であろう。なお、これらの納下帳については、田中浩司「戦国期寺院領主経済の一齣―天龍寺の「納下帳」の分析を中心に―」『論究』二二巻一号　文学研究科篇（一九九〇年）に紹介がある。

(26)原田正俊「中世の嵯峨と天龍寺」浄土真宗教学研究所・本願寺史料研究所編『講座蓮如4』（平凡社、一九九七年）。

(27)『集成下』「徳政賦引付」二項　天文十五年十一月十二日高野地下人等申状案、「徳政御下知頭人加判引付」四項　天文十五年十一月十五日室町幕府奉行人連署奉書案。

(28)『集成上』「政所賦銘引付」一三二項。

(29)『集成下』「頭人御加判引付二」一九項　大永六年十二月十三日室町幕府奉行人連署奉書案、「徳政分一方披露次第（二）」一三項、「礼銭等進納目録（一）」一二項、「礼銭等進納目録（二）」三一項。

(30)『大日本古文書　家わけ第二十一　蜷川家文書之二』四二四号　年月日未詳幕府政所執事裁許記録他。

(31)『集成下』「銭主賦引付」六三項　天文十六年三月日大森新四郎兼広申状案、「賦引付并徳政方」八項　天文十六年九月日松井新左衛門尉被官人弥次郎申状案、同七三項　天文十九年八月日大森新四郎兼広申状案、「徳政御下知頭人加判引付」八七項　天文十六年五月二十七日室町幕府奉行人連署奉書案。

(32)『集成下』「銭主賦引付」二四項　天文十五年十二月日大森修理亮兼家申状案、同七七項　天文十六年八月日大森修理亮兼家申状案、「徳政賦引付」一〇項　天文十五年十一月日丹州細川郷院家之内地下人各申状案、同三九項　天文十五年十一月日鴨社社務祐春・祝秀行等申状案、同五九項　天文十五年十一月日千本三町々人申状案、同六八項　天文十五年十一月日禁裏御料所小野庄供御人等申状案、同七四項　天文十五年十二月日田中村地下人等申状案、同八二項　天文十五年十二月日小野庄地下人内申状案、同一〇三項　天文十六年二月日鍛冶屋南女申状案、同一〇四項　天文十五年十一月十二日清大外記枝賢申状案、「賦政所方」二七項　年欠三月二十日蜷川親俊書状案、「賦引付幷徳政方」一項　天文十五年九月日大森修理亮兼家申状案、同六項　天文十六年八月日大森修理亮兼家申状案、同十二項　天文十六年九月日大森修理亮兼家申状案、同五九項　天文十七年六月日上原久助家房申状案、「徳政御下知頭人加判引付」四八項　天文十二年十二月二日堤三郎兵衛尉・東郷帯刀左衛門尉両人申状案、同五八項　天文十五年十一月十七日室町幕府奉行人連署下知状案、同九六項　天文十六年八月十日室町幕府奉行人連署奉書案、同九九項　天文十六年九月四日室町幕府奉行人連署奉書案、「徳政雑々記」九七項　（天文十六年）四月二十五日蜷川親俊書状案、同一〇八項　（天文十六年）五月三十日蜷川親俊書状案。

(33)　『集成下』「銭主賦引付」三八項　天文十五年十二月日大森寿観申状案、「徳政賦引付」六項　天文十五年十一月日松嶋越後申状案、同一〇項　天文十五年十一月日丹州細川郷院家之内地下人各申状案、同二五項　天文十五年十一月日大布施三ヶ村申状案、同三九項　天文十五年十一月日鴨社社務祐春・祝秀行等申状案、同六八項　天文十五年十一月日禁裏御料所小野庄供御人等申状案、同八二項　天文十五年十二月日小野庄地下人内申状案、同九四項　天文十五年十二月日林源次郎孝元申状案、「賦引付幷徳政方」九項　天文十六年二月日松井新左衛門尉光康申状案、同一一項　天文十六年九月十六日大森寿観・同新九郎申状案、「徳政御下知頭人加判引付」二八項　天文十五年十一月十七日室町幕府奉行人連署下知状案、同五八項　天文十五年十一月十七日室町幕府奉行人連署下知状案、同七八項　天文十五年十二月二十二日室町幕府奉行人連署奉書案、同一〇一項　天文十六年九月十六日室町幕府奉行人連署下知状案。

(34)　『集成上』「別本賦引付二」一四項　天文十五年十一月日吉田左兵衛佐兼右申状案、『集成下』「賦引付幷徳政方」一一項　天文十六年九月十六日大森寿観・同新九郎申状案、「徳政御下知頭人加判引付」一〇一項　天文十六年九月十六日室町幕府奉行人連署下知状案。

(35)　『集成上』「別本賦引付二」一四項　天文十五年十一月日吉田左兵衛佐兼右申状案、『集成下』「徳政賦引付」四五項　天文十五年十一月日藤田源三申状案、同五九項　天文十五年十一月日千本三町々人申状案、同六五項　天文十五年十一月日定法寺雑掌申状案、同七一項　天文十五年十一月日西京六保地下人等申状案、同七四項　天文十五年十二月日田中村地下人等申状案、同七八項　天文十五年十二月日東山永蔵主申状案、同一〇四項　天文十五年十一月十二日清大外記枝賢申状案、同一一一項　天文十六年六月日車借等申状案。

(36)『集成下』「徳政賦引付」一〇四項　天文十五年十一月十二日清大外記枝賢申状案。
(37)『集成上』「別本賦引付二」五三項　天文十七年六月日中村又次郎宗次申状案、「銭主賦引付」一九項　天文十五年十二月日大森与左衛門尉長政申状案、同五二項　天文十六年二月日大森与左衛門尉長政申状案、「徳政賦引付」六一項　天文十五年十一月二十八日中村又次郎宗次申状案、「賦引付幷徳政方」二項　天文十五年八月日大森与左衛門尉長政申状案、同一三項　天文十五年九月日大森与左衛門尉長政申状案、同四二項　天文十六年十二月日大森与左衛門尉長政申状案、「徳政御下知頭人加判引付」五九項　天文十五年十二月十二日室町幕府奉行人連署奉書案、同一〇〇項　天文十六年九月三日室町幕府奉行人連署下知状案。なお、右の「賦引付幷徳政方」二項　天文十五年八月日大森与左衛門尉長政申状案には「親候西野与次入道道照」とあり、長政の実父は西野苗字であったことが知られる。長政は養子として大森一族に加わったのであろう。
(38)『集成下』「徳政賦引付」一〇三項　天文十六年二月日鍛冶屋南女申状案。
(39)前注(36)史料。
(40)『集成下』「賦引付幷徳政方」三項　大もり与さへもん妹申状案。
(41)前注(32)(33)史料。ただし安堵額・棄破額双方を含む。
(42)債務者の分布からみて、常徳院寓居以前の本来の居所もこの近辺であったことはまちがいあるまい。
(43)『集成下』「徳政賦引付」六八項　天文十五年十一月日禁裏御料所小野庄供御人等申状案、同八二項　天文十五年十二月日小野庄地下人内申状案。
(44)『集成下』「徳政賦引付」二五項　天文十五年十一月日大布施三ヶ村申状案。
(45)前注(23)書、四六一～四六五頁。
(46)『図書寮叢刊　壬生家文書三』七五一号　文安三年十一月日主殿寮小野山公文所申文。
〔追記〕　校了後、野田泰三氏の論文「戦国争乱と上賀茂社」(大山喬平監修、石川登志雄・宇野日出生・地主智彦編『上賀茂のもり・やしろ・まつり』同朋舎、二〇〇六年)が、大森氏について新出史料にもとづいた詳細な分析をおこなっていることに気づいた。野田氏には不手際を深くお詫び申し上げるとともに、読者には併せてご参照下さるようお願いしたい。野田論文と拙稿とを連結させることで大森氏の成長過程がより鮮明に見通せるはずである。

3章　松浦党の壱岐島「分治」と境界人ネットワーク

村井章介

はじめに

一四七一年に朝鮮で成立した地誌、『海東諸国紀』の日本国紀・八道六十六州・一岐島の条の冒頭部分に[1]、「志佐《しさ》・佐志《さし》・呼子《よぶこ》・鴨打《かもち》・塩津留《しおつる》分治す」と記されている。これらの名字は、いずれも肥前国上・下松浦を本拠地とする松浦党のものだ。志佐は北松浦半島北岸にある長崎県松浦市志佐で、中世には下松浦に属し、佐志は東松浦半島東岸にある佐賀県唐津市佐志、呼子は同半島北端にある同市呼子町呼子、塩津留は呼子の南東程近い丘陵にある同市鎮西町塩鶴で、いずれも中世には上松浦に属する。鴨打は地名が遺存していないが、上松浦であることはまちがいない。

島外勢力である松浦党諸氏による壱岐「分治」については、「分割支配」などと表現される[2]いっぽうで、有名な松浦党一揆から類推すれば、一揆による島の共同支配といったイメージも湧いてくる。いずれにせよ踏みこんだ実態分析はおこなわれてこなかった。長節子氏が、塩津留以外の四氏は本拠を松浦においたままの代官支配であるのに対して、塩津留氏のみ名字の地を捨てて壱岐に移住したことを、明らかにしており[3]、松尾弘毅氏が、朝鮮通交において重要視されたのは「壱岐倭寇」に対する統制力であって、壱岐居住は大きな意味をもたなかったことが、代官支配をなりたたせていた、と述べている程度である。[4]

いっぽう、松浦氏が「壱岐倭寇」と呼んだ人びとは、松浦党の「領主」層より低い「住人」層に属し、日朝間の境界空間を往来しつつ、交易・海賊・外交・情報伝達など多彩な分野で活動した「境界人」だった。[5] 彼らについても、朝鮮通交者の個別事例としては網羅的に検出されているものの、[6] 彼ら相互のネットワークという観点による分析はとぼしい。また、彼らと領主層との関係についても、松尾氏のいう「統制」がすべてではなく、領主層の活動が彼らのネットワークに支えられていた側面もあった。

室町時代の壱岐を語る国内史料がきわめてとぼしい一方で、『朝鮮王朝実録』（以下『実録』と略す）には、ほぼ十五世紀を通じて、壱岐にかかわりをもつ勢力（その名を騙る勢力をふくむ）[7] の通交事例がおびただしく記録されており、朝鮮官僚や境界人による壱岐社会の観察記録もいくつか見出される。また、『海東諸国紀』（以下『海東』と略す）の記事は、一四七一年という特定時点の状況を切りとって見せてくれる。本稿では、これらの史料を、朝鮮通交よりは、島内社会のあり方の解明に比重をおいて分析してみたい。国内史料に恵まれない地域の社会史を、外国史料によってどこまで描けるか。これが本稿のひそかに意図するところである。

1　『海東諸国紀』一岐島条を読み解く

郷と里と浦と

『海東』一岐島条の冒頭、さきに引いた部分の直前に、「郷七。水田六百二十町六段。人居、陸里十三、海浦十四。東西半日程、南北一日程。」という地理的概観が記されている。対馬が八二の海浦のみで構成されるのとは対照的に、壱岐では、里（農村）が一三三〇戸、浦（漁村）が七〇〇戸（ただし、阿神多沙只・風本（勝本）の二浦は戸数記載を欠く）と、里の人

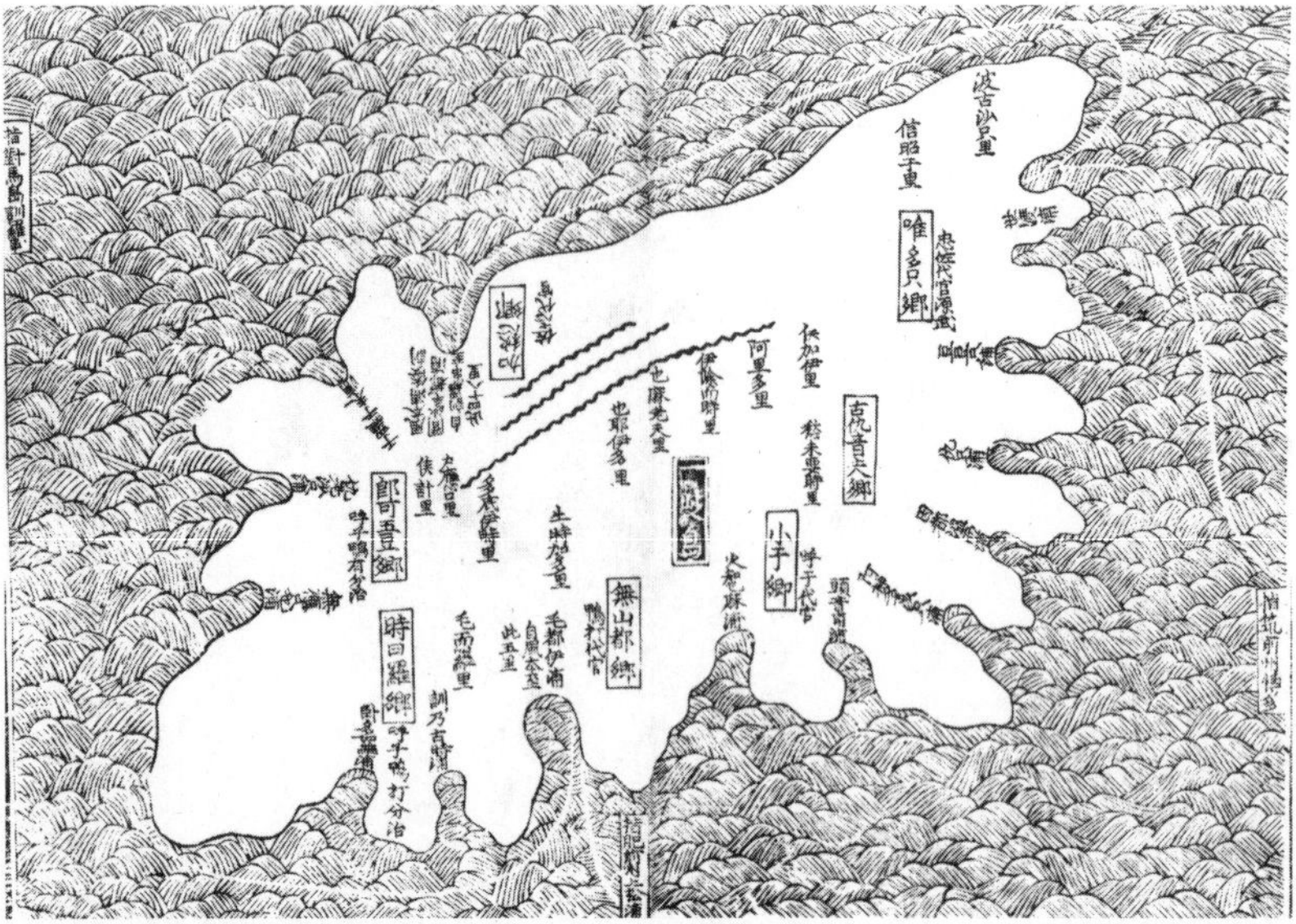

図1　『海東諸国紀』日本国一岐島之図（東京大学史料編纂所蔵）

口が優越しており、附載の「日本国一岐島之図」（図1）を見ても、島の中央部を占める里を海岸にある浦がとり囲むように描かれている。里・浦およびこのあと述べる郷の比定地を、現在の地図上に落としたものを、図2として掲げた。

対馬が「四面は皆石山にして、土瘠《や》せ民貧しく、煮塩・捕魚・販売を以て生と為す」状態だったのに対して、壱岐は内陸部に平野が展開し、「土は五穀に宜《よろ》し」という土地柄だった（『海東』対馬島条、一岐島条）。対馬の延長ともいうべき朝鮮半島南岸の倭人居留地三浦《さんぽ》では、豊年には倭人が壱岐から魚・塩・野菜を買いつけ、食糧を確保していたが、凶荒に遇うと橡の実や葛・蕨の根しか食べものがなく、生存が困難だったという（成宗十七・十・丁丑）[8]。壱岐の陸里は境界空間における食糧生産基地であり、その海浦は食糧移送の拠点であった。

ついで「七郷」の見出しのもとに、郷ごとの統治関係と朝鮮通交者名簿が記される。郷名の下のカッコ内に、現地名への比定地（「壱岐市」は省略）と、『和名抄』記載の郷との対応関係を注記した。

A加愁郷（勝本町勝本、『和名抄』可須《かす》郷）……①

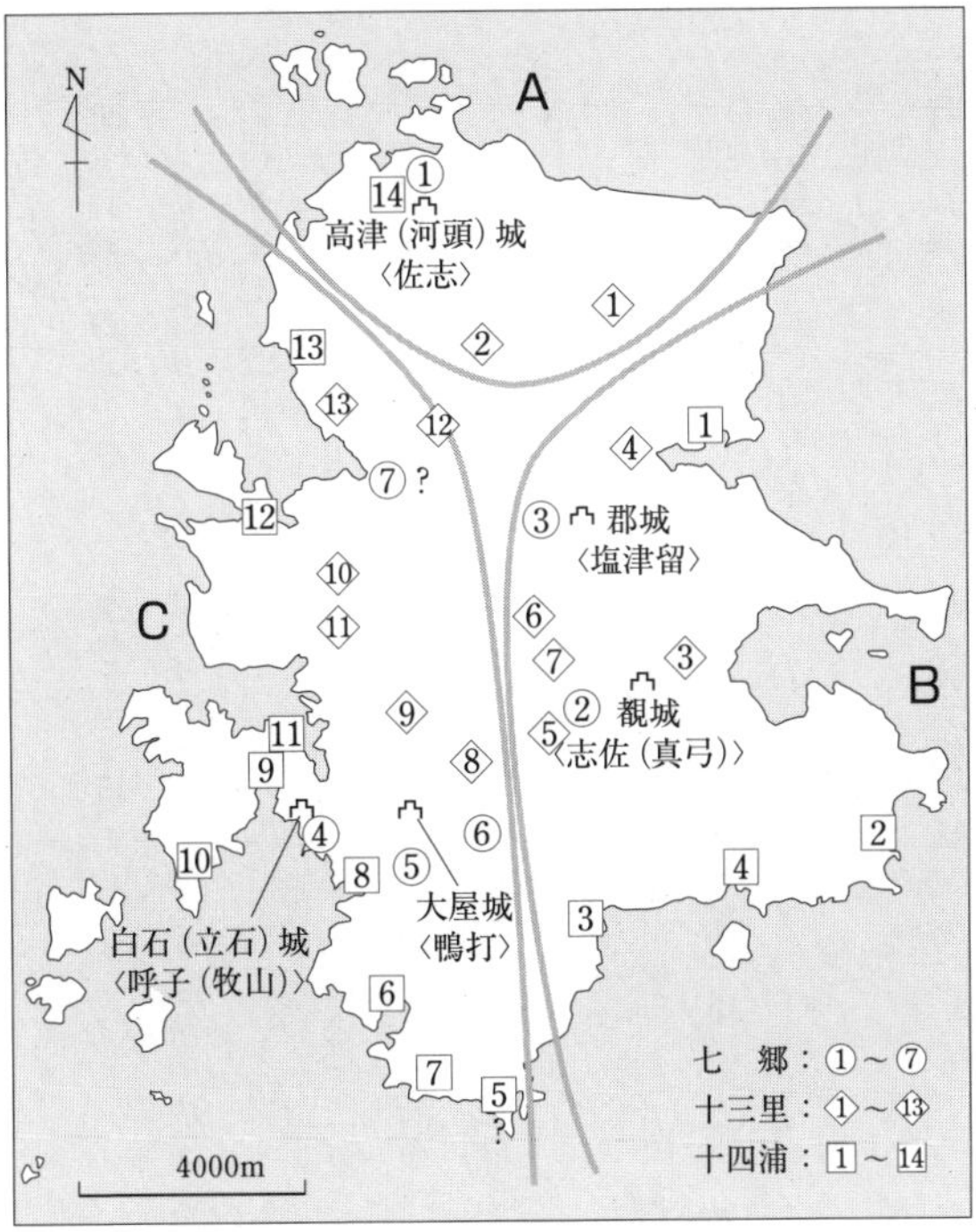

図2　15世紀中葉の壱岐

	七郷			十三里			十四浦		
	No.	『海東』	現地名	No.	『海東』	現地名	No.	『海東』	現地名
A	①	加愁	勝本	◇1	波古沙只	箱崎	□14	風本	勝本
				◇2	信昭于	新城《しんじょう》			
B				◇3	侯加伊	深江	□1	世渡	瀬戸
	②	唯多只	湯岳	◇4	阿里多	当田《あたりだ》	□2	豆豆只	筒城《つつき》
				◇5	伊除而時	射手吉《いてよし》	□3	仇只	久喜《くき》
	③	古仇音夫	国分	◇6	愁未要時	住吉	□4	因都温而	印通寺《いんどおじ》
				◇7	也麻老夫	山信《やまのぶ》	□5	阿神多沙只《アシタサキ》	（初瀬の内？）
C				◇8	也那伊多	柳田	□6	頭音甫	坪
	④	小于	庄	◇9	牛時加多	牛方	□7	火知也麻	初山
							□8	毛都伊	本居
	⑤	無山都	武生水《むしょうず》	◇10	多底伊時	立石	□9	訓乃古時	船越
				◇11	毛而羅	百次郎《もじろ》	□10	臥多羅	渡良《わたら》
	⑥	時日羅	志原				□11	無応只也	麦谷《むぎや》
				◇12	侯計	布気《ふけ》	□12	仇老沙只	黒崎
	⑦	郎可五豆	鯨伏《いさふし》？	◇13	戸応口	本宮《ほんぐう》	□13	于羅于未	浦海

注　No.：『海東諸国紀』における記載順。『海東』：『海東諸国紀』における地名表記。
　A佐志圏　B志佐圏　C呼子・鴨打圏。里・浦がA～Cのいずれに属するかは推定。

佐志代官主之。

唯多只郷（芦辺町湯岳《ゆたけ》、『和名抄』伊宅《いたけ》郷）……②

志佐代官源武主之。／戊子年（一四六八）受図書。約歳遣一二船。書称一岐守護代官真弓兵部少輔源武。

古仇音夫郷（芦辺町国分《こくぶ》）……③

源経主之。／己丑年（一四六九）受図書。約歳遣一二舡。書称上松浦塩津留助次郎源経。

源重実／丁丑年（一四五七）約歳遣一舡。書称上松浦塩津留松林院主源重実。

宗珠／己卯年（一四五九）遣使来朝。書称一岐州上松浦塩津留観音寺宗殊。約歳遣一舡。

小于郷（郷ノ浦町庄触《しょうぶれ》）……④

呼子代官源実主之。／約歳遣一舡。書称上松浦呼子一岐州代官牧山帯刀源実。庚寅年（一四七〇）源実子正遣使来朝。書称、去歳六月父為官軍先鋒而死于敵、臣継家業。乃依父例館待。

無山都郷（郷ノ浦町武生水《むしょうず》）……⑤

鴨打代官主之。

時日羅郷（郷ノ浦町志原《しわら》、『和名抄』篦原《しはら》郷）……⑥

呼子・鴨打分治、各有代官。

郎可五豆郷（勝本町鯨伏《いさふし》？『和名抄』鯨伏郷）……⑦

呼子・鴨打分治、各有代官。

七郷・十三里・十四浦を列記する書式から見て、郷・里・浦は並列の行政単位かとも見えるが、郷には戸数が記載されていないから、やはり郷のもとに里・浦が所属するのだろう。しかし、個々の里や浦がどの郷のもとに属するのかは明示されていない。おそらく、郷の政治的中心地がいずれかの里あるいは浦におかれ、そこに領主か代官の城や屋敷があったであろう。たとえば、佐志代官の拠点は勝本浦に、呼子・鴨打代官の拠点は本居浦にあったと思われるが、すべての政治的拠点を特定の里・浦に比定するのは困難である。

直接支配と代官支配

長氏が注意したように、島の東部③古仇音夫（国分）郷に拠る塩津留氏のみが、代官によらない直接支配であって、しかも当主である経が歳遣一～二船の権利をもつほかに、一族であることが明らかな松林院主源重実[9]と、おそらくは一族と思われる観音寺看主宗殊[10]の二僧も、歳遣一船の権利をもっていた。塩津留一族は最大で年ごとに四艘の船を朝鮮に送れたことになる。

『海東』のこの記事を『実録』と照合すると、まず経のばあい、一四六九年に「日本国九州都元帥源教直・上松浦塩津〔留脱〕源経、各おの使を遣はし来りて土物を献ず」とあるのが初見である（睿宗元・六・甲寅）。『海東』の己丑年と一致しており、このとき図書（朝鮮当局あての書面に捺す私印）を受領し、歳遣一～二船の権利を認められたものだろう。つぎに、源重実名の通交記事は一四五四年が初見で（端宗二・四・戊子）、丁丑年（一四五七）歳遣一船定約のことは『実録』に見えない。宗殊のばあいは、一四五三年に通交記事の初見がある（端宗元・五・丁巳）が、己卯年（一四五九）には『実録』に通交の記事が見あたらない。

残る六郷が代官支配となるが、それも一様ではない。まず、代官自身が通交者名簿に載っているのが、②唯多只（湯岳）郷と④小于（庄）郷である。

②は島の東南部に位置し、志佐氏の支配で代官は真弓武である。志佐氏が壱岐守護であるため「一岐守護代官真弓兵部少輔源武」という名義になっている。それなりに勢威があったらしいが、「真弓は権を執ると雖も、乃ち志佐の代官にして、呼子・塩津〔留〕・周布和兼の独り擅《ほしいま》まにするには如《し》かざる也」とある（世祖元・七・丁酉）ように、代官が格下であ

ることは強く意識されていた。『実録』では、武の初見は一四七〇年にあり（成宗元・三・辛卯）、戊子年（一四六八）の受図書・歳遣一〜二船定約のことは見えない。

④は島の西南部に位置し、呼子氏の支配で代官は牧山実である。『実録』では、彼は一四五五年六月に「上松浦呼子一岐代官牧山源実」として初見し（端宗三・六・辛卯）、同年七月の倭護軍藤九郎の談話中に「牧山源実は、呼子の代官にして、一岐島内の富居人なり、然るに軍兵無し」と紹介され（世祖元・七・丁酉）、一四六五年まで通交記事がある（世祖十一・六・癸未）。彼がいつ歳遣船一艘を許されたかは、『海東』にも『実録』にも記載がない。しかし、一四七〇年九月に礼曹から対馬島宣慰官田養民に託された指示書に、「一年一両船定約」者一二名と「一年一船定約」者二五名が列記されており、後者のなかに彼の子「牧山十郎源正」の名が見える（成宗元・九・丙子）。したがって実の代に結ばれた歳遣一船の定約が、一四六九年に彼が戦死したのち、翌年朝鮮に遣使した子正に受けつがれた、という『海東』の記述は事実とみてよい。なお、実が「官軍の先鋒として敵に死」んだ戦いとは、「応仁文明の乱に乗じて、それまで対馬に身を寄せていた少弐頼忠が、対馬・壱岐の兵をひきいて、筑前回復の兵をあげ、大内氏らと戦ったことをさしている」[11]。『実録』における正の通交記事の初見は、右の指示書の少しまえ、一四七〇年七月に「代官牧山十郎源正」と見える（成宗元・七・壬午）。

つぎに、代官の名が記されず、ただ「代官主之」とのみあるのが、①加愁（勝本）郷と⑤無山都（武生水）郷である。①は佐志氏、⑤は鴨打氏の支配だが、②の志佐氏、④の呼子氏をふくめ、彼ら四氏自身の通交についてはのちにふれる。

さいごに、これも代官の名が記されないが、「呼子・鴨打分治、各有代官」と記される⑥時日羅（志原）郷と⑦郎可五豆（鯨伏？）[12]郷がある。島全体を五氏が「分治」する体制の下に、二つの郷を呼子・鴨打両氏が「分治」する体制が入子になっていた。この両氏は、まだ壱岐との関係が明瞭でなかった十五世紀初頭から密接だったらしく、鴨打氏の初見である一四〇六年とその翌年に「日本呼子遠江守源瑞芳・鴨打三川守源伝」と並記されている（太宗六・九・壬午、同七・五・丁丑）。さらに、一四四三年に「一岐毛道（本居）浦」の「土主」が「呼子・鴨打」であるという記述があり（世宗二十五・

十・甲午)、翌年の壱岐招撫官康勧善の復命書に「呼子津一岐守源高・肥前州押〔鴨〕打三河守源五郎等」の連名による礼曹あて復書が引用されており(世宗二十六・四・己酉)、一四四六年の上護軍尹仁甫の上書に「上松浦鴨打・呼子等、被虜人及び賊人刷出の時に於て、功無きにあらず焉」とあり(世宗二十八・九・甲戌)、一四五〇年の議政府の啓に「本国飄風人、一岐州鴨打殿・呼子殿の地面に到泊す」とある(文宗即位年・七・辛亥)。

代官を送って壱岐を「分治」していた志佐・佐志・呼子・鴨打四氏自身については、彼らの本貫である『海東』肥前州の条に記されている。

B源義/乙酉年(一四六五)遣使来朝、書称呼子一岐守源義、約歳遣一二舡。小二殿管下。居呼子。有麾下兵。称呼子殿。

源永/丙子年(一四五六)遣使来朝、書称肥前州上松浦鴨打源永、受図書、約歳遣一二舡。小二殿管下。居鴨打。有麾下兵。称鴨打殿。

源次郎/己丑年(一四六九)遣使来朝、書称肥前州上松浦佐志源次郎、受図書、約歳遣一舡。小二殿管下。能武才、有麾下兵。称佐志殿。

源義/乙亥年(一四五五)遣使来朝、書称肥前州下松浦一岐州太守志佐源義、約歳遣一二舡。小二殿管下。能武才、有麾下兵。称志佐殿。

呼子義の『実録』における初見は、一四六五年に「上松浦呼子一岐守源義」とある記事で(世祖十一・正・庚申)、『海東』の乙酉年と一致する。このとき受図書・歳遣一~二船の定約がなされた。一四七一年時点で、A—④小于(庄)郷の代官が牧山正だったことはすでに述べた。

鴨打永の『実録』における初見は、一四五七年に「上松浦鴨打源永」とある記事で(世祖三・九・丙子)、前年の丙子年に受図書・歳遣一~二船の定約がなされた。A—⑤無山都(武生水)郷の代官を勤めていた人物については、明証を欠く。

佐志源次郎の『実録』における初見は、一四四三年に「一岐州佐志源次郎」とある記事である（世宗二十五・八・戊戌）。その実名は、翌年に「佐志一岐太守源正」とある（同二十六・四・己酉、五・壬子）ので、正であろう。[13] 己丑年（一四六九）の遣使は『実録』に見えないが、この年に受図書・歳遣一船の定約がなされた。一四七一年の時点でA—①加愁（勝本）郷の代官を勤めていた人物については、明証を欠く。

志佐義の『実録』における初見は、一四五〇年に「一岐州知守（主）源義」とある記事で（文宗即位年・六・丙申）、一四五四年に「一岐州知主志佐源義」とある（端宗二・十二・丙午）ことから、この「知守（主）」が志佐義であることを知る。翌年六月までこの名義が続いた（端宗三・六・庚辰）あと、同年十一月に「一岐州太守志佐源義」という名義が登場する（世祖元・十一・庚辰）。『海東』の乙亥年はこれと一致し、「太守」名義の初度通交にさいして、歳遣一〜二船の定約が結ばれたのである。同年八月には「上松浦志佐源氏女」名義の通交もあった（世祖元・八・乙丑）。クーデタによる世祖即位直後のことでもあり、複雑な事情が隠れていそうだ。一四七一年時点で、A—②唯多只（湯岳）郷の代官が真弓武だったことはすでに述べた。

通交名義の固定化

以上から、一四七一年の時点で、壱岐の領主層の通交名義が九つあったことがわかる（史料A・Bの傍線部）。『海東』における表記で示せば、以下のとおりである。カッコ内に『実録』による当該名義の初見と終見の年を掲げた。

a 一岐守護代官真弓兵部少輔源武（一四七〇〜一五〇二）
b 上松浦塩津留助次郎源経（一四六九〜九五）
c 上松浦塩津留松林院主源重実（一四五四〜七一、源実次…一四七三〜九九）
d 一岐州上松浦塩津留観音寺宗殊（一四五三〜一五〇二）

e上松浦呼子一岐州代官牧山帯刀源実（一四五五～六五、十郎源正…一四七〇～一五〇四）
f呼子一岐守源義（一四六五～一五〇二）
g肥前州上松浦鴨打源永（一四五七～一五〇二）
h肥前州上松浦佐志源次郎（一四四三～一五〇三）
i肥前州下松浦一岐州太守志佐源義（一四五五～一五〇四）

ここで名義の使用期間に注目すると、中途で新名義への切り替えがあったcの源重実、eの牧山源実を除いて、長いものでは六一年間も継続使用されており（h）、短いものでも二七年に及んでいる（b・cの源実次）。じつはのちに述べるように、文明四（一四七二）年に上松浦の波多泰が「分治」五氏を破って壱岐の新支配者となるという大事件が起きていた(14)。遅くともこの時点以降の九名義はすべて真実のものではなく、通交規模の拡大をもくろんで対馬が集積した「偽使」の名義と考えられる。さらに、長氏によれば、宗成職が対馬島主を継承した直後、一四五三年ころ以降のこれら名義には、同一名義で一年間に数回～一〇回もの通交がある（たとえば、fに先行する「呼子源高」名義の通交は、一四五五年に一〇回を数えた）など、不審な点が多く、このころすでに対馬による偽名義の利用は始まっていたという(15)。

しかし壱岐関係者に関するかぎり、対馬はまったく架空の名義を捏造したわけではない。源武に対する源永、源経に対する源聞のように先代の名義までふくめれば、その成立はほとんどのばあい十五世紀前半に溯り、成立時から虚偽だった疑いが残るのは、一四五五年初見の「上松浦呼子一岐代官牧山源実」のみである（端宗三・六・辛卯）。しかし牧山名義については、対馬移住後の塩津留氏が牧山氏に使用料を払っていたことを、長氏が明らかにしており(16)、一四七二年以前は内実を伴う名義であった。つまり、一四七一年時点での壱岐関係者の通交名義は、そのまま真実とはいえないものになっていたが、実際の社会関係を転写したものではあった。したがって、『海東』『実録』の記述をもとに壱岐の社会関係を復元することは、偽使の横行にもかかわらず、方法的に可能だといえる。

a～eが壱岐居住のもの（グループⅠとする）、f～iが松浦居住で代官支配のもの（グループⅡとする）である。先掲の史料Bが語るように、グループⅡはみな「呼子殿」など「殿」づけで呼ばれたが、グループⅠには「殿」づけで呼ばれた人はいない。『海東』一岐島条の冒頭でグループⅡと列記される塩津留氏も、「殿」づけで呼ばれた例はなく、ⅠとⅡの間に社会的落差があったことがわかる。aはiの、eはfの被官だが、朝鮮との関係という局面において社会的上昇をとげ、独立の通交名義を獲得した。cとdはbと一族関係にある寺院で、bの管轄下にあり、塩津留氏の通交権拡大に貢献した。

以上、九つの通交名義に表現された領主層の社会関係は、つぎのように図示できる。

2 「分治」体制の形成と展開

松浦党進出以前

『海東』の編纂（一四七一年）と、壱岐の戦国時代開始を告げる波多泰の壱岐征服（一四七二年）とは、ほとんど同時だったから、『海東』にあらわれた壱岐の五氏「分治」体制は、室町期の最終段階を特徴づけるものといえる。ではそれはどのような段階を経て形成されたのだろうか。

室町期に壱岐の領主層として検出されるのは、源氏で一字名を標識とする松浦党の構成員ばかりだが、松浦党が外来勢力である以上、最初からそうだったはずはない。しかし、朝鮮史料も十五世紀初頭のものは数少なく、在来勢力の姿を明瞭にとらえることはむずかしい。そんななかで注目されるのは「一岐島(または州)知主源良喜」なる人物である。

『実録』における初見は一四〇二年で、使者を朝鮮に送って礼物を献じ俘虜を発還した(太宗二・七・己酉、九・己酉。おそらく同一記事の重出であろう)。同様の記事は一四〇三年、〇四年、〇六年、〇七年、〇九年と続き(太宗三・五・丙午、四・四・丁酉、六・八・壬辰、七・五・己卯、九・六是月)、一四一〇年にいたって「一岐知主源良喜・代言源覚真、各おの人を使《つか》はして礼物を献じ、大蔵経を求む」という記事があらわれる(太宗十・正・乙未)。大蔵経の求請は同年に再度の記事があり、翌年、三年後とくりかえされる(太宗十・四・甲子、十一・七・甲申、十三・二・己卯)。一四一三年にふたたび「使人来献土物」の記事があって(太宗十三・六・辛亥)のち、「知主」記事はしばらくとだえ、一四二五年に再登場したときには、志佐重がこの称号を名乗っていた(世宗七・三・乙未)。これは子息義に継承される(文宗即位年・六・丙申)。

一四二八年まで佐志氏が『実録』にあらわれないことを根拠に、右の源良喜の氏族を佐志氏とする説がある[17]が、論証として充分ではない。一四二八年ころ、「一岐知主」(志佐重と思われる)は本居浦居住の藤七を執事として使っていた(世宗十・十二・甲寅)。これは源良喜の時代から、知主が本居浦を拠点とする勢力だったことを思わせる。さらに憶測を重ねるなら、知主とは、壱岐守護志佐氏の勢力が島東南部に入ってくる以前から、本居浦で培われた島の有勢者だったのではないか。十五世紀初頭から、知主として大蔵経求請などめざましい活動の跡を残した源良喜が、一四一三年を最後に姿を消し、しばしの空白をはさんで、一四二五年から志佐氏が知主としてあらわれることは、その間に、在来勢力の後退と松浦党勢力の席捲という、島内領主層の勢力交代があったことを暗示する。

一四三〇年代に佐志姓ながら松浦党とは考えがたい「一岐州佐志平種長」(世宗十二・正・乙丑)・「一岐州太守佐志平公」(世宗十四・七・壬午)が見えるが、これらも偽使としてかたづけるより、松浦党佐志氏に対抗する平姓佐志氏がいたと考えてもよいのではないか。

二氏から四氏へ

壱岐の志佐氏が最初に『実録』にあらわれるのは、一四〇一年の「対馬島太守宗貞茂・一岐島守護志宗〔佐〕の使人還る」という記事である（太宗元・十・丙辰）。一四〇六年に被虜人を送還した「一岐州守護代源頼広・源挙」（太宗六・九・壬午）は、おそらく志佐氏の代官であろう。一四二〇年に朝鮮の回礼使に対して応永外寇について「怨言」を述べた「一岐島主」（世宗二・十・癸卯）は、おそらく志佐氏で、翌年志佐氏の固有人名として、「一岐州太守源重」が初見する（世宗三・八・癸巳）。これは松浦党と壱岐との関係を明示する最初の記事でもある。重はこのときと翌々年に硫黄・麒麟香・蘇油・犀角・蘇木という東南アジア産品を朝鮮に献じており（世宗五・二・丁丑）、有力な貿易家だったことがうかがわれる。同年に「一岐守護代源朝臣白浜伯耆守沙弥光秀」が通交者として見える（世宗五・十・丁巳）が、永徳四（一三八四）年下松浦一揆契状の連署者として「しさのしらはま白浜後家代弘」が見え（『青方文書』三四七号）、白浜氏が志佐氏の分流であることを知る（白浜は志佐の西隣の浦）。守護と守護代がともに松浦党の一員だったわけで、さきの「源挙」も白浜氏の可能性がある。一四二四年以前に、「志佐殿所掌一岐東面書吐（瀬戸）里船一隻・于羅于未（浦海）船一隻」が、捕魚のために赴いた朝鮮全羅道で、対馬島の二船もろとも兵船に拿捕されるという事件が起きた（世宗六・十二・戊午）。志佐氏の勢力圏が東海岸の瀬戸（芦辺町瀬戸浦）と西海岸の浦海（勝本町本宮仲触字浦海）をふくんでいたことがわかる。

『実録』における佐志氏の初見はかなり遅れて、一四二八年の日本通信使朴瑞生の復命書中に「書を一岐州志佐源公及び佐志に致す」とある記事である（世宗十・十二・甲申）。この「志佐源公」は重と思われるが、「佐志」は一四三〇年に「志左〔佐〕源公」とならんで「佐志源公」と見え（世宗十二・十一・己亥）、その実名は一四三四年に「一岐守源朝臣胤」（世宗十六・六・丁卯）、一四三七年に「佐志胤」（世宗十九・十二・丙子）とある胤であろう。

このころから、志佐・佐志両氏が壱岐を代表する勢力として併称されるようになる。一四三八年に「対馬州宗彦七・宗彦次郎・宗茂直・万戸早田六郎次郎、及び一岐志佐殿・佐志殿、九州田平殿・大友殿、薩摩州、石見州等諸処の使送人」（世宗二十・九・己亥）とあり、翌年に「志佐殿・佐志殿・薩摩州・石見州・大友殿等の処の書契・文引を受けて詐偽する者」（世宗二十一・四・乙未）とあり、一四五九年に日本通信使宋処倹を発遣するにあたって、礼曹から挨拶状を送るべき一一の勢力を列記したなかに、室町将軍・大内氏・幕府奉行人飯尾氏・畠山氏・斯波氏・管領細川勝元・佐々木氏・大友氏・宗氏に続いて、「一岐州太守志左〔佐〕源公」と「一岐州佐志源公」があげられており（世祖五・八・壬申）、一四七七年に礼曹が啓した日本国通信使事目の一条に、賜物を贈るべき日本国内の諸勢力が列記されているが、その諸勢力とは、国王処・管領・左武衛（斯波氏）・大内殿・畠山殿・京極殿・山名殿・少二殿・一岐州佐志・九州松浦志佐・対馬州太守の一一者であった。とはいえ、佐志・志佐への賜物は「白細苧布五匹・白細綿紬五匹・雑彩花席十張」という最低ランクだったが（成宗八・正・丁未）。

右と雁行しながら、呼子・鴨打両氏も姿を見せはじめる。一四二九年に「一岐・平戸等島は、志佐・佐志・田平・呼子等殿之を分任す」とあり（世宗十一・十二・乙亥）、平戸島は田平氏の領分だから、残りの志佐・佐志・呼子氏が壱岐島を「分任」していたことになる。一四四三年に世宗王は、ベテランの外交官李芸を遣わすにさいして、対馬島・志佐殿・呼子殿・鴨打殿に賜物を贈るべきだとの意見を述べている（世宗二十五・七・庚申）。この例ではなぜか佐志氏の名が見えないが、呼子・鴨打両氏が存在感を増しつつあったようすがうかがわれる。

そして一四四三年六月一日、中原に遠征した帰り道に、倭賊船二隻が全羅南道の西余鼠島（いまの麗瑞島《ヨソド》）で済州の官船一隻を襲い、二六名を殺害し七名の男女と穀米・布貨を略奪して去るという事件が発生した。賊船に壱岐船がふくまれ、被虜人が壱岐にいるという情報があったため、礼曹が壱岐勝本浦の住人都仇羅（藤九郎）を呼んで、「我国人刷還の策と賊倭捜捕の術と」を尋ねたところ、藤九郎はこう答えた（世宗二十五・七・癸酉）。

若遣一二使臣、与我同舟、直往一岐、声言為迎通信使卞孝文而来、使本島人無不周知、然後以其所持書契、告于志佐・佐志・鴨打・呼子殿、則四殿必従之、猶可捕也。

書契をもって志佐・佐志・鴨打・呼子の四氏に依頼すれば、倭寇を捕えることができるという。この時点で「四殿」による「分治」体制が確立していたことがわかる。その体制は倭寇に対する統制力をも保持していた。

以上は朝鮮史料から見た壱岐の姿であったが、日本史料にもわずかながら記述がある。すなわち、室町幕府のブレーンというべき醍醐寺三宝院満済の『満済准后日記』永享六(一四三四)年六月十七日条に、遣明船の帰国をひかえて賊船対策が論じられるなかで、満済は「賊船の事は、壱岐・対馬の者共専ら其の沙汰を致すか。此の両島は大略少弐の被官か。然らば少弐に仰せ付けらるべき事なり。……壱岐の事は何者の知行なるや、不分明に候。若《も》しや下松浦の者共過半知行候か。然らば是れも少弐方の者候か。」という意見を述べた。「下松浦の者共」は壱岐守護志佐氏を指すのだろうが、上松浦勢力について言及がないなど、壱岐認識は「不分明」で水準が低い。壱岐・対馬への少弐氏の威令もすでに地に墜ちており、少弐氏を頼った命令伝達が有効だったとは思われない。室町幕府の壱岐認識は、朝鮮政府のそれにはるかに及ばなかったといわざるをえない。

五氏「分治」体制

西余鼠島事件後、朝鮮は護軍康勧善を壱岐に送って、さらわれた朝鮮人の刷還と賊党の捜索を「島主等」に要請させた。島主らのうち「老鴨打源道秀・鴨打源五郎・佐志源正等」は要請に従わなかったが、「呼子源高・塩津〔留脱〕源門〔聞〕・真弓源吉・藤九郎等四倭」は四名の賊を捕獲して康に引き渡した(世宗二十六・五・壬子)。高・聞・吉の三人は、この件の記述のなかで『実録』に初見する人物で、朝鮮はこのときの貢献を多として、彼らおよびその後継者の名義を通交者として優遇した。

塩津留聞の登場とほぼ同時に、「一岐州上松浦塩津留沙門松林院」があらわれる（世宗二十六・四・己酉）。松林院は壱岐の国分近辺に所在する寺だから、[18]この時点で塩津留氏は壱岐にいたことが確実である。長氏は、「少なくとも『海東諸国紀』の段階では、塩津留氏は、かつての本拠上松浦とは縁が切れ、完全に壱岐の住人になりきっていたようである」と評価している。[19]

また長氏は、康勧善の復命書に引く塩津留聞の礼曹あて復書に、「予は郡郷を持たざるに因り、凶徒の族は太だ多くは無し」「此の土は本国の境為《た》り、朝鮮の船往来の時、慇懃に守固すべき乎」などとある（世宗二十六・四・己酉）ことから、塩津留氏は壱岐で多くの土地を支配しておらず、その劣勢を補う方途を朝鮮交易に求めたと解釈している。[20]前述のように、塩津留氏は領内寺僧分をふくめて最大限四艘の歳遣船を送る権利を確保し、他の氏族を圧倒していた。彼の生き残り戦略はみごとに功を奏したというべきだろう。志佐・佐志・呼子・鴨打四氏からは一ランク下にみなされながら、塩津留氏が「分治」体制の一角に食いこんだ背景には、右のような事情があった。

以上のように、壱岐の領主たちは、何レベルかの落差が内包された社会を形成していた。しかしいっぽうで、法体の松林院と観音寺を別にすれば、彼らがみな、真弓・牧山ら被官層をもふくめて、松浦党の社会的標識である源姓と一字名を共有していることにも注意したい。領主層の例ではないが、「賊首護軍藤永〔影〕継」を父にもつ受職倭人「有羅多羅」は、「可文愁戒（掃部助）源貞」という「又名」をもっていた（『海東』一岐島毛都伊浦条）。松浦党の標識を身にまとうことが社会的ステータスとなっていた状況がうかがえる。

さいごに、「分治」の主体となった島内領主層の勢力分布を大まかにまとめておく（以下の叙述は図2を参照されたい）。島の北部、勝本浦を中心に佐志氏の勢力圏があり、勝本町西戸触の高津（河頭）城跡が拠点だとされるが、詳細が不明で広がりもかぎられていたようだ。島の東部から東南部には、瀬戸浦や印通寺浦を外港として、芦辺町湯岳本村触の覩城《とじょう》跡を拠点とする守護志佐氏の勢力圏がひろがっていた。覩城跡から東へ一キロあまり、芦辺町深江栄触にある安国寺は、周知のように幕府・守護勢力とかかわりふかい寺で、寛正三（一四六二）年の志佐義の文書四通を所蔵する。[21] 島の西南部には、本居浦を中心に呼子・鴨打氏連合の勢力圏があった。呼子支配の④小干郷、鴨打支配の⑤無山都郷、両氏「分治」の⑥時日羅郷と⑦郎可五豆郷、以上四者の関係はつぎのように復元できる。④と⑤とは本居浦の西と東に隣接する地だから、両氏は本居浦を共同の拠点として、西よりを呼子氏、東よりを鴨打氏が支配していたのだろう。郷ノ浦町庄触にある白石（立石）城跡が呼子氏の、同町東触にある大屋城跡が鴨打氏の、それぞれ拠点だったとされる。そして⑥は⑤の東方、⑦は——鯨伏に比定する説が正しければ——④の北方に位置し、呼子・鴨打勢力圏の外縁にあたっている。以上四氏三組の勢力圏が島を大きく三分割していたところへ、島の中央東よりの国分を中心とする地域に、塩津留移住者集団が入部した。その拠点は芦辺町国分東触にある郡城《こおりのじょう》跡で、すぐ近くに観音寺や松林院が所在する。おそらく、志佐勢力圏の北よりを割きとる——あるいは、志佐・佐志両勢力圏のはざまに食いこむ——かたちで、壱岐に根づいていったのだろう。

3　壱岐をめぐる「人のつながり」

境界人の巣、本居浦

壱岐島内の地名が最初に『実録』にあらわれるのは、一四〇七年の「一岐州本井浦大郎五郎、人を使はして土物を献ず」という記事である（太宗七・五・己卯）。ついで一四二四年に「日本国一岐本居浦寓住藤実」の通交記事があり（世宗六・五・甲午）、これが一四二八年に初見記事のある「一岐州本居浦寓住藤七」と同一人だとすると、[22]「僕日本に生まるると雖も、我が父は便ち貴朝（朝鮮）の産なり」という境界人であった（世宗一〇・二・甲寅）。本居浦は、現在は郷ノ浦港の西隣にある小さな湾奥の集落名となっているが、中世では郷ノ浦の名は見えず、本居浦が郷ノ浦港をふくむ壱岐の表玄関の名称だったと考えられる。

本居浦は壱岐勢力の朝鮮通交上、特異な地位を占める場所だった。そのことは、『海東』一岐島条に記載された十三の陸里、十四の海浦のうちで、「毛都伊（本居）浦」にのみ三つもの通交者名義が記されている事実に、端的に表現されている。

毛都伊浦

護軍三甫郎大郎／賊首護軍藤永継子。辛巳年（一四六一）受図書。来則賜米・豆幷十石。

司正有羅多羅／又名可文愁戒源貞、乃三甫郎大郎之兄。戊寅年（一四五八）受職。

司正豆留保時／藤九郎次子。庚寅年（一四七〇）受職。長子也三甫羅、今来侍朝、為司正。

また、『海東』対馬島・沙加（佐賀）浦条にも、本居浦に関係する通交名義が見られる。

沙加浦

護軍阿馬豆／旧居一岐島毛都伊浦。海賊首宮内四郎子。戊寅年（一四五八）受図書。来則賜米・豆幷十石。戊子（一四六八）改名又四羅盛数。

三つの家系

以上の史料から、本居浦に関わった三つの境界人の家系を抽出することができる。

〔1〕有羅多羅と三甫郎大郎（三郎太郎）は兄弟で、父は「賊首」と呼ばれた藤永継である。彼らはみな受職人（朝鮮の官職を与えられた者で、国王への親朝を理由に渡航・交易が許される）で、三郎太郎は受図書人（朝鮮から名前を刻んだ私印を与えられた者で、その印を捺した書契を携えた使者による渡航・交易が許される）でもあった。

永継は『実録』では影継と表記され[23]、一四五一年に「倭護軍」あるいは「対馬島護軍」の肩書で渡航して土物を献じ、前年に死去した世宗王のために進香した（文宗元・二・丁酉、三・庚子）。この時点では対馬の住人で、以前に護軍を受職していたことがわかる。翌年には文宗の国葬に朝臣の例によって侍衛することを、のちに述べる藤九郎とともに許された（端宗即位年・八・丁亥）。一四五三年に二度の通交記事があり（端宗元・六・丙戌、十二・甲午）、五四年の通交記事では名のりが「日本国一岐州倭護軍藤影継」と変わった（端宗二・四・戊戌）。この間に壱岐に移住したことがわかる。五六年にもおなじ名のりの通交記事があり（世祖二・五・壬辰）、一四六〇年の終見記事には「日本国一岐州倭護軍藤影継、子を遣はし来りて土物を献ず」とあって（世祖六・十二・戊戌）、代替わりをうかがわせる。

影継の子有羅多羅は、『実録』では一四五九年に「倭司正」の肩書で土物を献じたのが初見だが（世祖五・六・丙辰）、『海東』によって前年に司正を受職したことがわかる。一四六四年と翌年にも「倭司正」の肩書で通交記事がある（世祖十・二・丁酉、十一・二・癸未）。本姓は藤原ながら、「掃部助源貞」という松浦党風の別名をもっていた。

有羅多羅の弟三郎太郎は、『実録』では一四六一年に「倭人護軍」の肩書で土物を献じたのが初見で（世祖七・五・癸卯）、『海東』からこのとき図書を賜わったことがわかる。到来のたびに朝鮮は米一〇石・大豆一〇石を与える例だった。一四六二年と六六年に「倭護軍」の肩書で通交記事があり（世祖八・六・丙子、十二・七・丙子）、一四六四年の大晦日には、同行者二人・野人（女真族）二一人とともに、ソウル景福宮の後苑と白岳山（北岳山）頂で一時に放たれた砲火を見物した[24]（世祖十・十二・戊申）。一四七〇年には対馬の中尾吾郎、博多商人の道安もろとも、受職人なのに親朝せず使人を遣わした行為が問題視されている（成宗元・九・丙子）。一四七六年には、対馬に来た宣慰使金自貞を独自に酒肴でもてなし、応仁・文明の乱が膠着状態であることを語り、ついで「わが国の使船は日本国王の居所に到達できるか」と問われて、つぎのように豪語した（成宗七・七・丁卯）。

> 南路（瀬戸内海ルート）は兵乱のため治安が悪く、かならず海賊に襲われるだろう。もし壱岐から北海（日本海ルート）をとれば、八日で若狭に至り、陸行三息で今津、水行三息で坂本、さらに陸行一息で京都に到達する。博多や壱岐の商人はみなこのルートで往来しており、朝鮮が通信使を遣わすなら自分が道案内してあげよう。

応仁・文明乱中の壱岐・京都間の交通路を示す貴重な史料であるが、ここでは、境界人三郎太郎が、壱岐本居浦を本拠に、父の出身地である対馬にも拠点を確保し、朝鮮半島南岸から若狭にかけての海上をわが庭のように往来していたことに注目しておこう。

〔2〕先述した朝鮮人を父にもつ「本居浦寓住藤七」の子が、勝本（風本）浦住人の藤九郎（都仇羅とも）である。(25) 藤七は一四二九年に図書を賜与され（世宗十一・九・庚申）、翌年朝鮮に赴いた帰路に、「志左〔佐〕源公」領内の被留人（朝鮮側に拘留された倭寇）一一名、「佐志源公」領内の被留人一一名を連れ帰った（世宗十二・十一・己亥）。そのさい礼曹に「狗児」をねだって断られている（同・癸卯）。一四三一年の通交時には被留人孫三郎を連れ帰った（世宗十三・七・戊辰）。一四三五年までに死去し、藤九郎が跡を嗣いだ（世宗十七・八・乙巳）。

藤九郎は勝本浦の住人だが、その子豆留保時（鶴法師）が本居浦に居を構えていたことから見て、本居浦の拠点を手放したわけではなかろう。一四三五年に藤七の賜わった図書を返納し、自己名義の図書を造給されている（世宗十七・七・壬午）。彼は一四三九年には「一岐州賊万戸」と呼ばれ、「対馬島賊万戸」早田六郎次郎らと共謀して、船二〇艘で中原に倭寇を企てるような人物だった（世宗二十一・二・癸丑）。他方朝鮮に対しては忠勤をはげみ、一四四二年には、礼曹が「一岐州上万戸都仇羅は本《もと》強賊なるも、今親《みづか》ら来朝す、米・豆二十石及び衣・笠・靴を賜はんことを請ふ」と啓して、認可されている（世宗二十四・十二・己丑）。一四四三年の西余鼠島事件にさいしては、賊の捜索や被虜人の刷還に最大限協力し、「貴国の被虜人をば、予将《まさ》に尽力推刷せんとす、若し勢難ければ、則ち予の奴僕亦た幾三十余口あり、奴を以て之（被虜人）に易へて来るも、何の難か之れ有らん」とまで売りこんで（世宗二十五・七・癸酉）、呼子高・塩津留聞・真弓吉の領主三人に伍して功績を称えられた（二〇二頁参照）。翌年護軍を受職し、同時に「藤九郎は他の倭人の例に非ず、系本国より出づ、且つ今賊倭を捕獲するの功有り」ということで、特別に銀帯・沙帽を賜わった（世宗二十六・六・庚辰）。このとき、一字符・二字符各一を造り、それぞれを半分に割って三浦と壱岐に分置し、倭寇の情報があれば二字符、なければ一字符を捺した書面を、壱岐から朝鮮に送る、という制規を提案して、双方で合意した（世宗二十六・六・丁酉）。また同年、諸国の兵船を比較して、唐船が上、琉球船が次、朝鮮船が下という評価を述べた（世宗二十六・十・丁巳）。一四四五年には投化して「宅一区」を賜わり、漢江の港麻浦で倭船の形にならって船を造り、新造船を敵船に見たててわら人形を船中にならべ、火砲を乱射するという、軍事演習をおこなった（世宗二十七・正・辛丑、九・壬辰）。しかしまもなく投化をやめ、一四五〇年以後は従前どおりの通交を続けている。

一四五五年、藤九郎は礼曹の新任官に「九州の土地の大小及び部落の数」をレクチャーした（世祖元・七・丁酉）。壱岐に関する部分の概略はつぎのとおり。①壱岐は小島なので強大な勢力はいない。②壱岐太守志佐氏は上松浦に住み、真弓氏を代官として当地においている。③大友持直は一万一千の兵を擁するが、志佐氏は五、六百にすぎない。④呼子氏・塩津留氏・周布《すふ》和兼（石見の領主）は渋川教直（九州探題）には遠く及ばない。⑤波多島納（上松浦の領主だが詳細不明）は強兵を擁し、呼子氏と同等である。⑥五島宇久守は小さいが五島を掌握しており、志佐氏と同等である。⑦丹後太守松浦盛（松浦源氏の本家筋）は志佐氏と同等で、五百余の兵を擁している。このほか、真弓・牧山両氏の社会的位置についての発言があるが、前に引いたので省略する（一九三～一九四頁参照）。

藤九郎の長子也三甫羅（弥三郎）は、一四五七年には「司正」の肩書で通交し（世祖三・九・丁丑）、一四七三年には、「曾て庚寅年（一四七〇）対馬島遣使の時に於て、護行に労有り、今又倭語を翻訳するに、他の向化と同じからず」ということで、副司直の前職に留まることを許された（成宗四・正・戊戌）。次子の豆留保時（鶴法師）は、庚寅年（一四七〇）に司正を受職し、一四八四・八七年に「倭司果」の肩書で通交した（成宗十五・六・壬午、同十八・二・戊戌）。

〔3〕「海賊首宮内四郎」は、一四四二年に対馬の早田氏とならぶ「賊万戸」として『実録』にあらわれ（世宗二十四・十二・丁酉）、一四五〇年には「宮内四郎姪子守延等二人」が渡航して故世宗王のために進香した（文宗即位年・十二・癸未、同・乙酉）。その子阿馬豆は、時期は不明だが壱岐島本居浦から対馬島佐賀浦に移住し、戊寅年（一四五八）に図書を受け、

朝鮮渡航時には米・大豆各一〇石を賜わる例となった。また、一四五六年以前に護軍を受職し（世祖二・四・戊午）、戊子年（一四六八）には盛数と改名し、一四七一年以降一〇回ほどの通交が『実録』に記録されている（成宗二・六・乙巳等）。

ネットワークと移動・移住

以上、本居浦を巣とした住人層の動向を見てきたが、その特徴はなにより定住性が弱いことだ。家系〔1〕では藤影継が対馬から本居浦へ移住した。その直前に彼は、ともに文宗の国葬に侍衛する（前述）、同時に使人を遣わして土物を献じる（端宗元・六・丙戌）など、壱岐の藤九郎と行動をともにしていた。その壱岐移住は、藤九郎の誘いによるものだったのではないか。家系〔2〕では、藤七が本居浦居住だったのに対して、その子藤九郎は勝本浦に移り、一時は投化して朝鮮に居住したが、その子鶴法師は本居浦に戻っている。長子弥三郎が勝本浦、次子鶴法師が本居浦という配置なのかもしれない。藤七自身、最初の「本居浦寓住」という名のりからして、近年の移住者だと思われる。家系〔3〕では、阿馬豆が本居浦から対馬の佐賀浦へ移住した。

視野を本居浦に関係した住人層からひろげると、上松浦から壱岐へ、壱岐から対馬へと移住した塩津留氏の例はもとより、上下松浦の領主層の代官支配自体が、壱岐と上下松浦を結ぶ往来ルートを前提としている。さきの分析で、勝本浦を拠点とする佐志氏、本居浦を拠点とする呼子・鴨打両氏のもとにいた代官の名を明らかにできなかったが、両浦で活動した住人層のなかに候補者が求められるかもしれない。藤影継の長子阿羅多羅は本居浦で活動し、源貞という松浦党風の別名をもっていたから、呼子・鴨打両氏の代官を勤めていた可能性がある。藤九郎は勝本浦を本拠として、先述のように多彩な活動を展開していたから、そのひとつに佐志氏の代官の仕事があったかもしれない。

領主層と住人層との相互依存関係がより明瞭に認められるケースもある。藤七が壱岐知主志佐重の執事を勤めていたこと、おなじく藤七が志佐・佐志両氏の領内住人で朝鮮に捕獲された者の送還を託されたこと、西余鼠島事件のあと、藤九郎が志佐・塩津留・真弓氏と連携して賊倭の捕獲に尽くしたこと、などをあげることができる。彼ら境界人たちは、朝鮮半島と九州島を結ぶ海域を流動し、拠点を移動したり複数化したりしながら、海賊から外交にいたるさまざまな活動を展開していた。松浦党五氏による壱岐「分治」を支えたのも、こうした境界人のネットワークだったといえよう。

さいごに、朝鮮政府に属しながら、この海域で活躍したひとりの境界人を紹介して、本稿を閉じることとしよう。

皮尚宜は、一三九九年に朝鮮に投化し侍衛の執務中に死んだ倭人沙古（官は副司直）の子で（世祖八・四・己丑）、一四七〇年に「禦侮将軍行副司猛」を先途に致仕するにさいして、みずからの人生を「臣は向化を以て、太宗朝の始めより侍衛し、世祖朝に原従功臣の列に与《あず》かるを得、去る丁丑年（一四五七）に上護軍を受け、累代侍衛し、年は七十六に至る(26)」とふりかえっている（成宗元・六・庚戌）。倭通事として壱岐に二回、対馬に三回赴き、一四六二年に慶尚道東萊（現・釜山広域市東萊区）に貫郷を賜与された(27)。

皮尚宜は西余鼠島事件後、壱岐勢力との外交を担うなかで、藤九郎と深いかかわりをもった。一四四三年七月、藤九郎が「西余鼠島の賊は壱岐島の人だ」と言っていると聞いて、世宗王は通事皮尚宜・李秀才を乃而浦（三浦のひとつで薺浦ともいう）に遣わして、藤九郎を呼び寄せた（世宗二十五・七・甲寅）。皮尚宜は尋問の結果を「対馬・一岐両島の人、同《とも》に虜掠を謀る」と報告した（同・辛未）。藤九郎がソウルを辞するにさいして、皮尚宜は一緒に壱岐へ赴くことになった（同・辛巳）。彼が壱岐で会った投化倭人表思温は、倭服をまとい「朝鮮に帰るつもりはない」と語った（世宗二十六・六・乙酉）。一四四八年、皮尚宜は漂風人刷還のため再度壱岐に赴き、「壱岐にいた漂風者は朝鮮人でなく琉球人でした」と復命し、済州人莫金だけを連れ帰った（世宗三十・二・丙子、七・己丑）。一四五五年、敬差官元孝然に随行して対馬へ赴いた皮尚宜は、三月十一日に家老古河《ふるかわ》邸に至って、「藤九郎が今ここに来ているが、われらと一緒に行こうとしているのか」と問うた。古河はひそひそ声で、「本島と一岐・上松浦・下松浦の賊首たちが、船三十余艘で江南へ海賊に赴こうとしており、今日はじめて船越で三月中の出発に向け会合しているが、藤九郎だけは貴殿に従って貴国へ行こうとしている」と語った

（端宗三・四・壬午）。

朝鮮人の血を引き壱岐に住む藤九郎と、おそらく対馬に出自し朝鮮官人として活躍する皮尚宜と。ふたりの三浦・対馬・壱岐におけるであいは、境界空間ならではの「人のつながり」といえよう。

(1) 申叔舟著・田中健夫訳注『海東諸国紀―朝鮮人の見た中世の日本と琉球―』（岩波文庫、一九九一年）二三二〜二三三頁。
(2) 関周一「壱岐・五島と朝鮮の交流」同著『中世日朝海域史の研究』（吉川弘文館、二〇〇二年）、初出は一九九一年、一九一頁。
(3) 長節子「壱岐牧山源正と松浦党塩津留氏の朝鮮通交権」同著『中世日朝関係と対馬』（吉川弘文館、一九八七年）、初出は一九八二年、二四〇頁。
(4) 松尾弘毅「中世後期における壱岐松浦党の朝鮮通交」『九州史学』一三四号（二〇〇二年）二九頁。
(5) 村井章介『境界をまたぐ人びと』（山川出版社、二〇〇六年）五六〜六一頁。
(6) 韓文鍾「朝鮮前期の受職倭人」九州大学朝鮮学研究会『年報朝鮮学』五号（一九九五年）六〜一一頁。
(7) 伊藤幸司「日朝関係における偽使の時代」『日韓歴史共同研究報告書・第2分科篇』（日韓歴史共同研究委員会、二〇〇五年）。
(8) 以下、『実録』の典拠表記にあたっては、書名を省略し、引用箇所をこのように略記する（この例では、「成宗十七年十月丁丑条」の意）。
(9) 世宗二十六・四・己酉に引く「一岐州上松浦塩津留沙門松林院」（源重実の先代実誉と推定される）の礼曹あて復書に、「予は先祖監〔塩〕津留沙弥源英が少孫為《た》り」とあり、おなじく塩津留経の父聞の復書に、「我れ先祖塩津留沙弥源英の跡を継ぐ」とある。前注(3)長論文、二四四〜二四五頁参照。
(10) 前注(3)長論文、二四六頁。ただし確実な根拠は示されていない。観音寺は塩津留氏の郡城のふもと、芦辺町国分東触に現存する。
(11) 同右、二一九頁。
(12) 「郎可五豆」の朝鮮語音とイサフシとはそうとう距離があるが、「日本国一岐島之図」（図1）中の郎可五豆郷の位置関係から見て、中村栄孝『日鮮関係史の研究（上）』（吉川弘文館、一九六五年）四三二頁のあげる二候補（芦辺町中野郷と勝本町鯨伏）

中では、鯨伏にあてるほうが自然である。ここでついでながら図1の疑問点にふれておこう。七郷のうち、時日羅郷が図1では毛都伊（本居）浦の左方（ほぼ西）におかれているが、時日羅郷の比定地として諸説一致する志原は、中世の本居浦に相当する今の郷ノ浦の東方、無山都郷に比定される武生水の東隣にある。いっぽう、小于郷は図1では無山都郷の右方（ほぼ東）におかれているが、小于郷の比定地として有力な庄は郷ノ浦の西隣にある。時日羅郷も小于郷も、図1と現在の地図とで、本居浦＝郷ノ浦から見た方位が逆になっているのである。そこで、図1上で時日羅郷と小于郷とをいれかえてみると、新旧地図の齟齬は解消する。また、図1では小于郷の右下に頭音甫（坪）浦、左下に火知也麻（初山）浦がおかれているが、実際には、坪と初山は志原の南方の海岸にあって、初山が東、坪が西に位置している。同様に仇只（久喜）浦と因都温而（印通寺《いんどうじ》）浦の位置関係も逆になっている。

(13) 前注(4)松尾論文、三二頁。
(14) 前注(3)長論文、二四九頁。
(15) 長節子「三浦の乱以前対馬による深処倭通交権の入手」同著『中世国境海域の倭と朝鮮』（吉川弘文館、二〇〇二年）二八二～二八三頁の表5。
(16) 前注(3)長論文、二二六～二三五頁。
(17) 田村洋幸『中世日朝貿易の研究』（三和書房、一九六七年）二七〇～二七一頁。前注(2)関論文、三四～三七頁の表1。関説には根拠が示されていないので、おそらく田村説に拠ったものと思われる。
(18) 前注(3)長論文、二四三～二四四頁に、『壱岐国続風土記』は、塩津留氏の居城であったという郡城の城北に「小林防《(ママ)》と云へる民居あり」とし、この所を松林院の跡としている」とある。
(19) 同右、二四〇頁。
(20) 同右、二四〇～二四一頁。
(21) 佐伯弘次「中世の壱岐安国寺」中尾堯編『中世の寺院体制と社会』（吉川弘文館、二〇〇二年）七六～七八頁。
(22) 松尾弘毅「室町期における壱岐藤九郎の朝鮮通交」『九州史学』一二四号（一九九九年）一五頁。
(23) 前注(6)韓論文、一一頁。
(24) 村井章介『国境を超えて―東アジア海域世界の中世―』（校倉書房、一九九七年）二三五頁。

(25) 世宗十七・八・乙巳に「故藤七子藤九郎」、同六・十二・戊午に「看佐毛道居住都仇羅」とある。藤七・藤九郎父子については、前注(22)松尾論文にくわしい。
(26) 逆算すると一三九五年の生まれで、五歳のとき父に連れられて投化したことになり、世祖八(一四六二)・四・己丑に「本国に生まれ、侍衛して已に久し」とあるのと矛盾する。
(27) 皮尚宜については、前注(6)韓論文、六頁および注31参照。

4章　動乱と自治——日中歴史イメージの交錯

岸本美緒

はじめに

現在から約一〇〇年前、辛亥革命前後の中国は、二〇〇〇年来未曾有の体制変革の課題に直面し、政治思想・社会思想の上でも激動の時期を迎えていた。この時期はあたかも、日本の歴史学が、明治維新後の草創期を脱して独自の展開を見せ始めた時期であったといえるだろう。歴史研究と時事問題、日本史研究と中国史研究とが相互に乗り入れしながら議論を活発化させてゆく現象は、この時期、珍しいことではなかった。それは、歴史学が現在のように高度に専門化・細分化されていない未熟な段階にあったからできたことだともいえるが、同時に、成長期の学問分野にしばしば見られる、素朴ではあるが生き生きとした、開かれた学問的関心のあり方をそこに見出すこともできよう。

本稿では、辛亥革命前後の中国社会の動きが日本の歴史学者にもたらしたインスピレーションを一つの切り口として、日本社会と中国社会の比較という試みが、当時の、そしてその後の歴史学にどのようなインパクトを与えたのか、その一端を考察してみたい。私はもとより日本史の専門家ではないので、当時の歴史家の所説が妥当であるかどうかを評価することはできない。むしろここで扱いたいのは、そこで提起された問題群はどのようなものであったのか、そして、それらの問題群の射程はどのような広がりをもつものであったのか、という問題である。現時点での精緻な研究の到達点を前提として論ずれば、以下述べる諸問題は、比較の枠組として極めて乱暴なものと思われて当然である。しかし、当時の歴史家が新鮮な目で捉えたこれらの問題群に改めて注目することによって、一〇〇年後の今日における日本史研究と中国史研究との新たな対話の糸口を探ってみることもできるのではないだろうか。

1　三浦周行の見た辛亥革命後の中国

一九一二年二月、辛亥革命勃発後半年を経ずして執筆された三浦周行の「戦国時代の国民議会」は、「日本中世史研究における一揆史研究の嚆矢」(1)であるとともに「わが国人民の自治的伝統を明らかにした記念碑的著作」(2)として広く知られている。また、この論文が、辛亥革命後の動乱のなかで各地に作られた「保安会」「市民会」(3)などの団体から着想を得ているということも、すでに周知のことといえよう。ここでは、三浦の二篇の論文、即ち、「戦国時代の国民議会」(以下「国民議会」と略称)、及びそれに先行して、辛亥革命勃発直後の一九一一年十二月二日付けで書かれた「国史上より観たる支那の動乱」(4)(以下「支那の動乱」と略称)を取り上げ、中国の動乱のなかで生まれた社会団体のどのような点に三浦が関心をもったのか、検討してみたい。当時、京都帝国大学史学科の同僚であった中国史研究者内藤湖南は、ジャーナリストとしての経歴をもち、辛亥革命前後の中国の動向についても独自の歴史観に基づく論陣を張っていたが、三浦の関心は、そうした内藤の議論と、どのように重なりあっているのだろうか。

「国史上より観たる支那の動乱」

「支那の動乱」において三浦は、革命勃発後の政局の変化は「人をして其変化の余りに極端なるに驚かしむ(5)」るものであって、その将来を予断することは困難であるとしつつも、「日々手にする新聞報道を以て、之を我国史の同一若しくは類似の場合と比較対照するに、往々会心の点ありて、坐《そぞ》ろに興味の津々たるを覚ゆ」と述べている。この論文ではまず、動乱の大きな原因が「満漢種族の争」であるという見地から、「種族的原因」をめぐって日本との比較を行うが、三浦によれば、日本史においては「天孫種族と出雲種族」「大和民族の朝廷に対する蝦夷、熊襲の叛乱」など異種族との対立・騒乱は存在したものの、「大和民族の同化力盛にして自然に異種族の観念を消滅せしめ、其同化せざるものは、長年月を費やして根強く征服し尽したる」ことなどにより、今日の中国のような種族革命の争乱を惹起するには至らなかったものとする[6]。

第二の比較の軸は「政治的原因」であり、革命派の「革命」「共和」の主張が果たして実現し得るか否かを、日本史との比較で論ずる。三浦は、「革命易姓の観念の我国人に入り難かりし」ことにより、「満朝に対する革命乱の類例を国史に求むるは不可能」であるとしつつも、「若し強ひて反朝廷の一事に就て聯想を求むれば」、という留保のもとで、長期にわたる日本史の基本的枠組ともいえる公家政治対武家政治の対立の構図を挙げている。しかし、三浦はここでも、中国と日本の共通性よりは相違を強調する。「我邦に在りては、如何に過激なる武家と雖も廃立を行ふに止まりて、全く皇位を廃せんと試みたるは有らず」。「戦国時代は一面皇室の式微を極めし時代なりしと共に、他面には又尊皇心の勃興せる時代なり。……此時代の末造に方《あた》りて統一の素地を作りし信長も、之を完成せる秀吉、家康も、皆此時代の趨勢に従つて王事に勤むるを忘れざりしなり」。「支那の革命主義者は、常に我が維新の鴻業を羨望し、自らも維新の志士を以て任ずるもの多しと聞く。……然れども維新の志士には其背後に大藩巨閥の存在せるを記せざるべからず。……維新の改革が其事業の重大にして影響の広汎なりしに拘はらず、秩序的に円滑なる進行を見たりしは、全く彼等が此絶大なる勢力を負うて立てるに因るなり」。

即ち、日本史においては、「反朝廷」或いは「反幕府」という形で現れる公武の対立は存在したものの、それらは完全に相手の存在を否定するものではなく、実質的には名分と実力において支え合う構造をなしていた。だからこそ、大きな歴史的変動もある程度「秩序的」に進行することができたのである。それに対比して、中国の革命派は、皇帝政治を全否定して共和政を布くという「破天荒の一大革命」を行おうとするが、皇帝政治に代わる秩序の枠組を準備し得ていない、ということが三浦の観察であった。「動乱の発生以来、吾人をして転々《うたた》意外の感を為さしめたりしは、各地に蜂起せる各軍の間に何等連絡なく統一なき事実の暴露せられしこと是れなり」。「民主政体に在りては、国家観念に乏しき彼等を駆って益々分裂の勢を激成すべく、国歩の艱難は今より想ひ見るべきものあり」。

しかし、三浦は、革命後の中国における国民的統合の可能性を否定するわけではない。その可能性は、国内の政治勢力相互の力関係よりはむしろ、外圧によって生まれる。「我維新の前後沸騰せる国論の帰一を見たりしは、確に国民の対外的自覚に基くもの多かりしなり。……対外関係の危機は、我が国運の進展に向つて転禍為福の妙用たりしこと更に疑を容れず」。中国においても同様の条件は存在する。「最近に於ける支那国民の自覚と共に、彼等が外国に対する国民結合力の極めて卓絶するものあるを示せり。袁〔世凱〕氏は革軍に諭すに、禍乱久しきに亙らば、列国の為め分裂の厄を招くの不利を以てせりと伝へらるゝも、革軍の敢て動かざるは、今日尚ほ列国干渉の実なければなり。然れども若し一朝其実現を見……るに及ばゞ、更に第二の対外的国民自覚を誘発し、動乱も内訌も一時終熄して、挙国一致、外、其侮を禦《ふせ》がんとし、茲に穏健なる革命時期に入るの望は絶無なりとすべからざるなり」（括弧内は引用者。以下、引用文中の〔 〕及び（ ）内の語句は、それぞれ引用者による補足及び説明である）。「支那の統一の為めには、寧ろ大々的干渉に由つて、一条の活路を開くの望ましきことなるやも知れ」ず、と。

「支那の動乱」では、最後に「動乱の経過」について、日中の比較を行うが、この部分が、後に「戦国時代の国民議会」において展開される議論の素となるものである。ここで三浦は、「動乱後の新現象」として、中国各地に成立した「保安会」「市民会」などの団体に注目する。それらの政治的方向性は、必ずしも同一ではなかった。「論者或は之を以て、各地の官憲及び紳董等が官革両軍に対して、独立の美名の下に双方の侵犯を避けんとするものにて、真の独立に非れば、又革軍に加担せるにも非ずと看做すものあれど、事実は必ずしも然らず。是等の中真に中立の目的に出でしは、地方の安寧を保ち、土匪の蜂起を防ぎ、官革両軍の間に立つて調停に力《つと》め、交戦を避けんと宣言せるものあり。……されど中には又之に反して革軍に同情し、声援するの目的を有するものもこれあるなり」。

さて、日本史との比較において三浦が関心をもつのは、その政治的な動向というよりむしろ、地方の団結と秩序維持を担う団体としてのその社会的性格である。「動乱の後、官革両軍動《やや》もすれば無辜を殺し、放火抄掠盛んに行はれ、土匪海賊到る処に跋扈して人心其堵に安んぜざるの状態は、我国史の戦国時代に酷似せり。応仁文明の乱後、国内往く処として不規律なる兵士の馬蹄に蹂躙せられざるは無く、人命財産の安全は脅かされ、人心常に恟々として産業を治むるに遑あらず。是を以て下剋上の風は其絶頂に達し、上は大名より下は人民に至るまで、各同盟して暴力に訴へ、其欲する処を行はんとし、猫も杓子も之に傚ひて、一揆の全盛時代とはなり、奇抜なる盲人の一揆さへ試みられしことあり。然るに此場合、人民の結合力は意外に旺盛にして、雷同附和、不規律なる同盟の下に、此時代の一名物たる徳政を要請するを例とする土一揆以外、節制ある行動に由つて国民的団結をなし、武人の跋扈を制して自衛の目的を達せるもの亦之れあり」。そして、山城国一揆の例が簡単に紹介されたあと、再び中国の現状が論じられる。「支那の地方的独立も亦稍之に類せる動機に依つて生れたり。唯其我と異なる点は、一時的の必要に迫られて成立したりしことと、一般に其指揮下に立つべき兵力を有せざることとなり。……若し此種の民兵の威力を現はすに至らば、初て稍独立的色彩を帯び来ること丶もなりなんか」。

しかし一揆にせよ保安会にせよ、「支那の動乱」では、これらの団体の独立性は、動乱という特殊な時期の一時的な現象であると見なされていた。「如上の武装的独立は乱脈時代の一時的現象のみ。固より確固たる基礎の上に立てるに非ざれば、社会の秩序を恢復して漸次統一に赴くと共に、消滅に就くべき運命を有す。信長も、秀吉も、初めは此種の民兵を利用したりしが、後、統一の業其緒に就くに従つて之を撤廃するに力め、秀吉は人民の所有せる武器を没収して各生業に従事せしめ、家康は又其遺制を受けて極力社会制度の確立を図り、前代の民兵も全く其跡を絶つに至りぬ。……知らず、支那の秀吉たり、家康たるもの、果して何人ぞや」と。

以上、「国民議会」論文に比べてあまり知られているとはいえない「支那の動乱」の内容を概観してきたが、次項では、「国民議会」の内容を「支那の動乱」との比較で検討してみたい。

「戦国時代の国民議会」

「支那の動乱」の二カ月後に書かれた「国民議会」論文においては、「支那の動乱」ではその一部分をなすにすぎなかった社会団体の問題に焦点が絞られ、かつ議論の中心が眼前の中国の動乱でなく日本の戦国時代の一揆の問題へと移行すると同時に、戦国時代の一揆の性格について、よりポジティブな評価がなされていることが注目される。大筋は「支那の動乱」と大きく異なっているわけではないが、特徴的な点を若干取り上げてみよう。

「支那の動乱」においても、山城国一揆について「国民大会を開催し」といった言い方はなされていたが、「国民議会」論文では、「国民議会」という近代的用語を用いた表題が示すように、その関心は、近代日本の社会状況との関連により強く向けられている。「〔中国における保安会、市民会の成立は〕時代現象の顕著なるものにして、ただに隣邦の治乱に関連するのみならず、我が自治体の起源をも徴すべく、社会問題の盛んに討究せらるる今日においては、また多少の参考材料たるを失わざるものなり(7)」と著者は述べる。

さて、戦国時代の一揆が「我が自治体の起源」たる所以は、それが支配層の連合に止まらず、「平民階級の覚醒」を伴っている点に求められた。「戦国時代においては、将軍の権威地に墜《お》つるとともに、部下の統制をもつことあたわず、……軍隊の生命ともいうべき軍紀は弛廃して、戦場に臨むもの略奪を事とし、下級の人民はつねにその苦しむところとなりて、身命財産の安全を望むも得べからず。……ここにおいて農民商工を問わず、一様に兵仗を帯し、武伎を練りて、武士的行為を学ぶの習俗とはなりぬ」。「社会制度よりこの種の変態を観察すれば、実に一大革命というを得べし。何となれば、さしもに高くみずから標置せる武士が、敢えてその特権を守株することを為さずして、これをその蔑視せる下級人民に許与せるがごときものあればなり」。「〔大名一揆、土一揆、一向一揆など一揆の性格は多様であるが〕これら一揆の恃《たのみ》とするところ、その武力にあるを知るものは、何人も全社会にわたれる這般《しゃはん》の一揆運動も、これまた階級制度の崩壊に伴う自然の傾向なるに想到するを得ん」。

堺における武装した「市民の自治的団結」、農村地帯における民兵を擁した数十カ村の団結、といった都市・村レベルの動きの頂点にあるのが、「一国民全部」の団結を実現した山城国一揆である。文明十七年十一月に開かれた「未曾有の議会」に列したのは「山城国中の土民即ち平民にして、その年齢は十五、六歳以上六十歳までとし、議題は畠山両陣に交渉すべき案件なりき」。『興福寺々務方記』に「山城国衆三十八人一揆せしむと云々」とあることから、一揆の指導者は三八人と認識されていたことを三浦は認めつつも、「当時の他の記録には山城国人集会、同一国中土民等群集、山城国衆一味同心せしめ、山城一国中の国人等申し合わせなどと見えたれば、国民多数の意志にもとづきしものと看做《みな》さざるを得ず。……支那のある場合に見るがごとき、多数国民が少数者の意見に附和雷同して、独立の美名の下に形勢を観望せんとせるものと認むべからざるなり」。ここで中国における類似の団体において、「多数の意志」に基づかず「少数者の意見に附和雷同」する場合もある、と指摘されていることは興味深い。両者の相違をどのように識別するのかは、なかなか難しい問題であるが、それは次項で扱うこととしよう。

さらに「国民議会」論文を特徴づけるのは、戦国時代の一揆が後世に与えた影響についての観点である。「支那の動乱」では、これら一揆が戦国時代の動乱に触発された「一時的現象」であることが強調されていたが、「国民議会」では、むしろ明治維新後の変革を念頭に「古今の間、みずから一縷《いちる》の脈絡の相貫通せるものあるを看過することあたわず」とされているのである。では、どのような点に「一縷の相貫通せるもの」が見出されているのであろうか。ここでは、「統一」と「平民階級」という二つのシェーマが取り上げられているが、その重心は「平民階級」にあるといえよう。「戦国時代は一面より観ればきわめて不統一の時代なれども、他面より観れば微《かすか》に統一の曙光を放ちつつあるを認めらる。……階級制度の改革は明治維新後に行われしに相違なきも、またこの時代において事実上の崩壊に因り、武士以外の平民階級の覚醒を促し、幾分の改革は実現せられたり。山城の国民議会は当時の農民商工のごとき下級の士民を以て組織せられながら、彼のごとき事功を収めて武士的階級と対揚せりといわんよりも、むしろ凌駕せるの奇観を呈せるにあらずや。これ平時において社会制度の強制に服従せる彼らも、強度の迫害を被むるとともに、みずから覚醒するところあり、武士的階級と相駢馳《へんち》して恥じざるの素地を示せるものなり。もし能くこれを善導し誘掖《ゆうえき》したらんには、四民一致、盛んに経綸を行うに至らんこともまた必ずしも明治の維新を待たざりしならん」。しかし実際には、その後の秀吉・家康による統一事業の成功は、「階級制度の紛乱を正し、武士の特権を復して農民商工等を抑損し、彼らの有する兵仗を収めてその生業に専らならしめ」る政策を伴っており、その結果、百姓・町人らの地位は「武士的階級と截然《せつぜん》相犯すべからざる」ものとなったのであった。

　三浦は「国民議会」の末尾において、戦国から江戸時代に至るこうした動きにつき、「余は今においてその利害を説くの愚を敢えてするものにもあらざれば、またこれを以て当代のある者を諷《ふう》せんとの意にもあらず」と述べている。戦国時代における「平民階級の覚醒」に共感を隠さぬ本論文全体の論旨からみれば、こうした語は、結語に修飾的に付された一種の韜晦ともいえるかもしれない。しかし、帰趨定まらぬ中国の生々しい動乱状態を眼前にして「国民議会」論文のアイデアが着想されたという経緯からすれば、この論文は、単に現在の高みから過去のすぐれた伝統を発見してそれを顕彰する、といった気楽な営みであるに止まらず、不安と緊張を伴った、より複雑な含意をそこに読み取ることもできると思うのである。動乱期に形成されるこの種の結集は、そこに広汎な「平民」の意志が反映されているとしても、果たして一般的な秩序へとつながり得るものなのか。それは、当時の中国の改革者や中国研究者にとって切実な問題であり、またその後の中国社会論のなかにも広く伏流として潜在する課題であった。

次項では、三浦の中国集団観から汲み取り得るいくつかの問題を取り上げ、清末から民国期に至るより長いタイムスパンのなかで、また中国史研究者内藤湖南の所説との比較を中心とするより広い言説的状況のなかで、その問題を位置づけてみたい。その問題とは、第一に、平民を主体とする社会の生き生きとした結合力は、動乱や危機に対する防衛的結集としてこそ発揮される、という考え方。第二に、こうした集団におけるリーダーシップと「階級」的性格について。そして第三に、このような形で叢生する集団が、どのような形でより大きな一般的秩序を形成し得るのか（或いはし得ないのか）という問題、である。以下、順次検討してみよう。

2　動乱と社会集団——中国社会論の底流

前項では三浦周行の二つの論文を素材にその議論の特徴を見たが、三浦と同じく一九〇七年に京都帝国大学史学科に着任した内藤湖南の時事論・中国史論のなかにも、これとかなり共通した特徴を見出すことができる。内藤の歴史観を孤立させて論ずるのでなく、内田銀蔵、原勝郎らを含む「京都文化史学」の潮流のなかで捉えようとする研究も近年行われているが、(8) 三浦と内藤との間にも中国社会観をめぐって交流があったことが想定されよう。ただし本稿では、どちらがどちらに影響を与えたのかというプライオリティの問題を扱うのではなく、当時、歴史学界の一部に類似の問題関心が共有されていた、ということそのものを重視したい。

動乱と自治

内藤湖南の比較的まとまった中国時事論のなかで、三浦の両論文と時期が比較的近く、また内容的にも関連するものの一つとして、一九一一年五月の講演に基づき、同年六月の『大阪朝日新聞』に掲載された「清国の立憲政治(9)」を挙げることができる。これは、辛亥革命勃発前の文章であるから、むろん、三浦が注目した「保安会」などの団体には言及していないが、動乱状況を民主思想の揺籃と見る点においては、三浦の所論との共通性を見出すことが可能である。

この文章で内藤は、「清国の立憲政治は成功するか」という問題を立て、その成否は「中等階級の健全」如何にかかっている、とする。外から観察して、西洋流の立憲政治が中国に成立するかというと、その前途は多難だが、「今一面即ち支那側に立つて考へて、支那には立憲政治の根柢となるべき思想があるか無いか」を考えてみると、そうした思想は確かに存在し、それは「支那が存外輿論の国である」こと、また、皇帝専制を批判する明末清初の黄宗羲《こうそうぎ》の民主思想などによって証される、という。さらに「此の民主思想が実際行はれたことがあるか、どういふ形式で行はれたかといふ歴史上の事実」として、内藤は、そのような例は「近来の大騒乱であつて、最新の支那の国情を生み出した長髪賊〔太平天国〕の際に発現した。此の大騒乱の平定は、民主思想の最大要素たる平等主義の実行によつて成功した」とする。その実例とは、内藤によれば、清朝の官僚曾国藩が郷里の湖南で組織した義勇軍の「湘軍」に他ならない。曾国藩がこの軍を組織するに当たっては、官僚系統によらず、地方有力者を通じて自力で組織したのだが、「告示などを出すのでも告示として命令の態度でしない。敬語を用ひた手紙の往復の体裁でした。郷紳などに頼んで、人材があるならば皆薦めてくれといつて、相当の礼遇を以て扱つた。それで非常に地方の人は感激した。礼部侍郎の大官〔である曾国藩〕が、郷紳やら書生に対して同等の礼を為す、地方の豪農などに対しても同等の礼を取る、人材があると優待して幕中に置いた。……かういふ平等主義が、湖南の軍隊の強味で、官兵などに見られない成功をした」。「長髪賊平定の大業は一面から言へば、官憲の力によらぬ民主思想、平等主義の発展と云つて宜しい。支那人の此の如き思想が、立憲政治の一大要素となること、思ふ」という。

その実、曾国藩の湘軍に対する内藤のこのような高い評価は、辛亥革命前後に初めて行われたものではなく、彼のジャーナリスト時代の時事論説のなかに既に見てとることができる。一九〇一年九月に大阪朝日新聞に掲載された論説「清国改革難」[10]は、中国の改革の困難を、政治上、経済上、社会上の諸方面にわたって指摘するものであるが、そのなかで社会上の根本的な弊害として、郷党意識の強さ、及びそれと表裏する国家意識の希薄さを挙げている。「支那の社会組織は先づ郷党なる者に重きを置かざるべからず。郷党なる者は、大抵同姓親族の発達せる者にして、実に支那社会組織の単位たり、又社会組織の最大団体たるなり。其の国民なる者は、特に此の単位の烏合体に過ぎず。……故に支那に在りて、生命ある団体を求めんとすれば、郷党組織以上に及ぶを得ず、是れ他の文明国が国民を以て生命ある一大団体とすると、大いに間あり。其の生命、財産の保護の若きも、郷党自ら之を為し、或いは勇（義勇兵）を募りて盗賊に備へ、或いは義荘義学を設けて以て相資給するも、郷党の団体を以て急とせざることなく、郷党以外は尽く路人なり」。

そのような状況をもたらした原因として、内藤は「一は支那人が其国を以て一国と為さず、而して以て天下と為せるに在り、一は悪政の積圧と変乱の踵起《しょうき》と、以て生命財産の安固を政府に託するの無益なるを稔知せしめたるに在り」として、中国の天下主義と国内秩序の不安定を挙げる。即ち前者は、中華を中心とする一元的な文明観の下では、対外的な競争心を契機とする国民意識が形成されにくかったことを指し、後者は、国内の悪政と動乱とが民間の自発的団体による自衛を余儀なくさせたことを指す。この両者は別個の要因のようであるが、いずれにしても内藤が、「生命ある」団体的結集の条件として、対外的な競争・防衛意識が不可欠であると考えていたことを示すといえよう。

さて、内藤は、こうした郷党団体の並存を国家的統一への障害と見るわけであるが、同時にそこに国家的結集の契機も存在していることを強調する。[11]「支那社会組織の弊や、誠に已に述ぶるが如しと雖も、其の利とする所も、亦絶えて無しとせず、即ち其の地方自治体の完備是れなり。故に……若し有力の政治家ありて、其の一郷に施す者を以て、之を一国に施さんには、近世文明国の社会組織と亦必ずしも大差なきを得べし」。

そうした可能性を近世において示す実例として挙げられるのが、曾国藩の湘軍であった。湘軍についてはさきに「清国の立憲政治」という文章を紹介するなかで触れたので、ここでは繰り返さないが、「清国改革難」ではその社会的背景について、「長髪賊の乱」という直接的要因に止まらないより長期的視野による説明を行っているので、簡単に見てみよう。

「〔中国社会の〕変徴は百年以来、頗る萌芽する者あるを見、其の著しく表見せる者は実に社会の防衛に於てせり。……乾隆の末年より、嘉慶の初年に渉れる川湖陝の土寇（四川・湖北・陝西の三省に広がった白蓮教の反乱を指す）の若きは、之が鎮撫に従事せる旗兵、緑営兵は尽く孱弱《せんじゃく》にして用に中《あた》らず、是に於て郷兵を募るの策行はれ……、意ふに当時に在て、郷を護るの力は、竟に郷兵に頼るに非ざれば能はざるの情勢已に明かなるものあり。……支那の社会組織の特色が、其の社会防衛の方法に顕然たる影響を与へたること、此時より著しきはなかるべし。長髪賊の平定に至ては、更に有力者の湘勇楚勇の間に起るありて、其の力を以て天下に及ぼすに至りし耳」。

ここで湘軍の興起の背景として挙げられているのは、十八世紀末の白蓮教の反乱以来の中国の動乱状況及び、そのなかで地方社会に武力をもつ自衛団体が成長してくる趨勢——中国史研究のなかではしばしば地方社会の「軍事化(militarization)[12]」と称せられるもの——であり、まさに三浦周行のいう「戦国時代」と重なり合うものがある[13]。

「自治」の伝統を歴史のなかに求めようとする三浦と内藤の議論に共通する特徴は、次のような点に求められよう——即ち、国家統治の基層部分として行政システムのなかに組み込まれた地方団体の日常的な活動のなかに「自治」の伝統を見出すのではなく、「動乱」に直面した人々のやむにやまれぬ自衛的結集のなかに生き生きとした自治の萌芽を見出してゆこうとすること。清末の状況についていえば、明治日本の制度をモデルとした地方自治制度の構築の試みは、一九〇五年ころから積極的に行われ[14]、省レベルの地方議会ともいうべき諮議局も一九〇七年に成立していたが、こうした試みに対する三浦・内藤の評価は高いとはいえない。三浦の注目する「保安会」の多くが諮議局の有力者のイニシアティブで作られたことからすれば、三浦は諮議局を評価していたといえるのかもしれないが、三浦の関心は、清末の諮議局そのものではなく、あくまでもそれが辛亥革命の未曾有の動乱のなかで、自立した結集として現れる点にあった[15]。そして内藤も、一九一四年（もとになった講演は一九一三年）の『支那論』のなかで、清末から民国初年の地方自治制度構築の試みを長期的な歴史的視野のもとで論じた際に、「今日に於て此の行政区画を変更すると云ふことは、理論としては或は宜いかも知れぬけれども、中々容易に実行は出来ない。又実行が出来た所が、支那の民政上の根柢の障害が除かれない以上、即ち人民が自から支那の国民であると云ふことを自覚して、さうして強い愛国心を生じない以上、いろいろな小細工をやつても、決して其の成績が挙がるべき見込はないのである。今日に於て内治上さう云ふ工夫をするよりも、誠実に時宜に適する方針を求めようとならば、中央政府に居るものも、地方に居るものも皆一致して、私心を去つて国を維持すると云ふ考が十分に起ること尚日本の維新の際の如くでなければならぬ[16]」と述べている。

それではその愛国心はどのようにして生じるかという点については、内藤は一九二四年の『新支那論』で曾国藩の湘勇を再び例に挙げつつ、「今日の支那でも、支那人民が愈々郷団自衛をせねばならぬといふ程度に迄騒乱が徹底して、曾国藩の如き天才の人物が起つて、自分で軍隊を編み出すとも、洋式訓練を用ゐるとも、極めて真面目な精神で之を用ゐるならば、支那を統一する位のことは決して難事ではない筈である[17]」という。そこには、三浦「支那の動乱」における、「列国の大々的干渉」に「支那統一の活路」を見出そうとする姿勢と、ほぼ共通のものが見出せる[18]。

「動乱」と「自治」とを相表裏する存在と見る三浦や内藤の所論においては、「自治」というものが、「構造的」というよりは「運動的」なイメージで捉えられているということができよう[19]。「自治」の「自治」たる所以は、上位の権力から認可された明確な範囲をもつ自治的空間の確保にあるのではなく、むしろ、依拠すべき外部の秩序の不在に直面して、秩序の根拠を自らの内部に置くという点にこそある。集団の内部は「法」で律せられる場合もあるだろうが、集団の存在そのものについていえば、これを根拠づけるものは、生の実力に支えられた結集という事実以外にはない。これらの集団的結集は、国制的秩序構造の一部ではなく、むしろ、新たな秩序形成の動きそのものなのである。以下に述べるいくつかの問題点は、いずれもこうした「自治」観から派生してくるものといえるだろう。

平民の結合

三浦周行も内藤湖南も、社会の表層で展開する政治の動きでなく、「平民階級」「人民」を主体とする社会全体の動向に着目しようとする点を、自らの歴史学の特色として打ち出していた。一九一九年に三浦が『国史上の社会問題』で、従来の政治史中心の歴史学を批判しつつ「しかしながら熟く視《よ》ると、社会の裏面や下層に流れて居る暗流が、段々漲って来るにつれて、これまで表面勢力のあった上層のものも、いつしかそれに推し流されて漸次下層と入れ替わる。……国史の上に一時期を画するほどの大なる事変の裏面には必ず大なる社会問題が潜んで居ると申して差支えはない[20]」と述べている暗流のメタファーは、しばしば引かれる内藤湖南の『支那論』における同種の比喩――中国の「国土人民の広大な自然発動力」を表現して、「此の惰力、自然発動力の潜運黙移は、目下の如く眩しいまでに急転変化して居る際に在っても、其の表面の激しい順逆混雑の流水の底の底には、必ず一定の方向に向つて、緩く、重く、鈍く、強く、推し流れて居るのである」と述べる比喩――と重なり合うものである。

従って、一揆や郷党に対する彼等の着目も、これらの団体が、社会の重く強い流れを作り上げる「平民階級」「土民」「人民[21]」を主体として構成されているという点にあるわけだが、そこにはいくつかの問いが未分化な形で含まれているといえよう。第一に、これらの団体の政治的・イデオロギー的方向性と社会的性格との、必ずしも重なり合わない関係。第二に、団体内部の構造が垂直的か水平的か、という点。そして第三に、意思決定や団体運営における民主主義の問題、である。

第一の点に関していえば、清朝の「軍事化」の動きのなかで形成された諸集団についてフィリップ・キューンが指摘するように、「政治的・イデオロギー的な傾向の違いが、必ずしも組織の規模や結合方式の違いを伴うわけではない[22]」という問題がある。具体的な例を挙げれば、清朝の立場に立ち、正統的な儒教倫理を旗印に反乱を鎮圧しようとする集団と、清朝に対抗して宗教的・政治的反乱を起こす集団とが、その規模や組織形態に着目するならば相似形を示す場合がある、ということである。また、同じ郷党集団が、情勢を見て、ある場合には反乱側に加担し、ある場合には鎮圧側に加担する、といったことも珍しいことではない。主体が「平民」であることは、必ずしも「反体制」であることを意味しない。それは、「一揆」の場合にもいえることであろう。三浦も述べるように、大名一揆や土一揆、一向一揆など「一揆」の政治的方向性やイデオロギーは様々であるが、そこには、「階級制度の崩壊」した動乱の時代に生まれてきた自生的な結合としての共通の社会的性格がある。逆にいえば、相似た社会的性格をもちながら、実際の運動の方向は相反するものであることもあり得るのである。

これらの団体の政治的・イデオロギー的な方向性に専ら着目して――典型的には階級闘争ないし反体制闘争の枠組のなかに定位することを通じて――これら集団の歴史的意義を理解しようとするのか。或いは、様々な政治的志向性をもった諸集団に共通する「結合のかたち」に着目してその特徴を捉えようとするのか。誤解を恐れずにいうなら、前者を「闘争内容」への関心、後者を「秩序形式」への関心、ということもできよう。これら集団に関するその後の研究のなかで、この二つの方向性は、必ずしも重なり合わない流れを形成してきた[23]。三浦も内藤も、その点に関して自らの姿勢を明示しているわけではない。三浦の後の土一揆研究では、闘争の階級的な内容への関心が前景化してくるように見える。しかし、辛亥革命前後の時点では、「保安会」のような階級闘争的とはいいがたい団体への着目が示すように、三浦の関心は動乱期の秩序形成一般にあったと考えられるのであり、その点で、当時の彼の研究は、様々な方向へと発展していく芽を未分化な形で含んでいたといえよう。

第二の点は、団体内部の支配構造に関するものである。この点に関しては、三浦が、山城国一揆の指導者「三十八人」という史料の記述に触れつつも、この一揆が「国民多数の意志」に基づいていると指摘したこと、そしてその点において、「多数の意志」に基づかず「少数者の意見に附和雷同」する中国の一部の事例と対比していることを、既に見た（本稿二二〇頁）。即ちここで三浦は、「少数者の支配」ではなく「多数の意志」に基づく一揆のあり方に、その注目すべき歴史的特質を見出しているといえる。

これに対し、内藤の挙げる湘軍の例は、曾国藩が参加者を礼遇したといった点で、官―民の支配構造とは異なる「平等主義」「民主思想」の発現と評価されているものの、団体の構造自体が、曾国藩というリーダーを頂点とする一極的・垂直的性格をもっていることは否定できないだろう。この特質は、内藤自身によって自覚されていたというよりはむしろ、後の橘樸らによる批判によって明確に指摘されたといえる。橘は、一九二五年の評論「支那はどうなるか―内藤虎次郎氏の『新支那論』を読む―」[24]のなかで、内藤が中国の将来を卜する上で郷団自衛に重きを置いていることは橘自身が中産階級の改造勢力としての運命を重大視しているのと大体において一致する、と述べた上で、両者の相違は、内藤が「曾国藩の如き天才」を中心とした求心的な組織を構想するのに対し、橘は都市の同業団体のような「デモクラテイツク」な組織に期待する点にある、とする。[25]

橘が指摘するようないわば垂直的と水平的ともいうべき集団の型の相違は、中国の歴史を通じて存在したものである。そしてそれは、集団における意思決定が、参加者の自発的な意志によるものなのか、それとも（仮に一見参加者の賛同を得ているように見えても）実際には少数者の意志の強制なのか、という問題と絡み合いつつ、中国社会団体の性格をめぐる研究者の議論の対象となってきた。[26]しかし問題は、中国の諸社会団体の性格をそのどちらかに分類することではなく、むしろ、中国においてこの二つの型を区別することが意外に難しいこと、そして伝統社会の中国人自身が両者の区別をあまり意識していなかったこと、をどう考えるか、にあるということもできる。この問題は、上述の第三の点、即ち意思決定や団体運営における民主主義の問題と重なり合うため、第三の点に論を移そう。

橘樸は中国の同業団体の「デモクラテイツク」な性格を強調したが、その際同時に、同業団体の自治が「専制的」なものであることをも指摘している。橘によれば、同業団体のデモクラティックな性格は、理論上個人主義思想の発生を促す傾向をもっているが、実際には各成員は同業団体の専制的自治に満足し、個人意識を犠牲として同業団体の立法に絶対的服従を捧げることに慣らされている。その背景にあるのは、第一に、家族生活における犠牲と服従の習慣、第二に、同業団体というものが、法律や習慣の保護を欠いた環境のなかで自らを護るための経済的・社会的闘争機関であるという自覚、そして第三に、同業団体政治の専制的性格が、成員の共通利益を護るために必須かつ有効な手段であるという自覚、であるという。[27] 橘が指摘するように、構成がデモクラティックであることは、運営が民主主義的（個々人の意志を平等に重んじつつ、討議を通じて合意を形成するという意味での）であることを必ずしも意味せず、デモクラティックな構成と専制的運営は結びつき得る。しかし、一つの組織がデモクラティックでありかつ専制的であるためには、論理的にいってそこに「全体の意志の一致」が想定されている必要があるだろう。

一揆において「一味同心」という語がキーワードであるのと同様に、中国の諸社会団体においても「斉心（心を斉しくする）」という語は重要な語彙である。しかし、団体に結集する個々の人々の心が最初から「同じ」でないとすれば、それが「同心」「斉心」に至る過程はどのようなものであるのか。勝俣鎮夫が中世の「一味同心」過程における多数決という手続きに着目しつつ、「一味契約状」について、「多数決で議決されながら、なぜ一味同心すなわち全会一致の結果としてその効力が誇示されるのか」という転化の論理を問うているのは、この点に関わるものであろう。ここで勝俣は、「会議のメンバー全員が主体的に公平な意見を述べることを神に誓約して、そこでなされた議決」は「道理すなわち正義であると考えられたために、その決定が一味同心の決定とされたのである」と述べる。[28]

それに対し、中国の諸集団においては、その政治的方向と構造の如何を問わず、多数決という手続きによって意思決定がなされることはまずないといえる。寺田浩明によれば、当時の中国人が郷約（郷村レベルで結ばれる盟約）などについて語る際、一般的な語り口は次のようなものである。即ち、「人々が『一己の私欲・一時の小利』に走る中、『至公無私』な主体が協同と互助の必要を説き公的な行動基準を提示し、その主唱に衆人が唱和する中、約が結ばれる」と。つまりここでは、徳のある主体の主唱のもと、「個別の人々がそれぞれに持つ個別の心に基づいて主張し行動し争いあう状態から、およそ諸主体が個別の心というものを持たない無媒介的な一体性状態へ」と推移する過程が想定されている。[29]「個別の心」を本来の心とみれば、この過程は強制への服従ないし、本来の心と乖離した無責任な「附和雷同」と見えるかもしれない。しかし、個別の心への執着の放棄こそが本来の心への回帰であるとすれば、その決定は自発的賛同と選ぶところはない。この論理からすれば、自発的賛同か強制かという二者択一自体が、無意味な問いとなるのである。

さて、対面して会議を開けるほどの小規模な団体において「心を同じくする」ことは、特に動乱や競争に直面して防衛を迫られる状況のもとでは実現可能なものかもしれないが、それではそのような集団の叢生は果たして全体的な秩序形成へと連続し得るものであろうか。これがもう一つの問題である。

集団形成と全体秩序

この点につき、三浦も内藤も、さきに見たように、ある種のアンビバレントな見解を示している。即ち三浦は、一揆などの武装的独立は「動乱時代の一時的現象」であり、「社会の秩序を恢復して漸次統一に赴くと共に、消滅に就くべき運命を有す」とする一方、中国の統一のためには列強の「大々的干渉に由つて一条の活路」を開くことが望ましいかもしれない、としているが、その「活路」とは、危機のなかでの人民の結集が国家大の規模に拡大することを指している。内藤の場合も、中国における郷党意識の強さを国家意識の形成を阻害する要因と見る一方、郷党的な結合の突出した形態としての曾国藩の湘軍のような団体の成長の延長上に国家規模の結集を展望している。[30] 動乱のなかで生まれる諸集団のもつ、強い内的統合の契機と同時に、それと表裏して存在する相互の反発・抗争の契機をどのように見るべきだろうか。全体秩序形成は、こうした集団から生まれるのか、或いはこれらを克服してこそ可能なのか。

「列強の大々的干渉」「騒乱の徹底」が中国人民の国民意識を醸成し、国民的統一への「一条の活路」を開くこととなるかもしれない、という三浦や内藤の予言は、ある意味では、的中したともいえる。中国大陸において強力な国家的統合を成し遂げた中華人民共和国——それを支えた広汎な人民の国家意識は、中国大陸の広い地域を騒乱に巻き込み、中国を存亡の危機に陥れた日本の侵略によって形成されたといえるからである。それは、中国共産党という武力を備えた前衛集団が、その結集のなかに広汎な人民を巻き込んでゆく過程でもあった。ただし、そのようないわば「闘争集団のストレートな拡大」としての性格をもつ国家形成が、[31] 中華人民共和国の政治に、大きな問題を残したことも否定できない。絶えず「敵」を想定することによって国家的団結を維持してゆこうとする傾向、異論の存在を許容しつつ政治的統合を維持してゆくメカニズムの未発達、といった点である。そうした性格は、中華人民共和国の政治統合を、強力でありながらも混乱に満ちた不安定なものとしてきたのである。

歴史研究においても、動乱期から統一的秩序形成への過程については、内的結集力の連続性の問題と、闘争集団的結集から統一的・永続的秩序形成への質的転換の問題とが絡み合いつつ、時空を超えて一種の共通性をもつ複雑な課題を構成しているように思われる。一般に、動乱を平定して生まれてきた統一政権が、往々にして動乱期の諸集団に対して強い弾圧的姿勢をとることから、統一政権とこれら諸集団との間の対立と断絶を強調する見解が強いといえるかもしれない。しかし一方で、その連続性に着目する研究も、有力な潮流を形成してきた。中国史に関していえば、そのような研究者の代表例として、春秋戦国の動乱から秦漢帝国が成立する過程を、人的結合の特質の連続性という見地から追求した増淵龍夫が挙げられる。増淵によれば、春秋戦国の動乱期には、「任俠的習俗」に基づく人的結合の所産として多種多様な集団が叢生してきたが、そのような人的結合の紐帯は、民間集団のみならず、同時に生成しつつあった官僚制における君主と官僚との関係を支えるものでもあり、それが統一国家の統治機構にもつながってゆく。そして在地秩序の側を見ても、秦漢帝国の成立後、郡県制的な官僚機構によって表面的には覆われつつも、その陰で在地の秩序を内面から支え、規定しているのは、土豪・豪族を中心とする人的結合の自立的秩序形成機能であり、そこに先秦以来の習俗の連続性が見られる、とする。[32] 即ちここでは、民間諸集団の秩序と統一帝国の秩序とを、通時的にも、また共時的にも、断絶したものでなく、むしろ連続し、浸透し合うものとして捉えようとする観点があるといえる。

そしておそらく、日本の一揆研究においても同様に、一揆の時代から近世の統一時代への転換を、一揆の単なる弾圧・解体ではなくむしろ、一揆の構造そのものの展開として捉えようとする潮流の例として、勝俣鎮夫の研究を挙げることができるのだろう。勝俣によれば、「戦国動乱のなかから登場した戦国大名は、……在地領主の一揆を自己の権力体系のなかにしだいにくみこんでいった。大名はまず、これらの一揆の保証者、あるいは代表者というかたちであらわれ、やがてこの一揆の創出した協同の場を権力の『公』の場にかえていき、そこに強固な権力構造を樹立したのである」という(33)。むろんこの展開はストレートな存続や発展ではなく、「自己否定」の曲折を経たものとされている。しかし、このような連続性を伴った構造転換への関心、統一政権下でも脈々と存続する一揆の伝統への着目、そしてそもそも一揆というものの特質をその参加者の心情の内面的理解を通じて捉えようとする傾向において、勝俣と増淵との間には、対象とする時代と地域の相違を超えて、共通のものがあるように思われる。

おわりに

以上雑駁ながら、三浦周行の所説を手がかりに、動乱期の諸集団をめぐる日中歴史イメージの交錯の一端を跡付けてきた。結びに代えて考えてみたいのは、三浦の一揆論に中国の保安会というものがある種のインスピレーションをもたらしたということの意味である。

今日の常識的な見地から考えれば、明治日本の知識人が中国の社会団体を見たとき、まずそこで比較の対象として思い浮かぶのは、直近の旧体制としての江戸時代の「村」や「町」、或いは明治維新後のその変容、などであると考えられるのではないだろうか。しかし三浦は、辛亥革命後の中国から四〇〇年以上の年月を飛び越えて、戦国時代の一揆を想起した。

そもそも三浦が戦国時代の一揆と二十世紀初頭の中国の保安会とを比較しようとしたとき、その間に横たわる四〇〇年以上の時間的間隔は、どのように考えられていたのだろうか。一つの解釈は、彼が「動乱期における自治的集団形成」という問題を、必ずしも特定の歴史段階の所産とは見ず、動乱期であればおのずと生じる社会現象として、いわば超歴史的に捉えていた、という見方である。確かに、中国においては、春秋戦国時代、魏晋南北朝時代、唐末五代、明末清初など、大きな社会の変動期は同時に社会諸集団の叢生の時期でもあり、その集団の性格には時代を超えて共通する要素がある。清末の諸集団もその例外ではない。もう一つの解釈は、いわば歴史発展の段階として、日本の戦国時代と中国の清末とが同段階と見なされていた、というものである。確かに、三浦にせよ内藤にせよ、「平民階級」或いは「人民」の力の増大という不可逆的な動向を基準として、歴史の大きな流れを捉えてゆこうとする志向があった。このような志向は、当時の「京都文化史学」を特徴づける時代区分への関心とも絡み合うものである。

三浦の両論文では、そうした歴史段階上の位置づけについて明示的には述べられてはいないが、私がむしろ興味深く思うのは、時空を超えて社会現象に一種の同型性を感じ取る、歴史研究者の感覚の働きである。このような同型性の感覚は、厳密な発展段階論的な見地からいえばアナクロニズムともいえよう。しかし、歴史研究において、このような感覚がしばしば重要な働きをしていることを見逃すことはできない。「発展段階」や「社会類型」の固い枠にはまらない、人間社会の普遍性と多様性に関する自由な感覚が、ひらめくインスピレーションを通じて、しばしば重要な問題の発見につながる。漠然と心のなかに沈殿していた問題関心が、他の時代の現象を媒介として、急に明確な輪郭をもって立ち現れる。

今日の学界では、様々な分野の歴史研究者が、シンポジウムなどで意見を交換する機会は多い。しかし、そのような機会がむしろ多すぎるからであろうか、他分野からの啓示を敏感にキャッチする感受性や、そのような啓示をじっくりと育て深めてゆく余裕は、却って失われつつあるようにも思う。そうした点からも、一〇〇年前の歴史研究者の心を捉えた日中歴史イメージの交錯を、改めて検討してみる意義はあるのではなかろうか。

（1）佐藤和彦「中世一揆史研究の軌跡」青木美智男他編『一揆　1　一揆史入門』（東京大学出版会、一九八一年）一六一頁。

（2）朝尾直弘「解説」三浦周行『国史上の社会問題』（岩波文庫、一九九〇年）二〇〇頁。

（3）「保安会」等の名称をもつ団体は、一九一一年十月十日の武昌での革命勃発の後、各地に作られた。郭廷以『近代中国史事日誌』（台北正中書局、一九六三年）により、同年末までの例を拾ってみると、以下の如くである。十月十三日、武昌で湖北諮議局（地方有力者による一種の地方議会）のメンバーが「中立を守り治安を保つ」ことを目的に「保安社」を結成。十一月十一日、山東の紳・商・学界が諮議局長及び同盟会員の主導により「保安会」を開き、独立を議決。同日、奉天各界が総督衙門で「保安会」を開き、独立を図る。同月十二日、奉天で総督趙爾巽を会長として、改めて「国民保安会」を設立。十三日、山東で各界連合保安会が巡撫孫宝琦を大都督として独立。同月十六日、吉林で巡撫陳昭常を会長として「国民保安会」を設立。同月十七日、黒龍江で巡撫周樹模を会長として「国民保安会」を設立。同月二十五日、順直諮議局及び直隷保安会が打電して清帝退位を要求、など。管見の範囲では、「市民会」という名称はあまり一般的でないようである。「保安会」という名称をもたなくても同種の団体は各地に作られ、その主導層や政治的傾向は必ずしも一様であったわけではないが、諮議局の有力者が中心となって、紳士・商工業者・学界教育界などを糾合して省レベルの「独立」を宣言し、地方政治の掌握を図ろうとする場合が多かったといえよう。その際、清朝の地方官がトップに据えられる場合も少なくなかった。

（4）三浦周行『現代史観』（古今書院、一九二二年）所収。

（5）以下、「支那の動乱」からの引用に際しては、仮名遣いは原文どおりだが、字体は新字体とする。

（6）このような三浦の議論は、中国と日本との「比較」の仕方に関する興味深い問題を提起しているともいえる。本論文では中国と日本とのそれぞれの「種族の争」がきりはなして比較されているが、東アジア全体の見地から見て、日本そのものが中国の周辺国家であり、十六世紀の末から十七世紀の初めにかけて、満洲国家と日本国家がともに中国周辺の新興勢力として明朝を圧迫していたことを想起するならば、また異なった形での「比較」が可能だったであろう。しかし、この点は、本稿で扱う三浦の中心的な論点とは必ずしも重ならないので、ここでは扱わないこととしたい。

(7) 以下、「戦国時代の国民議会」の引用に際しては、岩波文庫版『国史上の社会問題』に依拠するため、岩波文庫版に則って、仮名遣いは現代仮名遣いとする。

(8) 葭森健介「内藤湖南と京都文化史学」内藤湖南研究会『内藤湖南の世界　アジア再生の思想』（河合文化教育研究所、二〇〇一年）など。

(9) 『内藤湖南全集』第五巻（筑摩書房、一九七二年）所収『支那論』付録。以下、同書からの引用に際しては、字体は新字体に改めるが、仮名遣いは同書に則って歴史的仮名遣いとする。なお、辛亥革命前後の内藤湖南の中国論を論じた研究は数多いが、ここでは、J・A・フォーゲル（井上裕正訳）『内藤湖南　ポリティックスとシノロジー』（平凡社、一九八九年）、及び前注(8)内藤湖南研究会書所収の山田伸吾「内藤湖南と辛亥革命」、吉尾寛「内藤湖南の中国共和制論」の二論文を挙げておく。

(10) 『内藤湖南全集』第三巻（筑摩書房、一九七一年）所収。

(11) 地方の自治的団体に対するこうした正負両様の評価は内藤に特有のものでなく、梁啓超など清末の改革派知識人の議論にも、内藤に先行して同様の指摘が見られる。拙稿「中国中間団体論の系譜」岸本美緒編『岩波講座「帝国」日本の学知　第三巻　東洋学の磁場』（岩波書店、二〇〇六年）二五九〜二六三頁、参照。

(12) Philip A. Kuhn の有名な研究 *Rebellion and Its Enemies in Late Imperial China: Militarization and Social Structure, 1796-1864*, Cambridge, Mass.: Harvard University Press, 1970. による。

(13) ただし、日本語の「一揆」に対応するような形で、清末のこれら諸集団を総称する特徴的な語は存在しないといえよう。これら諸集団に関する総合的研究としては、前注(12)Kuhn書がある。

(14) 黄東蘭『近代中国の地方自治と明治日本』（汲古書院、二〇〇五年）。

(15) 内藤が、「保安会」などの団体の歴史的意義にほとんど触れていないのは、内藤から見ればこうした団体は、社会の基層に関わりなく表層で展開する「政客」の行動に属するものと見えたからであろう。しかし、「保安会」等に対する評価の違いはさておき、動乱への対応としての人民主体の秩序形成の動きに着目するという論理においては、両者は共通しているといえる。

(16) 『内藤湖南全集』第五巻（筑摩書房、一九七二年）三七二頁。

(17) 同右、五一九頁。

(18) 「国民自主の精神」が、外国への対抗意識から生まれてくる、という発想は、三浦・内藤の同僚であった内田銀蔵の日本近世論にも見出せる。内田は『日本近世史』(一九〇三年)で、キリスト教の伝来からその「近世史」を説き起こしているが、そこには、西洋との接触が国民的自覚の契機となった、という考え方があった。内田によれば、カトリックの布教に伴う新旧思想の衝突は排外的傾向を長じさせはしたが、「これと同時に、その国民をして挙国一致団結して、外に当たるの必要を冥々の中に感ぜしめ、国民の元気を盛んにし、士気を鼓舞し、日本人の脳裏に日本という考えを明らかに映ぜしめ……たることは、また誠に充分に認識せられざるべからざるなり」という。内田銀蔵著・宮崎道生校注『近世の日本・日本近世史』(平凡社東洋文庫、一九七五年)二一二頁。

(19) 「構造」よりも「運動」、という言い方は、勝俣鎮夫『一揆』(岩波書店、一九八二年)四頁から借用したものである。

(20) 前注(2)『国史上の社会問題』一九頁。

(21) 三浦周行の両論文のなかで、こうした階層を指す用語として使われているのは、「士民」「下級人民」「平民階級」などである。内藤湖南は、辛亥革命前後の評論のなかで「平民」という語を使っていないわけではないが(例えば、『支那論』のなかでヨーロッパ近代の工業化と「平民」の進歩について論じた部分など。『全集』第五巻、三八七頁)、郷党論に関連して官僚層と対比して郷党の担い手を指す場合には、専ら「人民」という語を用いている(例えば、『支那論』における「地方の人民に取て総ての民政上必要なこと、例へば救貧事業とか、育嬰の事とか、学校の事とか、総ての事を皆自治団体の力で為ると云ふことになつてきた。……救貧、衛生其の他の義務的の事業も、皆地方の人民が勝手に経営して居るのである」などの文章。『全集』第五巻、三六八頁)。

(22) Kuhn, *op.cit.*, p.165.

(23) 一揆に関する戦後の研究について管見の範囲では、「闘争内容」的な研究の例として、「一揆を『前近代日本の固有の階級闘争』と理解する立場」を表明する青木美智男他編のシリーズ『一揆』全五巻(東京大学出版会、一九八一年)を、また「秩序形式」に関心をもつ方向の例として、前注(19)勝俣鎮夫『一揆』を挙げることができるだろう。中国の社会集団についていえば、階級闘争的な関心が優勢であった戦後日本の研究に対し、「地域社会の秩序形成」という明確な視点から嘉慶白蓮教反乱前後の諸集団の形成と動向を分析した山田賢の研究(『移住民の秩序』〈名古屋大学出版会、一九九五年〉)が、「秩序形式」への問題関心を示す研究の例として挙げられる。ただし、山田のような研究方向の背後に、扱う時代は異なるとはいえ、中国古代の民間秩序形成の「ゾチオロギッシュ」な分析を通じ、中国史研究全般に深甚な影響を与えた増淵龍夫の「任俠的結合」研究(『中国古代の社会と国家』〈弘文堂、一九六〇年〉）に代表されるような、「秩序形式」に着目する研究潮流が存在したことを忘れてはならない。

(24) 橘樸『支那思想研究』（日本評論社、一九三六年）所収。

(25) この点については、前注(11)拙稿「中国中間団体論の系譜」二六四～二六七頁、参照。

(26) この問題に関する議論の流れをここで紹介することは紙幅の関係から不可能だが、魏晋南北朝期の「共同体」に結集する郷人の自発的な意志を強調する谷川道雄の所論（谷川『中国中世社会と共同体』〈国書刊行会、一九七六年〉）、及び旧中国の「共同体」における「一種の寡頭支配とそれへの従属意識」を強調する仁井田陞の議論（仁井田「中国社会の〈仲間〉主義と家族」同『中国法制史研究―奴隷農奴法・家族村落法―』〈東京大学出版会、一九六二年〉など）をそれぞれの立場の例として挙げておく。なお、こうした問題状況に対する的確な把握とそれに対する新たな視点からの説明の試みとして、寺田浩明「明清法秩序における『約』の性格」溝口雄三他編『アジアから考える　4　社会と国家』（東京大学出版会、一九九四年）、及び同「合意と斉心の間」森正夫他編『明清時代史の基本問題』（汲古書院、一九九七年）がある。

(27) 橘樸「支那人気質の階級的考察」（一九二五年）前注(24)書、二七六～二七八頁。

(28) 前注(19)勝俣『一揆』二一～二三頁。なお、このような多数決＝一味同心の論理が、ヨーロッパで見られたような、多数決と「自由な拒否権」との緊張関係を欠いていた、という点について、石井紫郎「中世と近世のあいだ」（同『日本人の国家生活』〈東京大学出版会、一九八六年〉）参照。これを「緊張関係の欠如」と見るのか、或いは緊張を意識した上での一種の論理的突破と見るか、という点に一つの問題があるのだろう。

(29) 前注(26)寺田「合意と斉心の間」四三七～四三八頁。

(30) 一見「散沙」のごとくバラバラに見える中国社会が、その実、同族・同業などの絆を通じての強い結集力をもつことに注目し、その延長上に国家的統合を展望しようとすることは、孫文などの政治指導者をも含め、当時珍しい見解ではなかった。前注(11)拙稿「中国中間団体論の系譜」参照。

(31) 総力戦の所産としての中華人民共和国のこのような性格に着目した議論として、例えば奥村哲『中国の現代史―戦争と社会主義―』（青木書店、一九九九年）がある。

(32) 前注(23)増淵『中国古代の社会と国家』、特に序論、参照。また、隋唐帝国の形成過程に関する谷川道雄の学説にも、魏晋南北朝の動乱期の人々が共同性を求めて結集した心情の延長線上に隋唐帝国の形成を捉える見方が見られる。谷川『隋唐帝国形成史論』（筑摩書房、一九七一年）参照。
（33） 前注（19）勝俣『一揆』七九〜八〇頁。

◆編者・執筆者紹介

村井　章介　むらいしょうすけ
1949年生
現在　東京大学大学院人文社会系研究科教授
主要著書　『中世倭人伝』(岩波書店，1993年)，『日本史リブレット28　境界をまたぐ人びと』(山川出版社，2006年)

遠藤　珠紀　えんどうたまき
1977年生
現在　東京大学史料編纂所中世史料部助教
主要論文　「官務家・局務家の分立と官司請負制　中世前期における朝廷運営の変質」(『史学雑誌』第111編第3号，2002年)，「鎌倉期朝廷社会における官司運営の変質　修理職・内蔵寮の検討を通して」(『史学雑誌』第114編第10号, 2005年)

大塚　紀弘　おおつかのりひろ
1978年生
現在　日本学術振興会特別研究員
主要論文　「中世『禅律』仏教と『禅教律』十宗観」(『史学雑誌』第112編第9号，2003年)，「曼殊院門跡の成立と相承」(五味文彦・菊地大樹編『中世の寺院と都市・権力』山川出版社，2007年)

佐藤　雄基　さとうゆうき
1981年生
現在　東京大学大学院人文社会系研究科博士課程
主要論文　「牒と御教書―平安期における古代文書から中世文書への転換―」(『史学雑誌』第117編第9号，2008年)

岸本　美緒　きしもとみお
1952年生
現在　お茶の水女子大学大学院人間文化創成科学研究科教授
主要著書　『清代中国の物価と経済変動』(研文出版，1997年)，『明清交替と江南社会』(東京大学出版会，1999年)

呉座　勇一　ござゆういち
1980年生
現在　日本学術振興会特別研究員
主要論文　「奉納型一揆契状と交換型一揆契状」(『史学雑誌』第116編第1号，2007年)，「白河結城文書の一揆契状」(村井章介編『中世東国武家文書の研究』高志書院，2008年)

三枝　暁子　みえだあきこ
1973年生
現在　立命館大学文学部准教授
主要論文　「南北朝期京都における山門・祇園社の本末関係と京都支配」(『史学雑誌』第110編第1号，2001年)，「北野祭と室町幕府」(五味文彦・菊地大樹編『中世の寺院と都市・権力』山川出版社，2007年)

桜井　英治　さくらいえいじ
1961年生
現在　東京大学大学院総合文化研究科准教授
主要著書　『新体系日本史12　流通経済史』(共編著，山川出版社，2002年)，『日本史リブレット27　破産者たちの中世』(山川出版社，2005年)

史学会《しがくかい》シンポジウム叢書《そうしょ》「人《ひと》のつながり」の中世《ちゅうせい》

2008年10月25日　第1版第1刷印刷　　2008年11月5日　第1版第1刷発行

編　者　村《むら》井《い》　章《しょう》介《すけ》

発行者　野澤　伸平

発行所　株式会社　山川出版社

〒101-0047　東京都千代田区内神田1-13-13

電話　03(3293)8131(営業)　03(3293)8135(編集)

http://www.yamakawa.co.jp　　振替　00120-9-43993

印刷所　新富印刷株式会社

製本所　株式会社　手塚製本所

装　幀　菊地信義

ISBN978-4-634-52356-2